D1618252

Handbuch für
BAUHERREN

Planen · Finanzieren · Bauen

Wolfgang Jung · Bernd W. Klöckner

Handbuch für
BAUHERREN
Planen · Finanzieren · Bauen

Rechtsstand: 1. Januar 2001

FALKEN

Inhalt

Vorwort

Vielleicht kennen Sie die Redensart: Der Bau eines Hauses verkürzt das Leben des Bauherren um 5 Jahre. Das soll heißen: Die Schwierigkeiten, die sich Ihnen im Laufe eines geplanten Bauvorhabens von der Idee bis zur Realisierung in den Weg stellen können, sind unter Umständen beträchtlich. Und da es beim Bauen immer um große Geldbeträge geht, ist Planung die beste Vorsorge. Es gilt der Grundsatz, auf den wir im Laufe des Buches noch häufiger zurückkommen werden: erst die Konzeption, dann die Verwirklichung.

Um zu verhindern, dass die eingangs zitierte Prognose sich für Sie bewahrheitet, lesen Sie diesen Bauherrenratgeber. Es ist ein Ratgeber besonderer Art, der Sie praxisorientiert durch die einzelnen Sachgebiete führt mit dem Ziel, Ihren Traum vom erfolgreichen und cleveren Bauen wahr werden zu lassen.

Wir haben uns bemüht, das notwendige Know-how für einen gelungenen Hausbau für Sie zu bündeln, das Fachvokabular in verständlichen Worten zu erklären und Ihnen einen unverzichtbaren Wegweiser durch den Baudschungel zu geben. Zahlreiche Beispiele und Checklisten werden Ihnen helfen, die Ratschläge und Tipps bei Ihrem Bauvorhaben erfolgreich in die Praxis umzusetzen.

Auch die möglichen Bauförderungen der Bundesländer finden Sie ausführlich erläutert. Denn wichtig ist zu wissen: Der Staat fördert stärker, als vielen bekannt ist, den Bau und den Kauf von Immobilien.

Juristische Fragen werden laienfreundlich anhand beispielhafter Fälle erläutert und das Spannungsfeld „Bauherr-Architekt-Bauträger" wird mit seinen Fußangeln und Risiken aus der Sicht des Bauenden dargestellt. Die zahlreichen Fallstricke in den während eines Bauvorhabens abzuschließenden Verträgen werden ebenso erläutert wie die Lösungen für eine bessere Umsetzung in eigener Sache. Ein umfangreiches Stichwortverzeichnis ermöglicht Ihnen das gezielte Nachschlagen zu einzelnen Themen. Die Adressenliste und die Literaturhinweise zeigen, wo Sie weiterführenden Rat bekommen.

Kurzum: Wir haben versucht, Ihnen sachlich, rechtlich und fachlich präzise, aber dennoch ausführlich alles zum Thema Bauen zu vermitteln. Die für die Lektüre des vorliegenden Buches aufgewandte Zeit soll sich schließlich am Ende für Sie lohnen!

An dieser Stelle bedanken wir uns beim Notar Dr. Ulrich Dempfle, Trier, für dessen Unterstützung bei juristischen Fragen, bei Herrn Diplombetriebswirt Stefan Horn, Koblenz, für seine Mitarbeit im Kapitel über die staatlichen Finanzierungshilfen und Förderwege, sowie bei Nicole Geraldine Schmitt-Bertrams für die Sachillustrationen und Planungsskizzen.

Durch den Euro ergeben sich im Bereich der Finanzierung keine Änderungen. Da im Zuge der Währungsumstellung alle bisher auf DM lautenden Beträge mit gleichem Umrechnungsfaktor (1 Euro = 1,95583 DM) umgestellt werden, ändert sich für den Kunden letztendlich nichts.

Da außerdem zurzeit noch alle Förderprogramme und Berechnungsgrenzen auf DM lauten, werden in diesem Buch alle Beispiele ebenfalls in DM gerechnet. Die Faustregel für die Umrechnung in Euro lautet: DM-Betrag geteilt durch 2.

Viel Spaß nun beim Lesen der folgenden Seiten und reichlich „geldwerten Vorteil" beim Umsetzen des Gelesenen wünschen Ihnen

Wolfgang Jung   *Bernd W. Klöckner*

Immobilien –
Die *beste*
Kapitalanlage

Der Wunsch nach einem eigenen Haus ist in der Bevölkerung immer noch sehr verbreitet. Vor allem der Markt für kostengünstig gebaute Eigenheime wird in den kommenden Jahren boomen, da bisher in Deutschland nachweislich viel zu teuer gebaut wird. Dabei gibt es bereits realisierbare Alternativen.

Dem kostengünstigen Bauen haftet nicht selten der Geruch minderer Qualität oder Unfertigkeit an. Tatsächlich ist selbst eine günstig errichtete Immobilie auch heute nicht unter 1.700,– DM/m^2 fertig zu stellen. Das bedeutet jedoch nicht, dass kostengünstig Gebautes von geringer Qualität sein muss (wenn Sie auch günstigen Angeboten kritisch gegenüberstehen sollten). Eine Kostensenkung bis zu 20 Prozent kann ohne Qualitätsverlust allein durch gut geplante Koordination zwischen Architekten, Bauausführenden und Bauherren erreicht werden. Die wichtigsten Grundregeln, wie man von Beginn an die Kosten im Griff halten kann, werden später noch erwähnt.

Kostengünstiges Bauen: die Lösung für viele Bauherren

Wenn Sie ein Haus bauen oder kaufen wollen, sollten Sie immer die drei folgenden Beurteilungskriterien im Hinterkopf behalten:

Entscheidungskriterium beim Hausbau

1. das Bedürfnis,
2. die Perspektive und
3. die Lage.

Für das **Bedürfnis**, ein Haus zu besitzen, nennen potenzielle Eigenheimbesitzer am häufigsten folgende Motive:

* Das Geld, das jeden Monat für die Miete bezahlt wird, lieber in die eigene Tasche fließen zu lassen,
* der „eigene Herr" sein zu wollen und
* sich vor Inflation zu schützen.

Sie sollten sich vor dem Hausbau aber auch darüber Gedanken machen, welche Hausgröße für Ihr Bedürfnis richtig ist. Dahinter steht die Überlegung, dass beispielsweise eine Familie mit zwei Kindern zwar den Wunsch nach einem Villengrundstück haben kann, dieser Wunsch aber aufgrund des Einkommens unrealistisch ist und ein in schöner Lage gelegenes Reihenhaus völlig ausreichen würde. Es geht also zuerst darum, Ihren persönlichen Bedarf realistisch abzuschätzen.

Langfristig planen

Für die **Perspektive** ist ausschlaggebend, was Sie mit Ihrem neuen Haus vorhaben. Wird eine Immobilie beispielsweise erworben, um diese im Laufe der Jahre abzuzahlen und nach Möglichkeit zu vererben, oder geht es eher darum, so lange, bis die Kinder groß sind, in einem Haus mit Garten zu wohnen und dann das Haus wieder zu verkaufen. Von der Beantwortung solcher Fragen hängt ab, welche Immobilienform für Sie am geeignetsten ist.

Dass die **Lage** ein wesentliches Beurteilungskriterium ist, versteht sich eigentlich von selbst. Immobilienmakler behaupten, dass zur Beurteilung und Auswahl einer Immobilie drei Dinge wichtig seien: **1.** die Lage, **2.** die Lage und **3.** die Lage.

Was ist eine „gute" Lage?

Im Zweifelsfall ist es immer günstiger, ein etwas teureres Objekt in guter Lage als ein preiswerteres Objekt in schlechter Lage zu kaufen bzw. zu bauen. Was nun allerdings eine „gute" Lage ist, wird von jedem etwas anders bewertet und ist eben abhängig von persönlichen Vorstellungen. Die einen bewerten die Nähe zur Stadt höher, andere dagegen die Nähe zum Park, dritte wiederum legen Wert auf die Nähe zum nächsten Einkaufszentrum, zur nächsten Bank bzw. Sparkasse oder zur nächsten Schule.

Die für Sie individuell passende, gute Lage sollten Sie unter Berücksichtigung Ihrer finanziellen Situation sorgfältig ermitteln. Setzt man voraus, dass die Finanzierung einer Immobilie in den ersten zehn Jahren eine erhebliche finanzielle Belastung bedeutet, sollte immer noch genügend Spielraum bleiben, um auf veränderte Situationen reagieren zu können. Wenn beispielsweise die Nahverkehrsanbindung so schlecht ist, dass ein Zweitwagen gekauft werden muss, kostet Sie dieser mit allen Neben- und Ersatzkosten etwa 400,– DM bis 500,– DM im Monat. Bei richtiger Lagebeurteilung schon von Anfang an hätten Sie dieses Geld sinnvoller direkt für die Finanzierung eines besser gelegenen Grundstücks ausgegeben.

Wieso sollten Sie sich überhaupt ein Haus anschaffen? Gründe für den Erwerb einer Immobilie können beispielsweise folgende sein:

Gründe für den Hausbau

✶ Sie hoffen, dass die erworbene Immobilie mit den Jahren erheblich an Wert gewinnt (Wertzuwachs).

✶ Sie möchten Ihr Geld in einem inflationsgeschützten Sachwert anlegen.

✶ Ihre Mietzahlungen sollen entfallen und lieber zum Abzahlen eines aufgenommenen Kredits dienen. Man kann den Erwerb einer Immobilie dabei so betrachten, als würde man ein Sparschwein füttern: Das „Futter" sind die Tilgungsraten eines möglichen Sparvertrages. Mit diesen Sparraten erwerben Sie Eigentum an einer Immobilie, an einem bleibenden Sachwert.

✶ Auch als Altersvorsorge kann das Immobilieneigentum ein wichtiger Bestandteil Ihrer Vermögensplanung sein. Man spricht davon, dass diejenigen, die in eigenen Immobilien leben, im Alter etwa 5 Prozent des verfügbaren Einkommens für Wohnzwecke ausgeben, während diejenigen, die zur Miete wohnen, etwa 20 Prozent ihres Einkommens für diesen Zweck aufwenden müssen. Nach den ersten Jahren, in denen ein Eigentümer möglicherweise eine höhere Belastung zu tragen hat als der Mieter einer vergleichbaren Immobilie, rechnet sich der Immobilienerwerb in jedem Fall.

Die LBS (Landesbausparkasse) Düsseldorf/Münster hat beispielsweise errechnet, dass ab dem zwölften Jahr die Gesamt-

**Eigenkapital-
bildung durch
Immobilien**

belastung, bestehend aus Zins-, Tilgungs- und Instandhaltungs-
kosten, unter der vergleichbaren Miete liegt. Zum gleichen
Ergebnis kommt auch der Finanzexperte und Autor zahlreicher
Geld- und Kreditveröffentlichungen Werner Siepe. In seinem
1989 erschienenen Buch „Geld verdienen auf Kredit" betont er,
dass sich die Eigenkapitalbildung durch Immobilienerwerb
nach einiger Zeit in jedem Fall lohnt.

■ *B e i s p i e l :*

Ein 125 m² großes Eigenheim soll finanziert werden. Der
Gesamtpreis liegt bei 340.000,– DM, die Finanzierungskonditio-
nen sind 8,5 Prozent Zins auf 15 Jahre fest mit einem Prozent
Tilgung. Der Hauskäufer verfügt über ein Eigenkapital in Höhe von
75.000,– DM, das er in seine Immobilie investiert; der Mieter
eines vergleichbaren Hauses legt sein Geld (die gleiche Summe)
auf andere Weise an. Das Ergebnis sieht so aus:

**Ein Vergleich:
mieten oder
bauen?**

	Eigentümer	Mieter
Geldausgaben:		
1. Jahr	25.200 DM	18.000 DM
12. Jahr	25.200 DM	36.000 DM
Vermögen:		
1. Jahr	75.000 DM	75.000 DM
12. Jahr	270.000 DM	207.000 DM

Erläuterung:
Der Vermögensendwert beim Eigenheimbesitzer in Höhe von
270.000,– DM ergibt sich aus der Differenz der Restschuld des
Annuitätendarlehens (dieser Begriff wird unten auf Seite 234 erklärt)

nach 12 Jahren zum Immobilienwert des Eigenheimes bei einer angenommenen Wertsteigerung der Immobilie von realistischen 2 Prozent pro Jahr. Der Vermögensendwert beim Mieter ergibt sich aus der Annahme, dass er für seine 75.000,– DM eine durchschnittliche Verzinsung von 7 Prozent pro Jahr erzielt (hierbei wurde von der Nettorendite ausgegangen und die steuerlichen Belastungen wurden außen vor gelassen). Die Geldausgaben ergeben sich aus der Annuität beim Eigentum (wieder ohne die steuerlichen Vorteile) und der jährlichen Mietzahlung im Fall der Miete, inklusive einer Mieterhöhung von 15 Prozent alle 3 Jahre.

Schon dieser Vergleich zeigt deutlich, wie viel man auf lange Sicht sparen kann, wenn man in einer eigenen Immobilie lebt. Sie sollten daher den Erwerb oder den Bau einer Immobilie in die Überlegungen zu Ihrer Altersversorgung mit einbeziehen.

Altersvorsorge durch Immobilienerwerb

Grundstückssuche

und

-beurteilung

Beurteilungskriterien aus Bauherrensicht

Falls Sie noch kein Grundstück besitzen und auch kein konkretes Grundstück in Aussicht haben, beginnt für Sie die Bauplanung mit der Grundstückssuche und – sobald Sie dabei erfolgreich waren – mit der Grundstücksbeurteilung. Auch bei diesem Schritt ist es wichtig, dass Sie möglichst professionell vorgehen.

Grundstücksarten

Bei Grundstücken werden folgende Unterscheidungen gemacht:
* Grundstücke im natürlichen Sinne,
* Grundstücke im katastertechnischen Sinne und
* Grundstücke im Rechtssinne.

Unter einem **Grundstück im natürlichen Sinne** wird ein Teil der Erdoberfläche verstanden, der von einer in sich zurücklaufenden Grenzlinie umschlossen ist. Es handelt sich also um ein ganz bestimmtes Stück Erde.

Drei Arten von Grundstücken

Grundstücke im katastertechnischen Sinne sind ein oder mehrere Grundstücke im natürlichen Sinne, die in der *Flurkarte* unter einer besonderen Nummer aufgeführt werden. Eine solche Flurkarte (bzw. einen Auszug daraus) erhalten Sie bei dem Katasteramt, das für die Registrierung des Grundstücks zuständig ist. In kreisfreien Städten ist die Katasterverwaltung meistens bei der Stadtverwaltung angesiedelt.

Bevor Sie einen notariellen Kaufvertrag über ein Grundstück abschließen, sollten Sie sich unbedingt einen solchen Auszug aus der Flurkarte beschaffen und überprüfen, ob das Grundstück, das Sie kaufen möchten, katastermäßig tatsächlich entsprechend ausgewiesen ist. Insbesondere in Gebieten, die nicht erst seit kurzem als Bauland ausgewiesen sind, haben sich in Jahrzehnten häufig Grenzverschiebungen ergeben, die katastermäßig aber nicht eingetragen wurden. So kann sich zum Beispiel die Grenzziehung zwischen zwei Grundstücken geändert haben, weil der eine Nachbar seine Hecke auf dem Grundstück des anderen Nachbarn gepflanzt hat. Wenn dies niemandem aufgefallen ist, glaubt jetzt jeder, dass die Hecke auf dem Grundstück des ersten Nachbarn steht. Häufig sind Grundstücke nur über Zuwege erreichbar, die mit anderen Flurnummern versehen sind als das eigentliche Grundstück. All dies kann nur mithilfe der Katasterkarte geklärt werden.

Vor dem Kauf: die Flurkarte prüfen

Diese Flurkarte zu kennen, ist für Sie beinahe wichtiger als der Blick ins Grundbuch, denn der Notar, den Sie mit der Beurkundung beauftragen, wird sich zwar Gewissheit über den Inhalt des Grundbuches verschaffen – hierzu ist er kraft Gesetzes verpflichtet –; einen Einblick in das Kataster und die Flurkarte nimmt er jedoch nicht.

Grundbuch versus Kataster

Grundstücke im Rechtssinne sind ein oder mehrere Grundstücke im katastertechnischen Sinne, die im Grundbuch unter einer laufenden Nummer im Bestandsverzeichnis aufgeführt sind.

Das Grundbuch

Ein Grundbuch gliedert sich wie folgt:

✱ in das Titelblatt, das den Namen des zuständigen Amtsgerichtes, die Bezeichnung der Gemarkung, die Band- und Blattnummer des jeweiligen Grundbuchauszuges enthält,

* in das Bestandsverzeichnis, das Aufschluss über Größe und Lage des Grundstücks gibt,
* in die Abteilungen I, II und III.

In **Abteilung I** erfolgt die Eintragung des oder der Eigentümer. In **Abteilung II** sind folgende Anmerkungen zu finden: Vermerke bzw. Auflassungsvormerkungen für neue Eigentümer (eine Auflassungsvormerkung ist gemäß § 883 des Bürgerlichen Gesetzbuches (BGB) eine Vormerkung, die den schuldrechtlichen Anspruch auf Übertragung des Eigentums sichert); ferner ein Verzeichnis der Lasten, wie beispielsweise Wegerechte, Dauerwohnrechte, Zwangsversteigerungs- und Konkursvermerke. Nicht verzeichnet sind hier die Grundpfandrechte. In **Abteilung III** finden Sie die Eintragung der Grundpfandrechte, also etwa Grundschulden, Hypotheken, Rentenschulden.

Die Abteilungen im Grundbuch

Eine *Grundschuld* ist eine eingetragene Sicherheit, die jedoch noch nicht unbedingt von einem Dritten, beispielsweise einem Kreditgeber, in Anspruch genommen werden muss. Eine *Hypothek* dagegen ist eine grundbuchmäßige Sicherheit, die sich ein Dritter mit einer mit dem Grundstück zusammenhängenden Forderung im Grundbuch hat eintragen lassen. Sie dient der Sicherung einer persönlichen Forderung.

Grundschuld und Hypothek

Ein Beispiel: Bank A finanziert das Haus von B. Bank A lässt sich eine Hypothek als grundbuchmäßige Sicherheit eintragen. Sobald die mit dieser Hypothek zusammenhängende Forderung beglichen ist (der Kredit abbezahlt ist), erlischt die Hypothek. Alternativ kann B der Bank eine Grundschuld auf seine Immobilie als Sicherheit anbieten. Wenn B zahlungsunfähig wird, berechtigt dies die Bank zur Zwangsversteigerung oder Zwangsverwaltung. Im Unterschied zur Hypothek bleibt die Grundschuld (als potenzieller Beleihungswert der Immobilie) auch bestehen, wenn die Forderungen der Bank beglichen sind.

Bei einer *Rentenschuld* schuldet – wie der Name schon andeutet – eine Partei einer anderen eine Rente. Die Rentenschuld verbrieft somit keine einmalige finanzielle Forderung, sondern eine Forderung auf regelmäßige Geldzahlungen.

Sie sollten jedoch beachten, dass die Verbindlichkeit zum Zeitpunkt der Eintragung vermerkt wird. Auf Seite 25 ff. finden Sie Auszüge aus einem Grundbuchblatt, damit Sie sich mit dessen Eintragungen vertraut machen können.

WICHTIG

Lassen Sie sich vom Verkäufer vor dem beabsichtigten Grundstücks- oder Immobilienkauf einen aktuellen Grundbuchauszug aushändigen. Wenn Sie dies einen Notar erledigen lassen, entstehen Ihnen höhere Kosten, als wenn Sie sich die Mühe machen und selbst zum Grundbuchamt gehen. Informieren Sie sich dort so gründlich wie möglich. Die Grundbucheinsicht ist kostenlos, Kopien sind in der Regel aber gebührenpflichtig. Die Sätze liegen zwischen 20,– DM und 60,– DM, je nachdem, ob Sie einen unbeglaubigten oder beglaubigten Grundbuchauszug wünschen. Der unbeglaubigte dient eher zur Eigeninformation, der beglaubigte wird beispielsweise dann nötig sein, wenn Sie den Grundstückskauf über eine Bank finanzieren wollen, denn Banken bestehen stets auf einem beglaubigten Grundbuchauszug. Allerdings müssen Sie grundsätzlich ein berechtigtes Interesse zur Grundbucheinsicht nachweisen. Hierzu reicht eine schriftliche Einverständniserklärung des Eigentümers oder ein formloser Kaufvertragsentwurf mit den entsprechenden Grundstücksdaten und Angaben über Verkäufer und Käufer aus.

Grundbuch von **Grundbuchamt Musterstadt, Musterort**   Blatt xx   Bestandsverzeichnis   Einlegebogen 1

Lfd. Nr. der Grund- stücke	Bisherige lfd. Nr. der Grund- stücke	Bezeichnung der Grundstücke und der mit dem Eigentum verbundenen Rechte		Größe
		Gemarkung (nur bei Abweichung von Grundbuchbezirk angeben) Flurstück	Wirtschaftsart und Lage	m²
		a/b	c	
1	2	3		4
1	–	Trienach	Landwirtschaftl. Fläche	2500
2	3	Golm	Wohnhaus mit Hausgarten Musterstraße 44 47110 Musterstadt	350

Grundbuch von **Grundbuchamt Musterstadt, Musterort**   Blatt xx   Erste Abteilung   Einlegebogen 1

Lfd. Nr. der Eintra- gungen	Eigentümer	Lfd. Nr. der Grundstücke im Bestands- verzeichnis	Grundlage der Eintragungen
1	2	3	4
	Bankkaufmann Theo Mustermann		

Fortsetzung auf Einlegebogen ☐

Grundbuch von **Grundbuchamt Musterstadt, Musterort**   Blatt xx   Zweite Abteilung   Einlegebogen 1

Lfd. Nr. der Eintra- gungen	Lfd. Nr. der betroffenen Grundstücke im Bestands- verzeichnis	Lasten und Beschränkungen
1	2	3
1	1	Nießbrauch auf die Dauer von zehn Jahren für den Rentner Heinz Mustermeier in Trienach. Unter Bezugnahme auf die Eintragungsbewilligung vom 20.09.1995. Eingetragen am 29.09.1995.
2	2	Widerspruch gegen die Eintragung des Eigentums des Bankkaufmanns Theo Mustermann zugunsten des Informatikers Felix Glückmeier in Trienach. Unter Bezugnahme auf die einstweilige Verfügung des Landgerichts in Musterstadt vom 01.10.1995. Eingetragen am 03.10.1995.

Im Original rot unterstrichen = gelöscht

Lfd. Nr. der Grundstücke	Lfd. Nr. der belasteten Grundstücke im Bestandsverzeichnis	Betrag	Hypotheken, Grundschulden, Rentenschulden
1	2	3	4
1	1	50.000,– DM	Fünfzigtausend Deutsche Mark Darlehen mit 10% jährlich verzinslich für den Gastwirt Gerhard Mustermüller in Berlin. Unter Bezugnahme auf die Eintragungsbewilligung vom 05.01.1996. Eingetragen am 14.01.1996.

Fortsetzung auf Einlegebogen ☐

Veränderungen		Löschungen		
Betrag		Lfd. Nr. der Spalte 1	Betrag	
6	7	8	9	10
50.000,– DM	Mit den Zinsen seit dem 01.04.1995 verpfändet an die Brauerei Musterbier Aktiengesellschaft in Berlin für eine ihr gegen den Gastwirt Gerhard Mustermüller in Berlin in Höhe von 50.000,– DM zustehende Forderung aus dem Kaufvertrag vom 08.03.1995. Eingetragen am 07.07.1995.		5000,– DM	Fünftausend Deutsche Mark gelöscht am 17.05.1996

Stempel Amtsgericht – Grundbuchamt – |

Im Original rot unterstrichen = gelöscht   Fortsetzung auf Einlegebogen ☐

Grundbuchbelastung

Als Käufer müssen Sie wissen, ob das Grundstück, welches Sie erwerben möchten, unbelastet oder mit Grunddienstbarkeiten, Grundschulden, Hypotheken oder Baulasten belastet ist. Von Baulasten spricht man, wenn Eigentümer gegenüber der Baurechtsbehörde öffentlich-rechtliche Verpflichtungen zu einem ihr Grundstück betreffendes Tun, Dulden oder Unterlassen übernehmen. Baulasten werden in das bei der Bauaufsichtsbehörde geführte *Baulastenverzeichnis* eingetragen und mit dieser Eintragung wirksam. Die Löschung ist nur möglich, wenn ein öffentliches Interesse an der Baulast nicht mehr besteht.

Was sind „Baulasten"?

Baulasten können im Einzelnen sein:

* die Sicherung des Stehenbleibens gemeinsamer Bauteile, falls aneinander grenzende, bauliche Anlagen abgerissen werden,
* die Sicherung einer befahrbaren Zufahrt über ein anderes Grundstück, um zu einer befahrbaren, öffentlichen Straße zu kommen, und
* die Sicherung eines Anbaus auf dem Nachbargrundstück.

> ### WICHTIG
>
> Der Notar, der den Kaufvertrag beurkundet, hat im Rahmen seiner Pflichten auch die Aufgabe, auf die Möglichkeit des Bestehens von Baulasten hinzuweisen. Er ist allerdings nicht verpflichtet, in das Baulastenverzeichnis Einsicht zu nehmen.

Wenn Sie von einem Bauträger (vgl. Seite 99 f.) ein Grundstück erwerben, kommt es häufiger vor, dass dieses grundbuchmäßig

noch gar nicht als eigenständiges Grundstück existiert. Bauträger kaufen häufig größere Grundstücksflächen auf, die sie par-
zellieren, das heißt zerlegen, bevor sie die neuen, kleineren
Grundstücke dann einzeln weiterverkaufen. In einem solchen
Fall muss zunächst eine Vermessung durchgeführt werden. Es
kann aber durchaus ein halbes Jahr dauern, bis eine solche Vermessung im Grundbuch eingetragen worden ist.

WICHTIG

Wenn Sie ein solches noch zu vermessendes Grundstück
erwerben, ist es unbedingt notwendig, dass dem Notarvertrag über diesen Kauf eine Anlage beigefügt wird, in
der Ihr Grundstück zeichnerisch eindeutig festgelegt ist.
Sehen Sie sich diese Anlage genau an, damit Sie später
keine bösen Überraschungen erleben. Sie muss Ihnen
vom Notar zur Durchsicht vorgelegt werden.

Grundstückseinordnung

Grundstücke sind rar und steigen daher ständig im Preis. Für Sie
wird es daher immer schwieriger werden, einen geeigneten
Bauplatz zu finden. Um ein Grundstück bebauen zu können,
müssen Sie nicht nur Eigentümer sein, sondern das Grundstück

muss darüber hinaus auch im Bebauungsplan als Bauland ausgewiesen sein. Der momentane Mangel an Baugrundstücken
und die steigenden Preise für Bauland erweisen sich immer
mehr als größtes Hindernis für den Hausbau.

Die „Wertigkeit" eines unbebauten Grundstückes ergibt sich
aus den unterschiedlichen Nutzungsmöglichkeiten. Dabei
unterscheidet man:

* Bauerwartungsland,
* Bauland,
* Fertigbauland und
* fertiges freies Bauland.

Bauerwartungsland ist kein exakter Begriff. Gemeint ist hiermit, dass bestimmte Grundstücksflächen innerhalb eines Flächennutzungsplans von der Gemeinde bereits als Bauland genehmigt wurden. Zunächst muss die Gemeinde dafür geeignete Grundstücksflächen auswählen und einen vorläufigen Plan aufstellen. Diese ausgewählten und beplanten Grundstücke werden dann im *Flächennutzungsplan* ausgewiesen. Als Nächstes muss die Gemeinde in einer Stadt- bzw. Gemeinderatssitzung für ein oder mehrere Grundstücke einen so genannten „Planaufstellungsbeschluss" fassen. Dieser Beschluss muss in der Zeitung, durch Aushänge o. Ä. veröffentlicht werden.

Der Flächennutzungsplan

Das Gelände, dessen Nutzung durch Deklaration als Bauerwartungsland ausgewiesen wird, ist allerdings noch nicht in einem Bebauungsplan verbindlich festgelegt. Die Ausweisung ist somit ohne Rechtsanspruch. Dies ist für Sie aus steuerlicher Sicht wichtig, denn nur in ganz wenigen Ausnahmefällen wird der Erwerb von Bauerwartungsland vom Finanzamt als Werbungskosten anerkannt. Um hier erfolgreich zu sein, müssen Sie den wirtschaftlichen Zusammenhang mit der Bauabsicht zum Zeitpunkt des Erwerbes nachweisen können. (Zu Steuerfragen können Sie sich auf Seite 266 ff. näher informieren.)

Bauerwartungsland: kein Rechtsanspruch auf eine Baugenehmigung

Einem Flächennutzungsplan müssen die so genannten „Träger öffentlicher Belange" zustimmen. Auch wenn eine *Anhörung der Träger öffentlicher Belange* im Alltag nicht oft vorkommt, sollten Sie zumindest wissen, was sich hinter diesem Begriff verbirgt. Mit „Träger öffentlicher Belange" sind beispielsweise folgende Institutionen gemeint:

- ✱ Raumordnungsbehörde
- ✱ Stadtverwaltung
- ✱ IHK
- ✱ Straßenverkehrsbehörde
- ✱ Energieträger
- ✱ Landwirtschaftsamt
- ✱ Regierungspräsidium

Was sind „öffentliche Belange"?

Die wichtigsten „Belange" sind in § 35 Abs. 3 Baugesetzbuch (BauGB) aufgezählt. Es muss sich dabei in der Regel um öffentliche Interessen von erheblichem Gewicht handeln. Zum Beispiel wird es eine Anhörung der Träger öffentlicher Belange geben, wenn das Brutgebiet eines nur zweimal auf der Welt vorkommenden Vogels in irgendeiner Weise betroffen ist. Für den Fall, dass bei einem Bauvorhaben keine öffentlichen Belange berührt werden, besteht Ihrerseits ein Rechtsanspruch auf Erteilung der Baugenehmigung. Das bedeutet, dass die zuständige Behörde in diesem Fall auch keinen Ermessensspielraum hat.

Der Bebauungsplan

Der *Flächennutzungsplan* beinhaltet die Grobplanung für ein Stadt- oder Gemeindegebiet. Ihm kann man entnehmen, wie die Gemeinde in Zukunft den Boden nach ihren vorhersehbaren Bedürfnissen nutzen möchte. Es geht in erster Linie um die Darstellung von Bauflächen und Baugebieten, aber auch um die Kenntlichmachung von Grünflächen, Verkehrsflächen und Straßen. Da es sich lediglich um eine Grobplanung handelt, können in dem im Anschluss an den Flächennutzungsplan zu erstellenden *Bebauungsplan* (vgl. Seite 33 ff.) einzelne Details geändert werden. Die übergeordneten Planungen wie Bundesraumordnung, Landesplanung und Regionalplanung sind bereits in den Flächennutzungsplan eingearbeitet. Stadtentwicklungsprogramm, Bedarfspläne, Bestandsaufnahmen, Strukturanalysen und Prognosen bilden die Grundlage für den Entwurf.

Aus dem Flächennutzungsplan können Sie für sich keine einzelnen begünstigenden Wirkungen ableiten. Im Wesentlichen handelt es sich beim Flächennutzungsplan um ein internes Verwaltungspapier.

■ *B e i s p i e l :*

Sie erfahren davon, dass ein Grundstück, das Ihnen gehört, im Flächennutzungsplan der betreffenden Gemeinde als Gewerbefläche ausgewiesen ist. Nunmehr beantragen Sie bei der Gemeinde aufgrund dieser Einordnung die Erteilung eines so genannten positiven „Bauvorbescheids". (Als Bauvorbescheid bezeichnet man das Ergebnis einer Vorprüfung eines Bauvorhabens durch die Baubehörde, genauer dazu Seite 65 f.) Trotz der entsprechenden Auswirkungen im Flächennutzungsplan haben Sie keinen Rechtsanspruch auf den erwünschten positiven Baubescheid: Allein die Ausweisung des Grundstückes als Gewerbefläche im Flächennutzungsplan hilft Ihnen nicht. Daher steht auf der Rückseite des Flächennutzungsplanes in der Regel eine Formulierung wie:

Zur Rolle des Flächennutzungsplanes

„Der Flächennutzungsplan hat zwar keine unmittelbare Rechtswirkung für den Bürger, er bindet jedoch die Stadt und die am Planverfahren beteiligten Träger öffentlicher Belange."

Der Einleitungssatz bedeutet jedoch nicht, dass Sie die Stadt einfach vor vollendete Tatsachen stellen und auf Ihrem Grundstück ein Gebäude errichten können, das nicht für die Nutzung laut Flächennutzungsplan geeignet ist. In diesem Fall kann Ihnen durchaus die Baugenehmigung versagt werden.

Im Einzelnen finden Sie im Flächennutzungsplan:

* Anlagen und Einrichtungen für den Allgemeinbedarf (Verwaltungsgebäude, Hallenbäder, Kirchen, Messeplätze, Schulen, Krankenhaus usw.)

* Versorgungs- und Entsorgungsanlagen (Gaswerke, Fernheizwerke, Wasserwerke, Quellen usw.)

* Grünflächen (Parkanlagen, Zeltplätze, Friedhöfe, Dauerkleingärten, Spielplätze usw.)

* sonstige Darstellungen (Umgrenzungen bestehender Landschaftsschutzgebiete, Umgrenzung der Sanierungsgebiete usw.)

Zum **Bauland** gehören nur Grundstücke, die laut *Bebauungsplan* oder § 34 BauGB für eine Bebauung vorgesehen sind und deren Bebauung nach vollständiger Erschließung auch in absehbarer Zeit möglich ist. Die Erschließung fehlt also beim reinen Bauland noch. Den Bebauungsplan erhält man bei der zuständigen Gemeinde oder Stadtverwaltung.

Beim **Fertigbauland** sind sämtliche rechtlichen Voraussetzungen erfüllt (abgeschlossenes behördliches Genehmigungsverfahren, Anhörung der Träger öffentlicher Belange ist erfüllt). Jedoch sind im Grundstückspreis noch nicht die anteiligen Erschließungskosten für Versorgungsträger (Gas, Strom, Wasser, Abwasser) enthalten.

Beim **freien fertigen Bauland** sind im Unterschied zum Fertigbauland die Erschließungskosten bereits enthalten.

Wohngebiete

Beim Fertigbauland und beim freien fertigen Bauland unterscheidet man verschiedene Arten von Wohngebieten:

* das allgemeine Wohngebiet
* das reine Wohngebiet
* das gemischte Gebiet
* das Gewerbegebiet
* das Eigenheimgebiet

Das **allgemeine Wohngebiet** verbietet zwar die Errichtung der meisten gewerblichen Anlagen, bestehende Gewerbeeinheiten können jedoch auch erweitert werden.

Das **reine Wohngebiet** dagegen ist ausschließlich und regelmäßig nur für die Errichtung von Wohngebäuden zugelassen.

Das **gemischte Gebiet** gestattet alle baulichen Anlagen.

Das **Gewerbegebiet,** Geschäftsgebiet oder Industriegebiet schließt die Errichtung selbstständiger Wohngebäude aus.

Das **Eigenheimgebiet** (auch „Gebiet für Familienheime") weist ausschließlich Grundstücke für Familien aus. Hierzu kommen selbstverständlich Nutzungsmöglichkeiten für Miet- und Eigentumswohnungen sowie Versorgungseinrichtungen für die Bewohner im Eigenheimgebiet, wie z. B. Läden, Arztpraxen, Schulen usw.

Auf Seite 34 f. finden Sie ein Muster eines Bebauungsplanes, auf Seite 36 f. eine Erläuterung der zugehörigen Legenden. Die Gliederungspunkte im Bebauungsplan zeigen Ihnen die vielfältigen Einschränkungen in Bezug auf die einzelnen Grundstücke. Wie Sie sehen, wird im jeweiligen Bebauungsplan nicht nur die Zahl der möglichen Vollgeschosse festgelegt, sondern vielmehr die komplette Bebauung des gesamten Baugebietes vorgeschrieben.

Genaue Festlegung der Bebauung im Bebauungsplan

Einen Bebauungsplan zu lesen ist nicht einfach – schon wegen der detailreichen Darstellungsform. Für Sie ist es daher sinnvoll, sich mit einem verantwortlichen Mitarbeiter in dem für Sie zuständigen Bauamt in Verbindung zu setzen. Mit einem

Bebauungsplan

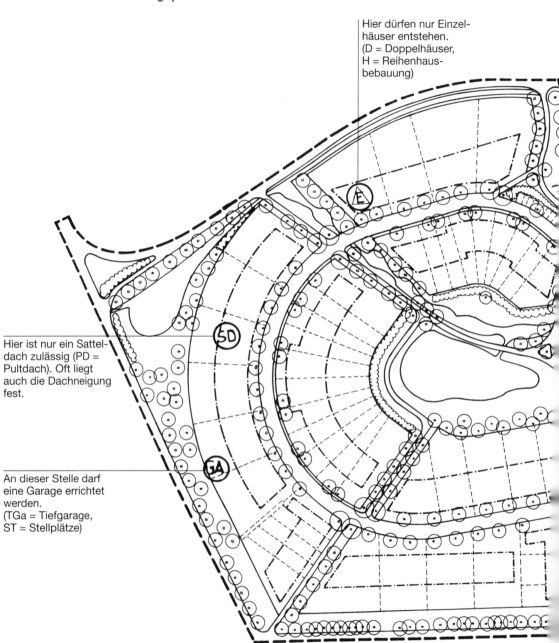

Hier dürfen nur Einzel-
häuser entstehen.
(D = Doppelhäuser,
H = Reihenhaus-
bebauung)

Hier ist nur ein Sattel-
dach zulässig (PD =
Pultdach). Oft liegt
auch die Dachneigung
fest.

An dieser Stelle darf
eine Garage errichtet
werden.
(TGa = Tiefgarage,
ST = Stellplätze)

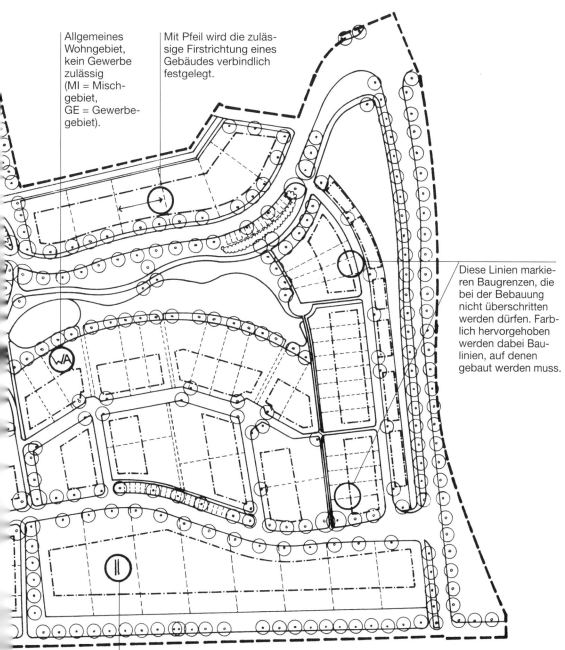

Allgemeines Wohngebiet, kein Gewerbe zulässig (MI = Mischgebiet, GE = Gewerbegebiet).

Mit Pfeil wird die zulässige Firstrichtung eines Gebäudes verbindlich festgelegt.

Diese Linien markieren Baugrenzen, die bei der Bebauung nicht überschritten werden dürfen. Farblich hervorgehoben werden dabei Baulinien, auf denen gebaut werden muss.

Das Gebäude darf maximal 2 Vollgeschosse haben.

Bebauungsplan

Im Folgenden ein Auszug der Legende zu einem Bebauungs-plan:

Art der baulichen Nutzung

WA   Allgemeines Wohngebiet

Maß der baulichen Nutzung

II   Zahl der Vollgeschosse als Höchstgrenze
II–III   Zahl der Vollgeschosse als Mindest- und Höchstgrenze

Art der baulichen Nutzung ①	
Maß der baulichen Nutzung ②	Bauweise ④
Grundflächen-zahl ③	Geschossflächen-zahl ⑤

→ **Füllschema der Nutzungsschablone:**

① z. B. WA allgemeines Wohn-gebiet

② z. B. II=2-geschossige Bebauung

③ z. B. GRZ von 0,8 bedeutet: auf einem 1000 m² großen Grund-stück darf ein Gebäude mit einer Grundfläche von maximal 800 m² realisiert werden

④ Doppelhaus, Einzelhaus etc.

⑤ bei einer GFZ von 1,2 dürfen auf einem 1000 m² großen Grund-stück maximal 1200 m² Ge-schossfläche geschaffen werden

Bauweise, Begrenzungen

          nur Doppelhäuser zulässig

          nur Einzel- und Doppelhäuser zulässig

          nur Hausgruppe zulässig

g   geschlossene Bauweise

━ ━ ━ ━   Grenze des räumlichen Geltungsbereichs

─ ─ ─ ─ ─   Baugrenze

•••••••••••   Abgrenzung unterschiedlicher Nutzung

------------------   vorgeschlagene Grundstücksgrenze (M)

▼▼▼▼⊖▼▼▼▼   Flächen für Aufschüttungen

Erschließung

───────   Öffentliche Verkehrsfläche

▨▨▨   Verkehrsflächen besonderer Zweckbestimmung

🅿   Öffentliche Parkplätze

Grünflächen, Landespflegeflächen, Pflanzenbindungen

Öffentliche Grünfläche

Landwirtschaftliche Nutzfläche

Umgrenzung von Flächen für Maßnahmen zum Schutz, zur Pflege und zur Entwicklung der Landschaft

Wasserfläche

Wasserrückhalte- und Versickerungsmulden

Entwässerungsgraben

Erhaltung Einzelbaum

Pflanzengebot Gehölz

Pflanzengebot Einzelbaum

Sonstige Hinweise und Festsetzungen

Hauptfirstrichtung

252,6   Geländehöhe, z.B. 252,6 über NN (Normal Null)

Böschung, Auftrag/Abtrag

EG = 247,50   Festgesetzte EG-Höhe über NN, z.B. mind. 247,50 NN

UG = 244,75   Festgesetzte UG-Höhe über NN, z.B. mind. 244,75 NN

GA   Garage

TG   Tiefgarage

Trafostation

Spielplatz

Bestandsangaben

Die für die Darstellung des Bestandes verwendeten Signaturen entsprechen, soweit nicht aufgeführt, den Zeichenvorschriften für Katasterkarten und Vermessungsrisse in Rhl.-Pfalz. Diese Zeichenvorschriften sind, obwohl grundsätzlich normiert, in den einzelnen Bundesländern durchaus unterschiedlich, ebenso wie die Bauordnungen.

persönlichen Gespräch können Sie bereits im Vorfeld vieles in Erfahrung bringen. Sie ersparen sich eine Menge Arbeit, wenn Sie sich nicht selbst durch den Dschungel der oft unbekannten Bezeichnungen kämpfen müssen. Was Sie bei der Beantragung einer Baugenehmigung beachten müssen, lesen Sie ab Seite 64.

Weitere Beurteilungskriterien für Grundstücke

Neben den Bestimmungen des Bebauungsplans sollten in Ihre eigene Grundstücksentscheidung aber auch Faktoren wie die klimatische Lage, die Ortslage, die Infrastruktur, die Verkehrsanbindung und das soziale Umfeld einfließen.

Klimatische Lage

Wenn Sie sich als zukünftiger Eigenheimbesitzer erst einmal mit dem Gedanken vertraut gemacht haben, ein Haus zu bauen, beurteilen Sie viele Häuser wesentlich kritischer als vorher. Die Idealvoraussetzung ist, dass die Schlafräume nach Osten ausgerichtet sind, Wohnräume nach Süden oder Westen und Küche und Bad möglichst nach Norden, denn dorthin gehören nach den üblichen Regeln auch Eingang und Treppenhaus. Die günstigen Wohngebiete finden Sie im Westen und im Süden unserer Städte, da in unserem Land der Wind meist aus Süden oder Westen kommt, somit frische Luft vom Lande bringt und den Rauch und Dunst der Städte nach Norden und Osten abweht.

Günstige Wohnlagen: Süden und Westen

Im Folgenden finden Sie drei Skizzen, die verhindern sollen, dass Sie Ihr Haus schon von Anfang an falsch planen. Sie können sehen, wie die einzelnen Räume möglichst in die günstigste Himmelsrichtung ausgerichtet werden und wie sich der unterschiedliche Sonnenstand zu den verschiedenen Jahreszeiten bei einem „sonnigen" Bauen bewusst ausnutzen lässt.

Falsche Ausrichtung der Wohnräume

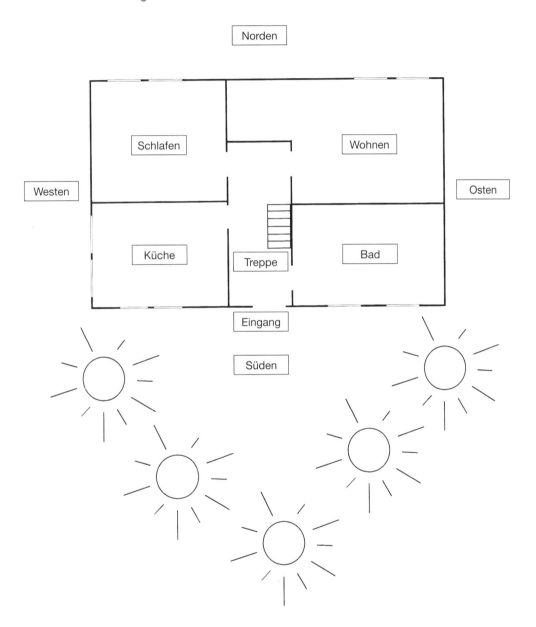

Richtige Ausrichtung der Wohnräume

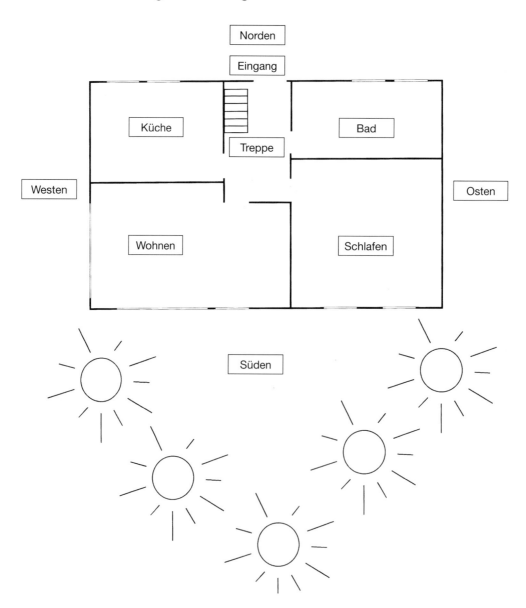

Sonniges Bauen

Ihr Gebäude sollte gen Süden/Südwesten über großzügige Fensterflächen verfügen, da sich in diesen Himmelsrichtungen die größten Energiegewinne erzielen lassen. Richtung Norden hingegen, wo die größten Energieverluste auftreten, sollte die Gesamtfensterfläche möglichst gering gehalten werden.

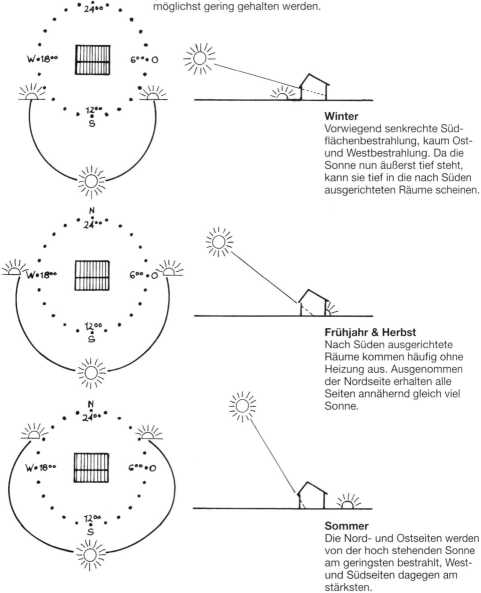

Winter
Vorwiegend senkrechte Südflächenbestrahlung, kaum Ost- und Westbestrahlung. Da die Sonne nun äußerst tief steht, kann sie tief in die nach Süden ausgerichteten Räume scheinen.

Frühjahr & Herbst
Nach Süden ausgerichtete Räume kommen häufig ohne Heizung aus. Ausgenommen der Nordseite erhalten alle Seiten annähernd gleich viel Sonne.

Sommer
Die Nord- und Ostseiten werden von der hoch stehenden Sonne am geringsten bestrahlt, West- und Südseiten dagegen am stärksten.

Ortslage, Infrastruktur, Verkehrsanbindung

Droht Lärm-belästigung?

Neben der klimatischen Lage sind Faktoren wie die Ortslage, die Infrastruktur und die Verkehrsanbindung wichtige zu berücksichtigende Kriterien. Bei unmittelbarer Nähe von Haupt- oder Durchgangsstraßen, Eisenbahngeleisen oder Bahnhöfen, Schifffahrtsstraßen oder Flughäfen sollten Sie für die Zukunft mit einer erheblichen Lärmbelästigung rechnen. Auf der anderen Seite müssen Sie objektiv abwägen, inwieweit der schnelle Zugang zu öffentlichen Verkehrsmitteln, Schulen und Kindergärten für Ihre Familie von Vorteil sein könnte.

Wie ist die Nachbarschaft?

Auch die neuen Nachbarn und die Qualität der angrenzenden Wohngebiete sollten Sie bei der Grundstücksauswahl mit in Ihre Überlegungen einbeziehen. Zudem sollten neben Ihren persönlichen Vorstellungen möglichst objektiv die Vor- und Nachteile des Grundstücks, das Sie erwerben möchten, gegenübergestellt werden.

Handbuch für
BAUHERREN
Planen · Finanzieren · Bauen

WICHTIG

Da der Bebauungsplan die Bebauung und die Hausanordnung verbindlich festschreibt, man also im Nachhinein nichts mehr daran ändern kann, ist es sehr wichtig, bereits bei der Grundstücksauswahl die Lage und Ausrichtung des späteren Hauses zu beachten. Gerade weil es in jedem Baugebiet schlecht gelegene Grundstücke gibt, weisen Makler oder Gemeinden nicht gerne auf deren Nachteile hin.

Checkliste für die Grundstücksbeurteilung

* Eignet sich der Zuschnitt des Grundstücks für Ihre gewünschte bzw. die geplante Bebauung?
* Wie ist der Erschließungszustand des Grundstückes?
* Wie ist das „Klima" des Grundstücks?
* Wie ist die Bodenbeschaffenheit im Hinblick auf die Fundamentierung?
* Können sich Auflagen aus Denkmal-, Landschafts-, Umwelt- oder Naturschutzerfordernissen ergeben?
* Ist die Lage hochwassergefährdet?
* Bestehen Altlasten?
* Ist die Lage einer starken Lärmbelästigung (z. B. durch Straßen, Bahngeleise, Flugzeuge, Industrieansiedlung) ausgesetzt?
* Wie ist das nachbarliche Umfeld?
* Gibt es Spielmöglichkeiten für die Kinder?
* Gibt es ausreichend Parkplatzmöglichkeiten (beispielsweise auch für Besucher)?

Unser Tipp: Besichtigen Sie ein Grundstück unbedingt zu verschiedenen Tages- und Nachtzeiten. Seien Sie misstrauisch, wenn Besichtigungstermine nur zu bestimmten Zeitpunkten möglich sind.

Beurteilungskriterien aus Bankensicht

Banken beurteilen Grundstücke nach sehr nüchternen Kriterien. Die Obergrenze des Bodenpreises ergibt sich aus dem zu erwartenden **Ertragswert** des Bodens, der letztlich durch die spätere Nutzung sowie den Umfang der Bebaubarkeit bestimmt wird.

■ *B e i s p i e l :*

Zum Zusammenhang von Nutzung und Ertragswert

Stellen Sie sich ein Grundstück A mit einer Grundstücksfläche von 350 m^2 vor. Auf diesem Grundstück steht ein dreigeschossiges Hotel mit insgesamt 60 Betten. Des Weiteren verfügt es über ein Restaurant und ein Café. Die Grundfläche des Hotels beträgt 250 m^2, auf den restlichen 100 m^2 verfügbarem Gelände ist ein Biergarten untergebracht. Vergleichen Sie damit Ihr Grundstück B mit 2000 m^2, einem Gebäude mit eineinhalbgeschossiger Bauweise (das bedeutet ein Vollgeschoss und das Dachgeschoss) und einer Garage mit einer Gesamtgrundfläche von 80 m^2. Der Rest von 1920 m^2 wird als Ziergarten genutzt, da Sie ein Rosenliebhaber sind und die Stadtverwaltung bzw. der Bebauungsplan keine anderweitige Bebauung zulässt.

Stellen Sie sich nun vor, Sie seien Bankangestellter und müssten die beiden Grundstücke bewerten. Welches Grundstück wäre in Ihren Augen mehr wert? Sicherlich das zwar kleinere, aber bestens ausgenutzte Hotelgrundstück.

An diesem einfachen, aber realistischen Beispiel erkennen Sie, dass der Bodenpreis und die Werthaltigkeit durch die Nutzung des Grundstücks bestimmt werden. Der aus der späteren Nutzung zu erwartende Ertrag – für eine selbst genutzte Immobilie natürlich ein hypothetischer Betrag – ergibt sich im Wesentlichen aus der erzielbaren Miethöhe. Hierbei ist möglich, dass weitere Bodenwertsteigerungen innerhalb des Bauzeitraumes, aber auch danach noch, in Ansatz gebracht werden.

In diesem Zusammenhang einige Hinweise zum Thema Wertermittlungen. Für den Käufer einer Immobilie oder für den Bauherrn ist die Frage „Was ist meine Immobilie noch wert?" sehr wichtig. Es gibt viele Bewertungsanlässe, beispielsweise die Übertragung bei einem Kauf oder Verkauf, die Festlegung des Beleihungswertes durch eine Bank als Grundlage für eine Hypothek bzw. Grundschuld oder die Bewertung anlässlich des Abschlusses einer notwendigen Versicherung (z. B. Brand oder Haftpflicht). Damit Sie Ihre eigenen Interessen besser vertreten können und bei der Bewertung durch Dritte nicht völlig ahnungslos daneben stehen, vermitteln wir Ihnen im Folgenden ansatzweise, welche Bewertungsverfahren es gibt und wie bei der Ermittlung der einzelnen Werte vorgegangen wird.

Warum wird eine Immobilie bewertet?

Ertragswertverfahren

Der Ertragswert errechnet sich vereinfacht aus der Jahresnettomiete abzüglich der Bewirtschaftungskosten. Das Ergebnis wird – in der Fachsprache ausgedrückt – kapitalisiert. Das heißt, dass der regelmäßig erzielbare Ertragsüberschuss – also die Jahresnettomiete abzüglich der Bewirtschaftungskosten (z. B. für Verwaltung, Instandhaltung oder Betriebskosten) – mit dem Kapitalisierungsfaktor multipliziert wird. Bei Neubauten wird der Ertragsüberschuss dabei mit etwa 5 Prozent des Ertragswertes angesetzt; bei Altbauten mit 5,5 – 6 Prozent.

Ermittlung des Ertragswertes

■ *B e i s p i e l :*

Jahresnettomiete	15.000,– DM
./. Bewirtschaftungskosten	3.000,– DM
gesamt	12.000,– DM
Neubau	5% Kapitalisierung
→	12.000,– DM x 100/5
Ertragswert	**240.000,– DM**

Der Ertragswert als Grundlage des Beleihungswertes

Das Ertragswertverfahren dient somit als Beleihungswertgrundlage für den Fall, dass eine Bank im Rahmen einer Zwangsversteigerung das Gebäude ersteht, in den Bestand aufnimmt und im Anschluss daran selbst vermietet. Das Ertragswertverfahren bewertet, wie der Name schon andeutet, eine Immobilie aus Ertragssicht. Aus diesem Grund ist der durch das Ertragswertverfahren ermittelte Wert in erster Linie ein Anhaltspunkt für alle diejenigen, die eine Immobilie nicht als Selbstnutzer, sondern zur Kapitalanlage erwerben wollen.

Sachwertverfahren

Bodenwert und Bauwert

Der Grundstückssachwert ergibt sich aus dem *Bodenwert* und dem *Bauwert,* auch Gebäudesachwert genannt. Das bedeutet, dass ein Gutachter den Wert des Gebäudes getrennt vom Wert des Grundstückes ermittelt. Dabei wird in der Regel überwiegend nach technischen Gesichtspunkten bewertet. Unter Bauwert versteht man den Betrag, für den ein gleichartiges Gebäude in vergleichbarer Lage errichtet werden kann. Je nachdem, wie alt die Immobilie ist, können Abschläge von dem so ermittelten Bauwert gemacht werden. Der Bodenwert ergibt sich aus dem Grundstückspreis, der zu dem Zeitpunkt, an dem der Bodenwert festgestellt wird, zu erzielen wäre. Hierbei sind alle Faktoren zu berücksichtigen, die den Wert eines Grundstückes beeinflussen könnten, so zum Beispiel anfallende Gebühren, Steuern, eingetragene Rechte wie beispielsweise ein Durchfahrtsrecht und anderes mehr. „Durchfahrtsrecht" bedeutet, dass jemand anderes das Recht hat, über das Grundstück, das Sie erwerben wollen, zu seinem Grundstück zu gelangen. Bei entsprechenden Grundstücken können Geh-, Fahr- und Leitungsrechte (Gas-, Wasser-, Stromversorgungsleitungen) vorhanden sein.

Verkehrswertverfahren

Der Verkehrswert ist sozusagen eine Prognose für einen Interessenausgleich, z. B. zwischen einem Käufer und einem Verkäufer einer Immobilie. Es handelt sich sozusagen um eine einfache Wertermittlung. Bei der Ermittlung des Verkehrswerts werden u. a. folgende Punkte berücksichtigt:

Kriterien bei der Ermittlung des Verkehrswertes

* die rechtlichen Belastungen
* die Grundstücksqualität
* der Bauzustand
* der Unterhaltungszustand
* die Lagemerkmale des Grundstücks

Dazu findet sich in § 194 BauGB folgende klare Definition:

„Der Verkehrswert wird durch den Preis bestimmt, der zu dem Zeitpunkt, auf den sich die Ermittlung bezieht, im gewöhnlichen Geschäftsverkehr nach den rechtlichen Gegebenheiten und tatsächlichen Eigenschaften, der sonstigen Beschaffenheit und der Lage des Grundstücks oder des sonstigen Gegenstands der Wertermittlung ohne Rücksicht auf ungewöhnliche oder persönliche Verhältnisse zu erzielen wäre."

Definition nach BauGB

Vergleichswertverfahren

Diese Bewertungsmöglichkeit dient in der Regel zur Ermittlung des Bodenwertes. Dazu wird bei der Geschäftsstelle des Gutachterausschusses der betreffenden Stadt eine Kaufpreissammlung durchgeführt, die einen umfassenden Überblick über das Geschehen auf dem Grundstücksmarkt ermöglicht. Dabei holt sich der Ausschuss bei der Stadt Informationen über die jeweilig gezahlten Kaufpreise und sammelt diese.

Ermittlung des Bodenwertes durch Kaufpreissammlung

Neben oder anstelle von Vergleichspreisen können auch geeignete Bodenrichtwerte der Bodenwertermittlung dienen. Maßgebend ist dabei der Bodenrichtwert für eine Gesamtheit von Grundstücken, die innerhalb eines Baugebietes zusammengefasst werden und für die im Wesentlichen gleiche Nutzung und Wertverhältnisse vorliegen.

Unter Berücksichtigung der genannten Methode zur Bodenwertermittlung sowie der vorgesehenen baulichen Nutzung und unter Einbeziehung der jeweiligen Grundstücksqualität (z. B. Grundstücksform, -größe, -lage und Bebaubarkeit) wird der Bodenwert zum Bewertungsstichtag beurteilt.

Der Unterschied zwischen Preis und Wert

Zwischen Preis und Wert macht Ihre finanzierende Bank sehr große Unterschiede, da der bei der Berechnung in Ansatz gebrachte Preis für den tatsächlichen Wert nur bedingte Aussagekraft hat. Sie als Käufer sollten trotzdem Ihren persönlichen Nutzen mit abwägen. Die Bank dagegen beurteilt nüchtern den angesetzten Preis und den aus Bankensicht angemessenen Bodenwert.

Unser Tipp: Für den Fall, dass Sie günstiger als am Markt üblich eine Immobilie erwerben, weisen Sie diesen günstigen Kauf nach. Belegen Sie schriftlich, dass vergleichbare Objekte am gleichen Ort erheblich teurer sind. Verhandeln Sie mit Ihrer Bank eine möglichst hohe Bewertung des von Ihnen erworbenen Objektes, denn damit erreichen Sie die besten Voraussetzungen für eine möglichst günstige Finanzierung.

Sie haben folgende Möglichkeiten, Ihren Immobilienwert fachgerecht bewerten zu lassen:

1. Sie können einen durch die Industrie- und Handelskammer (IHK) vereidigten Schätzer mit einem Gutachten beauftragen.

Eigene Ermittlung des Immobilienwertes

2. Sie können ein Gutachten der Gutachterausschüsse bei den jeweiligen Städten gem. § 3 BauGB anfordern. Dieser Paragraph regelt die Beteiligung der Bürger hinsichtlich der Ziele und Zwecke einer Planung.

3. Sie können die regelmäßigen Bekanntmachungen der Gemeinden über örtliche Baulandrichtwerte gem. § 193 BauGB überprüfen und die dort angegebenen Preise mit dem Ihres zukünftigen Grundstücks vergleichen. (Die Gemeinden werden über jeden Grundstückskaufvertrag inklusive der festgesetzten Verkaufspreise unterrichtet.)

Die typische Grundstücksbeurteilung durch die Bank unterscheidet sich schnell von Ihrer eigenen, persönlichen Einschätzung eines Grundstückes. Daher wird das folgende – bewusst vollständig wiedergegebene – Beispiel einer Grundstücksbewertung durch eine Bank hilfreich für Sie sein: Sie sehen, worauf Sie achten müssen, wenn Sie ein Grundstück sozusagen durch die „Banker-Brille" betrachten. Schließlich müssen Sie bei der Finanzierung eines Immobilienerwerbes Ihre Bank davon überzeugen, warum diese mit Ihnen ein (Kredit-) Geschäft abschließen soll. Dabei ist es immer von Vorteil, wenn Sie die „Bank-Argumente" bereits kennen und berücksichtigt haben.

Die „Banker"-Sicht

■ *B e i s p i e l :*

1. Der Ort: Die Stadt hat 480.000 Einwohner. Sie liegt im Ballungsgebiet von NRW.

2. Verkehrslage und Verkehrserschließung des Grundstückes:
Die Erschließung erfolgt über eine ausgebaute „Sammelstraße", das heißt eine Straße, die in einem Wohngebiet mehrere Häuser über so genannte Wohnstraßen an die nächstgelegene Verkehrsstraße anbindet. Die nächstliegende Verkehrsstraße mit öffentlichen Verkehrsmitteln ist ca. 400 m entfernt. Die Luftlinienentfernung zum Zentrum beträgt ca. 2 km. Geschäfte mit Waren des täglichen Bedarfs liegen in unmittelbarer Nähe. Öffentliche Verkehrsmittel sind ca. 800 m entfernt.

3. Gebietslage: Das Bewertungsobjekt befindet sich in einer verhältnismäßig guten Ortslage. Das umliegende Gebiet ist ein ehemaliges Dorfgebiet. Gegenüber dem Grundstück befindet sich ein Hotel.

4. Art der Bebauung: Wohnbebauung in überwiegend zweigeschossiger und offener Bauweise, also Einfamilienhausbebauung.

5. Immissionen: Normal, keine wesentlichen Einflüsse durch Lärm, Schadstoffe, Strahlen usw.

6. Topographische Lage: Nahezu ebenes Gelände; die Straße liegt in einer geringen Gefällstrecke.

7. Grundstücksform: Unregelmäßiger Zuschnitt der Straßenfronten: in Richtung Hauptstraße 28 m, zur Waldstraße hin 34 m.

8. Erschließungszustand:

Verkehrserschließung:	Ausgebaute und befestigte Sammel- bzw. Anliegerstraße
Höhenlage:	Bewertungsobjekt gegenüber dem Straßenniveau höher gelegen
Versorgungsanschlüsse:	Grundstück voll erschlossen: Wasser, Gas und Elektro-/Telefonanschluss (ELT-Anschluss)

| Grenzverhältnisse: | Nachbarliche Nutzung: Wohngrundstücke |
| Baugrund/Gewässerverhältnisse: | Gewachsener, normal tragfähiger Baugrund |

9. Rechtliche Gegebenheiten:

Rechte und Belastungen:	Grunddienstbarkeit für RWE für ELT-Versorgungsleitung
Grundbuchgesicherte Belastung:	z.B. Schuldverhältnisse oder Belastung in Abteilung II: 150.000,– DM zugunsten der Sparkasse
Eintragung im Baulastenverzeichnis:	Es liegt keine Baulast vor.
Bebauungsplan:	Liegt nicht vor. Die Zulässigkeit ist nach § 34 BauGB zu bewerten.

Erläuterung:

In diesem Bewertungsmuster ist Ihre Hausbank in der Lage, neben wertbeeinflussenden Umständen die Qualität der Wohnung zu beurteilen und das Objekt auf dauerhafte Ertragsfähigkeit (z.B. eine mögliche Vermietbarkeit oder eine andere Verwertbarkeit) abzuschätzen.

Im vorliegenden Fall wird sich die Bank auf den tatsächlichen Bauwert (das bedeutet die Höhe der tatsächlichen Baukosten) abzüglich eines Sicherheitseinbehalts zwischen 20 und 40 Prozent festlegen. Dies ergibt den Bauwert nach Beleihungsgrundsätzen.

Grundstückssuche

Die folgende Übersicht hilft Ihnen dabei, in der Grundstückssuche keine der möglichen Vermittlungsquellen auszulassen.

Grundstücke, die Sie besser meiden sollten

* Wohnlagen ohne Anbindung an öffentliche Verkehrsmittel
* Wohnlagen ohne Einkaufsmöglichkeiten, ohne Schulen, ohne Kindergärten (es sei denn, der Schulbus fährt in der Nähe vorbei)
* Wohnlagen in der Nähe von Industrieansiedlungen und verkehrsreichen Straßen
* Wohnlagen an steilen Hängen (Terrassenbauweise ist unter Umständen zwar reizvoll, aber grundsätzlich aufwendig)
* Wohnlagen in Tälern, nebligen Senken und mit überwiegender Nordseite

Persönliche Prioritäten setzen Auch wenn dies objektiv gesehen große Nachteile sind, müssen Sie im Einzelfall natürlich selbst Prioritäten setzen und für Ihre persönliche Situation die optimale Kombination zwischen Preis und Leistung finden.

Mögliche Vermittler eines Grundstücks

Gemeinde

Gemeinden sind laut Wohnungsbaugesetz (WBauG) des Bundes angehalten, Bauland auszuweisen und zu erschließen. Sie werden daher mit Ihrem Anliegen dort auf offene Ohren stoßen:

Wenn Sie ein Grundstück suchen, haben Sie das Recht, die Gemeinde, in der Sie sich niederlassen möchten, um Unterstützung bei Ihrer Suche zu bitten.

Bauträger, Baubetreuungs- und Wohnungsbauunternehmen

Bauträger und Wohnungsbauunternehmen kaufen im Vorfeld mehrere Grundstücke für eigene, geplante Projekte. Es wird immer mal wieder passieren, dass Ihnen ein solches Unternehmen ein nicht mehr benötigtes Grundstück verkaufen kann. Baubetreuungsunternehmen dagegen übernehmen – wie der Name bereits ausdrückt – auf Wunsch die komplette Betreuung von Bauvorhaben. Das heißt, dass sie mit zukünftigen Bauherren Verträge darüber abschließen, auf deren Grundstück eine Immobilie nach deren Wünschen zu bauen und im Anschluss daran schlüsselfertig zu übergeben. Daher liegt es im ureigensten Interesse der Baubetreuungsunternehmen, Ihnen bei der Suche nach einem Grundstück behilflich zu sein.

Bauträger: „überzählige Grundstücke"

Baubetreuer: Hilfe im eigenen Interesse

Unser Tipp: Gehen Sie systematisch vor: Suchen Sie sich die entsprechenden Firmen – Bauträger, Baubetreuungs- und Wohnungsbauunternehmen – aus dem Branchenverzeichnis heraus und fragen Sie sie nacheinander ab.

Architekten

Ein guter Architekt kann nicht nur entwerfen, sondern er kennt auch die Region, in der er arbeitet, wie seine Westentasche. Oft weiß er bereits im Vorfeld, welche Gebiete demnächst als Bauland ausgewiesen werden sollen, hat eigene Projekte, an denen Sie sich beteiligen können, oder kennt Leute, die ein Grundstück verkaufen möchten.

Architekten: Ortskenntnis

WICHTIG

Die Berufsstandesrichtlinien der Architekten verbieten es, Grundstücke zu vermitteln oder aber bei der Grundstückssuche behilflich zu sein, wenn der Architekt die Interessenten zuvor verpflichtet, das später zu bauende Haus nur von ihm entwerfen zu lassen. Allerdings kann Ihnen ein Architekt, nachdem er beispielsweise einen Vorentwurf angefertigt hat, durchaus bei der Suche nach einem geeigneten Grundstück behilflich sein. Wenn diese Suche erfolgreich ist und Sie dann den Architekten mit der endgültigen Planung beauftragen, ist jeder Verstoß gegen das Standesrecht ausgeschlossen, denn die Grundstückssuche war nachweislich vom Entwurfauftrag an den Architekten getrennt.

Bausparkassen, Banken oder Sparkassen

Bausparkassen haben als mögliche Finanziers naturgemäß ein Interesse daran, dass Bauwillige auch ein Grundstück finden. Die Mitarbeiter einer örtlichen Bausparkasse werden Ihnen daher gerne behilflich sein, ein geeignetes Grundstück zu finden. Aber Vorsicht: Lassen Sie sich nicht dazu verleiten, erst einen Bausparvertrag abzuschließen und dann ein Grundstück zu suchen. Die umgekehrte Vorgehensweise ist eher ratsam, denn wenn die Grundstückssuche der Bausparkassenmitarbeiter erfolgreich war, müssen Sie für die erbrachte Dienstleistung sowieso eine entsprechende Maklercourtage zahlen. Damit ist die Dienstleistung der Grundstückssuche abgegolten. Ob Sie dann auch noch einen Bausparvertrag abschließen oder nicht, sollten Sie entsprechend Ihrer individuellen Situation von einem unabhängigen Finanzexperten prüfen lassen, bevor Sie sich entscheiden.

Bausparkassen: Grundstückssuche unabhängig vom Bausparvertrag

Auch Banken und Sparkassen haben Immobilienabteilungen, die Grundstücke – in der Regel ebenfalls gegen eine entsprechende Gebühr – vermitteln können. Wenn Sie durch die Vermittlung einer Bank oder Sparkasse ein Grundstück erwerben, sind Sie aber nicht gezwungen, den Kauf automatisch durch dieses Unternehmen finanzieren zu lassen, sondern können noch andere Angebote einholen und sich dann für das für Sie günstigste entscheiden.

Banken: Vermittlung verpflichtet nicht zur Finanzierung

Zeitungsannoncen

Bei eigenen Zeitungsannoncen sollten Sie nicht zu große Erfolgserwartungen haben, denn oft werden Sie mit einer Flut von uninteressanten Maklerangeboten zugeschüttet. Vielleicht haben Sie aber auch Glück und dann hat sich der Einsatz für eine kleinere Suchanzeige, deren Kosten zwischen 50,– DM und 200,– DM liegen, sicherlich gelohnt.

Leider die Regel: Maklerangebote

Auch bei der Auswertung von Immobilienangeboten in Ihrer Zeitung werden Sie größtenteils auf Angebote von Immobilienmaklern stoßen. Anzeigen wie „Für unsere Auftraggeber verkaufen wir Grundstücke in bester Lage …" können Sie dabei bis auf wenige Ausnahmen getrost vergessen, denn wenn keine konkreten Grundstücke genannt sind, geht es solchen Maklern nicht selten darum, lediglich die eigene Interessentenkartei zu füllen, ohne wirklich konkret helfen bzw. Grundstücke anbieten zu können.

Verwandte, Freunde, Nachbarn

Je mehr Menschen in Ihrer Nähe und in Ihrem Bekanntenkreis von Ihrer Grundstückssuche wissen, desto eher besteht die Möglichkeit, dass Ihnen jemand von einem günstigen Objekt, das verkauft werden soll, berichten kann. Denken Sie darüber nach, mit wem Sie im Alltag häufig zu tun haben, und scheuen

Kontakte nutzen

Sie sich dann nicht, diese Personen um ihre aktive Mithilfe bei Ihrer Suche zu bitten. Zugegeben, ein einfacher Weg, allerdings einer, der von vielen Bauwilligen schlichtweg vergessen wird.

Makler

Ein Makler hat laut Gesetz zunächst nur Anspruch auf ein Honorar, die Maklercourtage, wenn er Erfolg hat, Ihnen also ein Grundstück erfolgreich vermitteln konnte. Wesentlich ist hierbei der rechtsgültige Abschluss, das heißt, dass die Courtage laut Gesetz erst bei Abschluss des notariellen Kaufvertrages fällig ist.

> **WICHTIG**
>
> Nach dem Gesetz kann ein Makler keine Entschädigung für Aufwendungen verlangen, wenn es zu keinem Vermittlungsabschluss kommt. Allerdings darf ein Makler mit Ihnen Sondervereinbarungen treffen, die wiederum deutlich im Maklervertrag genannt sein müssen.

Die „Allgemeinen Geschäfts-bedingungen"

Makler versuchen oft, abweichend von den gesetzlichen Bedingungen in ihren Allgemeinen Geschäftsbedingungen (AGB) weitere Vereinbarungen festzuhalten. Bei einem Verweis auf solche AGBs ist Misstrauen durchaus angebracht, denn oft begünstigen diese Bedingungen den Makler über den gesetzlich bestimmten Rahmen hinaus.

Erteilen Sie keine Alleinaufträge, sondern überlassen Sie die Suche nach einem geeigneten Grundstück dem freien Markt und dem Wettbewerb unter den Maklern. Schalten Sie also ruhigen Gewissens mehrere Makler ein. Auch sollten Sie bei der zu zahlenden Maklercourtage verhandeln: Üblich sind 4 bis 6 Prozent vom Verkaufspreis (zzgl. Mehrwertsteuer), die sich

Käufer und Verkäufer grundsätzlich teilen. Ihr Anteil als Grundstückskäufer beträgt also zwischen 2 und 3 Prozent. Ausnahmen hiervon können jederzeit vereinbart werden, müssen jedoch schriftlich festgehalten werden. Da Sie als privater Grundstückskäufer die Mehrwertsteuer nicht verrechnen können, sollten Sie auf alle Fälle mit dem Makler darüber verhandeln, ob die 2 oder 3 Prozent der Courtage die Mehrwertsteuer gegebenenfalls schon beinhalten.

Unser Tipp: Wenn im notariellen Kaufvertrag bereits eine Regelung über die Maklercourtage enthalten ist, sollten Sie ebenfalls eine Regelung aufnehmen lassen, dass im Falle des Scheiterns des Kaufvertrages die Courtage entfällt bzw. wer sie in diesem Fall zu bezahlen hat!

Sonstige Vermittler

Neben den vorab genannten Anlaufstellen gibt es noch weitere Personen und Institutionen, die Sie bei Ihrer Grundstückssuche nicht vergessen sollten. Das können beispielsweise Kirchen oder Stiftungen sein.

Eigene Suche

Wenn Sie sich für ein bestimmtes Gebiet interessieren, besorgen Sie sich eine aktuelle Karte der Region, und schauen Sie sich die Gegend genau an. Dabei erfahren Sie unter Umständen sehr viel mehr über die wichtigen Faktoren wie Verkehrsanbindung, Erreichbarkeit von Kindergärten und Schulen als durch die Auskünfte Dritter. Wenn Sie bei Ihren Streifzügen auf Baulücken stoßen, die sich nach dem ersten Anschein für eine Bebauung eignen, notieren Sie die Hausnummern der Nachbarhäuser, und merken Sie sich andere konkrete Einzelheiten über die genaue Lage. Dann können Sie sich später beim Katasteramt die not-

Interessante
Gegenden
aufmerksam
prüfen

wendige Information darüber besorgen, wer Eigentümer des Grundstückes ist, und diesen eventuell direkt ansprechen.

Für eine Grundstückssuche sollten Sie grundsätzlich viel Geduld und ausreichend Zeit mitbringen. Wenn Sie darüber hinaus bereit sind, Kompromisse einzugehen, dürfte sich nach einiger Zeit der gewünschte Erfolg einstellen.

Checkliste für die Grundstückssuche

Nachgefragt bei	ja	nein
Gemeinde		
Bauträgern		
Baubetreuungsunternehmen		
Wohnungsbauunternehmen		
Architekten (Achtung: Kosten!)		
Bausparkassen (Achtung: Kosten!)		
Banken		
Sparkassen		
Zeitungsannoncen geprüft?		
Verwandten		
Freunden		
Nachbarn		
Maklern (Achtung: Kosten!)		
Kirchen		
Stiftungen		
Sonstigen		

Grundstückserschließung und Baurecht

Wenn Sie in Ihrer Umgebung aufmerksam Ausschau halten, werden Sie schon einige schöne Flecken Erde entdeckt haben. Vielleicht haben Sie sich vorgestellt, wie es wäre, wenn Sie Ihr eigenes Haus dort errichten könnten. Aber auf alle Fälle haben Sie sich gefragt, wieso bislang noch niemand sonst dort gebaut hat. Der Grund kann beispielsweise sein, dass die Kosten des Grundstückes unverhältnismäßig hoch sind; oder aber die schön gelegenen Grundstücke sind einfach nicht als Bauland ausgewiesen. Wenn Sie also ein Grundstück konkret ins Auge gefasst haben, sollten Sie zunächst klären, inwieweit es zur Bebauung frei steht und welche baurechtlichen Voraussetzungen Sie zu beachten haben.

Nicht alle Grundstücke sind Bauland

Der Bebauungsplan

Eine Bebauung ist entweder gem. § 34 BauGB grundsätzlich möglich – das bedeutet, ein Vorhaben ist nach Art und Weise der baulichen Nutzung, der Bauweise und der Grundstücksfläche gesichert –, oder aber die Voraussetzung zum Bauen ist durch einen rechtsverbindlichen, qualifizierten Bebauungsplan geschaffen. Wie ein Bebauungsplan aussieht und wie Sie ihn zu lesen haben, können Sie im Kapitel „Beurteilungskriterien aus Bauherrensicht" ab Seite 21 nachschlagen.

Der Unterschied zwischen einem *einfachen* und einem *qualifizierten Bebauungsplan* lässt sich wie folgt erläutern: Wenn ein Bebauungsplan lediglich einzelne der in § 30 Abs. 1 BauGB genannten Festsetzungskriterien beinhaltet (beispielsweise

„Einfacher" und „qualifizierter Bebauungsplan"

einen Baulinienplan, der lediglich Bautiefen und Ähnliches bzw. Bautiefen und Geschosshöhen festhält), spricht man von einem einfachen Bebauungsplan. Wird dieser einfache Bebauungsplan von den „Trägern öffentlicher Belange", z. B. der Straßenverkehrsbehörde, der Umweltbehörde, dem Elektrizitätswerk, der Bauaufsicht, dem Regierungspräsidium usw., ergänzt (vgl. auch Seite 29 f.), handelt es sich dann um einen qualifizierten Bebauungsplan.

Rechtsverbindlichkeit des Bebauungsplans

Der Bebauungsplan ist eine so genannte „örtliche" Rechtsnorm, weil er individuell für jeden Standort aufgestellt wird. An dem Tag, an dem ein Bebauungsplan ortsüblich bekanntgemacht wird, wird er auch rechtsverbindlich. Der Bebauungsplan selbst ergibt sich aus der Weiterentwicklung des Flächennutzungsplans. Auf der Basis des Flächennutzungsplans werden über Teilbereiche des Gemeindegebiets genaue Bebauungspläne erstellt.

Die Details eines Bebauungsplanes sind für Sie sehr wichtig. Vor Beginn jeder Planung sollten Sie sich daher einen kompletten Abdruck eines Bebauungsplanes bei dem hierfür zuständigen Amt beschaffen bzw. von Ihrem Architekten besorgen lassen.

Erschließungskosten

Sind Erschließungskosten im Grundstückspreis enthalten?

Sobald der Bebauungsplan Rechtsgültigkeit erlangt und Sie ein darin ausgewiesenes Grundstück erworben haben, werden Ihnen von der Gemeinde bzw. von einem privaten Erschließungsträger Erschließungskosten berechnet: Entweder Sie haben ein fertiges Grundstück inklusive aller Erschließungskosten erworben oder Ihnen werden die Kosten aus den nachfolgenden Kostengruppen anteilmäßig auferlegt. Diese Punkte sind in jedem Fall im Vorfeld zu klären und in den Kaufvertrag aufzunehmen (Näheres zum Vertrag lesen Sie auf Seite 62 f.).

Erschließungskosten entstehen überall dort, wo eine Umwandlung von Rohland in einen baureifen Zustand erfolgt. Hierbei müssen Sie zwischen den unterschiedlichen Kostengruppen unterscheiden:

Kostengruppe A

* Kosten für Erwerb und Freilegung der Flächen für Erschließungsanlagen
* Kosten für erstmalige Herstellung der Entwässerung und Beleuchtung
* Kosten oder Zuschüsse für Versorgungsleitungen und/oder Kanäle
* Kosten der Vermessung

Kostengruppe B

* Kosten für Rodungen
* Kosten für Dränagen

Kostengruppe C

* Mehrbaukosten wegen extremer Hanglange des Geländes
* Mehrbaukosten für künstliche Gründungen
* Mehrbaukosten für Ausschachtungsarbeiten bei felsigem Baugrund

Die genannten Kosten bereiten vielen Grundstückskäufern bei der Kalkulation des Kaufpreises Schwierigkeiten. Die Kostengruppen A und B sind normalerweise im Grundstückskaufpreis enthalten. Voraussetzung hierfür ist aber, dass das Grundstück als voll erschlossen verkauft wird. Die Kosten der Gruppe C erhöhen jedoch die Baukosten in jedem Fall. Ferner können

„Voll erschlossene" Grundstücke

weitere Beiträge zu öffentlichen Baumaßnahmen quasi unter der Straßendecke liegen – Beiträge, die später zu erheblichen Baukostenerhöhungen führen. Besonders in Neubaugebieten verschlingt der Ausbau des Kanalnetzes Unsummen und in den Städten werden Immobilienbesitzer bei Verkehrsberuhigungen oder beim Um- und Ausbau von Bürgersteigen oder Radwegen mit zur Kasse gebeten.

Zur öffentlichen Erschließung zählt hauptsächlich der Neu- oder Ausbau folgender Objekte:

* Straßen
* Parkplätze
* Gehwege
* Radwege
* Grünanlagen

Höhe der Erschließungskosten

Die Spanne zwischen dem niedrigsten und dem höchsten Beitragssatz zu solchen Ausbauprojekten beläuft sich auf 240,– DM bis 2.400,– DM je Straßen-Frontmeter. Umgerechnet auf den Grundstücksanteil pro m^2 ergeben sich Beträge zwischen 17,– DM und 170,– DM. Daher werden heute die Kosten des Straßenbaues nicht mehr wie früher nach der Frontbreite verteilt, sondern man geht fast immer von der Größe des Grundstückes und der darauf zulässigen Bebauung aus.

Unser Tipp: Erkundigen Sie sich vor Abschluss des Kaufvertrages beim örtlichen Bauamt, ob für das in Aussicht genommene Grundstück in Zukunft Erschließungsbeiträge anfallen werden.

Vorsicht beim Kaufvertrag

Lassen Sie sich im Kaufvertrag unbedingt zusichern, dass alle geforderten Anliegerbeiträge bereits entrichtet sind, denn zwischen der Fertigstellung von Erschließungsprojekten und dem Rechnungsstichtag (dem Tag, an dem die Notarurkunde über den Verkauf ausgestellt wird) vergeht oft eine lange Zeit. Ist der Beitragsbescheid an den Noch-Eigentümer gerichtet, so muss dieser die Erschließungskosten auch bezahlen, außer wenn er im Kaufvertrag eine Kostenübernahme mit dem Käufer vereinbart hat. Anders verhält es sich bei bereits geleisteten Vorauszahlungen oder Abschlägen auf Gebühren: Erfolgt die Abrechnung erst nach der Eigentumsumschreibung im Grundbuch, können Sie als Erwerber auch die Vorauszahlungen in Anspruch nehmen, die der Vorbesitzer geleistet hat.

Wir empfehlen daher, für den Vertrag, der bei Grundstücksgeschäften ja immer mithilfe eines Notars geschlossen wird, folgende Formulierung, die Ihren Interessen als Käufer und denen des Verkäufers Rechnung trägt:

Wie sichert man sich gegen unverhoffte Kosten ab?

„Jegliche Erschließungskosten bis zum Tag der Beurkundung dieses Vertrages einschließlich durchgeführter Erschließungsmaßnahmen werden vom Verkäufer getragen; Erschließungskosten vom Tage nach der Beurkundung dieses Vertrages werden vom Käufer getragen. Gleichgültig ist, wann die Erschließungskosten fällig und wem sie in Rechnung gestellt werden. Der Verkäufer versichert, dass Erschließungsbeiträge nach dem Baugesetzbuch oder Anliegerbeiträge nach Landesrecht gegenwärtig weder offen noch gestundet sind.“

Mit dieser Formulierung sind Sie bestmöglich abgesichert. Alternativ können Sie in den Notarvertrag aufnehmen lassen, dass das Baugrundstück entweder voll erschlossen oder aber ohne alle Erschließungskosten verkauft wird. Im zweiten Fall wird dann nur der Grundstückspreis ausgewiesen.

Die Baugenehmigung

Die Errichtung Ihres Eigenheimes kann erst nach Erteilung der Baugenehmigung erfolgen. Manchmal ist es möglich, auch nur das Bauvorhaben anzuzeigen. Kommt es dann innerhalb einer gewissen Frist nicht zum Einspruch seitens der Baubehörde, so steht Ihrer Genehmigung nichts mehr im Wege. Diesem vereinfachten Genehmigungsverfahren unterliegen jedoch in der Regel lediglich Einfamilienhäuser.

Einfamilienhäuser: vereinfachtes Genehmigungsverfahren

Voraussetzung für eine Baugenehmigung ist, dass Sie einen Bauantrag stellen, denn dadurch wird das Baugenehmigungsverfahren eingeleitet. Doch als Allererstes sollten Sie die Bauvoranfrage stellen.

Die Bauvoranfrage

Bei der Frage der möglichen Nutzung bebauter oder unbebauter Grundstücke ergeben sich für den Käufer oftmals unvorhergesehene Probleme. Die schnellste Möglichkeit, die Bebaubarkeit festzustellen, ist die Bauvoranfrage. Mit ihrer Hilfe können Sie als Bauwillige/r klären, ob Ihr Vorhaben genehmigungsfähig ist und welche Auflagen gegebenenfalls zu beachten sind. Beispielsweise können Sie in Erfahrung bringen, ob Ihr Grundstück mit einem Mehrfamilienhaus bebaut werden darf oder nicht.

Schnelle Klärung durch Bauvoranfrage

Bei der Bauvoranfrage sollten Sie Ihr Bauvorhaben so umfassend und detailliert wie möglich beschreiben. Je sorgfältiger Sie das tun, desto weniger Unklarheiten müssen Sie später im eigentlichen Baugenehmigungsverfahren klären. Allerdings haben Sie als Bauherr nach einer detaillierten Bauvoranfrage nur noch geringe Änderungsmöglichkeiten, legen sich also schon in einem frühen Planungsstadium ziemlich fest. Die Vor- und Nachteile präziser und weniger präziser Bauvoranfragen auf einen Blick:

	Bauvoranfrage mit	
	umfangreicher, detaillierter Planung	schmaler bzw. offener Planung
Vorteil	umfassendere, aussichts-reichere und teils verbind-lichere Rechtsposition	mehr Planungsalternativen im Nachhinein
Nachteil	weniger Planungsalternativen im Nachhinein, relativ fest-gelegt	größerer Prüfungs- und Ent-scheidungsspielraum für die Behörden im Nachhinein, gegebenenfalls weitreichende spätere Ablehnungsmöglich-keiten

Für welche Art der Bauvoranfrage Sie sich entscheiden, hängt ganz von Ihrer Situation und grundsätzlich von jedem Einzelfall ab. Machen Sie sich klar, dass Sie das Instrument der Bauvoranfrage sehr individuell und auf Ihre Situation abgestimmt einsetzen können und sollten.

Eine einfache Bauvoranfrage ist schnell formuliert. Aus planungsrechtlicher Hinsicht müssen Sie lediglich das Grundstück und die Flurnummer benennen und Ihre Fragestellung deutlich formulieren, beispielsweise:

Formulierung einer Bauvoranfrage

„Darf das Flurstück mit der Nummer ... in der Gemarkung ..., Gemeinde ... mit einem Mehrfamilienhaus bebaut werden? Ist die Erschließung des Grundstückes gesichert?"

Der Bauvorbescheid

Der per Bauvoranfrage beantragte Bescheid wird *Bauvorbescheid* – teilweise auch *Bebauungsgenehmigung* – genannt. Es handelt sich bei diesem Bauvorbescheid um einen vorweggenommenen Abschnitt der Baugenehmigung. Wichtig für Sie ist, dass jeder Bauvorbescheid auftragsbezogen ist. Das bedeutet, dass Ihnen der Bauvorbescheid nur für einen Antrag erteilt wird. Haben Sie beispielsweise den Bau eines Einfamilienhauses per Bauvorbescheid geklärt, gilt dieser Bescheid auch nur für die zuvor eingereichte Planung Ihres Einfamilienhauses. Der Bauvorbescheid ist nur dann in einem späteren Baugenehmigungsverfahren bindend, wenn der zu prüfende Inhalt im späteren Bauantrag gleich ist.

Bauvorbescheid und Bauantrag

Die Geltungsdauer des Vorbescheides ist auf zwei Jahre befristet. Wie eine Baugenehmigung kann auch die Geltungsdauer des Bauvorbescheids verlängert werden. Hierfür genügt ein formloser Verlängerungsantrag.

Der Vorbescheid bewirkt, dass Ihr Bauantrag später nicht mehr aus Gründen abgelehnt werden kann, denen im Vorbescheid bereits zugestimmt wurde. Inwieweit Ihr Grundstück im vollen Umfang bebaut werden darf, wird definitiv im Baugenehmigungsverfahren festgelegt.

„Zusicherung": eine Alternative zum Bauvorbescheid

Neben der Möglichkeit, einen Bauvorbescheid zu erlangen, gibt es noch die Variante der so genannten „Zusicherung". Dabei handelt es sich lediglich um die Zusage einer Behörde, zu einem späteren Zeitpunkt einen bestimmten Verwaltungsakt durchzuführen, beispielsweise die Erteilung einer Baugenehmigung.

Bei einer solchen Zusicherung sind zwei wichtige Punkte zu beachten:

1. Die Zusicherung muss schriftlich erfolgen; mündliche Zusicherungen sind nicht rechtswirksam.

2. Ändert sich nach erfolgter Zusicherung die Sach- und/oder Rechtsanlage und würde die Zusicherung aufgrund dieser geänderten Situation bei einer neuen Entscheidung nicht mehr erteilt, ist die Behörde auch nicht mehr an die Zusicherung gebunden.

Der Bauantrag

Die Baugenehmigung als solche ist die behördliche Erklärung, dass Ihrem beabsichtigten Bau nach dem zur Zeit der Entscheidung geltenden öffentlichen Recht keine Einwände oder Hindernisse entgegenstehen. Zusammen mit Ihrem Bauantrag sind alle für die Beurteilung des Bauvorhabens und die Erarbeitung des Bauantrages erforderlichen Bauvorlagen einzureichen. Die Nachreichung einzelner Unterlagen, wie z. B. der Statikberechnung, ist grundsätzlich möglich.

Einen Bauantrag können Sie sowohl für ein eigenes Grundstück als auch für ein fremdes Grundstück stellen. Im zweiten Fall müssen Sie jedoch ein berechtigtes und nachvollziehbares Interesse an der Antragstellung nachweisen. In der Regel müssen Sie dieses Interesse (das so genannte *„Sachbescheinigungsinteresse"*) durch eine Einverständniserklärung des Grundstückseigentümers belegen. Auch wenn z. B. Ihr Architekt für Sie einen Bauantrag stellen soll, ist er auf Ihre Einverständniserklärung angewiesen, um seinerseits sein Interesse nachweisen zu können.

Anträge für eigene und fremde Grundstücke

Haben Sie Ihren Bauantrag eingereicht, so können Sie für die ersten anfallenden Arbeiten, wie beispielsweise für das Ausheben der Baugrube und für einzelne Bauteile oder Bauabschnitte, einen Antrag auf eine so genannte *Teilbaugenehmigung* stellen. Erfolgreich wird ein solcher Antrag dann sein, wenn sich nach dem aktuellen Stand der Prüfung keine Bedenken ergeben. Die Teilbaugenehmigung ist eine wertvolle Hilfe, mit der Sie Ihr Bauvorhaben zügig vorantreiben können.

Die Überprüfung des Bauantrages und der einzelnen Bauvorlagen wird in der Regel durch die untere Bauaufsichtsbehörde durchgeführt. Hierbei werden die einzelnen Fachdienststellen, deren Aufgabengebiete durch das Bauvorhaben berührt werden, eingeschaltet. Auch ist für die Erteilung der

Wer prüft den Bauantrag?

Baugenehmigung das Einverständnis der Gemeinde sowie der höheren Verwaltungsbehörde, beispielsweise der Bauaufsichtsbehörde, erforderlich.

Nach Erteilung der Baugenehmigung kann mit dem Bau begonnen werden. Die Genehmigung wird ungeachtet der privaten Rechte Dritter erteilt. Dies ist deshalb von Bedeutung, weil Baugenehmigungen häufig nicht vom Grundstückseigentümer, sondern (wie geschildert) von möglichen Erwerbern oder von Architekten beantragt werden. Es ist dann eine Sache zwischen Antragsteller und Eigentümer, sich im Vorfeld über die Nutzung des Grundstücks zu einigen.

Der Genehmigungsentscheid gilt auch für den Rechtsnachfolger des Bauherrn. Falls beispielsweise Firma A von Firma B ein Grundstück erwirbt und bereits eine Baugenehmigung existiert, bleibt diese trotz des Verkaufes von A an B erhalten. Die

Gültigkeit der Baugenehmigung

Genehmigung behält insgesamt zwei Jahre (je nach Bundesland und Bauvorhaben auch 3 Jahre) ihre Gültigkeit und erlischt, wenn mit dem Bau nicht innerhalb dieses Zeitraumes begonnen wird. Ebenso erlischt eine erteilte Baugenehmigung, wenn die Bauausführung länger als ein Jahr unterbrochen wird. Für den Baubeginn reichen reine Vorbereitungsarbeiten nicht aus. Deswegen ist es ratsam, eine Verlängerung der Baugenehmigung zu beantragen, sobald Sie eine zeitliche Verzögerung feststellen. Ist inzwischen keine Änderung der Rechtslage eingetreten, wird dem Antrag im Allgemeinen stattgegeben werden.

Nachbarschutz

Gegen die Erteilung einer Baugenehmigung können Ihre zukünftigen Nachbarn Widerspruch einlegen. Bevor Sie den Bauantrag einreichen, sollten Sie daher Ihren neuen Nachbarn

Sich früh mit Nachbarn verständigen

einen Besuch abstatten, mit ihnen klären, inwieweit sie von Ihren Bauabsichten betroffen sind, und eventuell auftretende

Probleme lösen. Wenn Sie schon vor Baubeginn die Zustimmung Ihrer Nachbarn haben, können Sie in jedem Fall langwierige Widerspruchsverfahren vermeiden. Bei Differenzen sollten Sie vor der Antragsabgabe nach tragfähigen Kompromissen suchen.

In einzelnen Bundesländern sind die Behörden sogar verpflichtet, angrenzende Nachbarn vor der Genehmigung eines Bauantrages anzuhören. Mögliche Einwendungen von Nachbarn sind jedoch nur relevant, wenn sie entsprechend den örtlichen Bauvorschriften gerechtfertigt sind. Einem Widerspruch wird dann stattgegeben, wenn die erteilte Baugenehmigung objektiv rechtswidrig erscheint und der Nachbar gleichzeitig in seinen subjektiven Rechten verletzt wird. Hierbei handelt es sich oft um Fragen der Grenzabstände oder der „Nachbar schützenden Wirkung" des Bebauungsplans. Unter „Nachbar schützender Wirkung" versteht man, dass entweder nicht gebaut werden darf oder dass besondere Grenzabstände eingehalten werden müssen.

Wann sind Einsprüche vom Nachbarn berechtigt?

Unser Tipp: Wenn Sie ein Grundstück erwerben, sollten Sie sich in den Notarverträgen ein Rücktrittsrecht vom Kaufvertrag einräumen lassen für den Fall, dass die Erteilung einer Baugenehmigung verweigert wird.

Falls keine Einigung erzielt wird, und der Einspruch durch die Widerspruchsbehörde zurückgewiesen wird, hat Ihr zukünftiger Nachbar die Möglichkeit einer so genannten *Anfechtungsklage* vor dem zuständigen Verwaltungsgericht. Wenn mit den Bauarbeiten bereits begonnen worden ist, kann der Nachbar zur Wahrung seiner Rechte ein verwaltungsrechtliches Eilverfahren anstrengen. Unter Umständen wird er einen Antrag auf Erlass einer einstweiligen Anordnung oder einen Aussetzungsantrag stellen.

Wie Sie sehen, sind solche Nachbarverfahren für Sie als Bauherrn mit sehr hohen Risiken und Kosten verbunden. Daher nochmals die dringende Empfehlung, schon vorher eine Einigung zu erzielen, wenn nicht eine Behörde die Anhörung der Nachbarn bereits im Rahmen des Genehmigungsverfahrens vornimmt.

Die folgenden Kontrollisten sollen Ihnen helfen, bei der Baugenehmigung und in Bezug auf die Nachbarzustimmung die notwendige Übersicht zu bewahren.

Baugenehmigungsverfahren

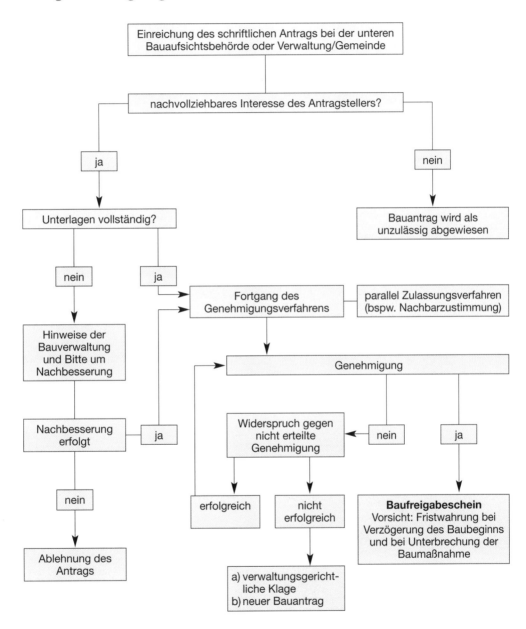

Rechtsmittelverfahren des Bauherrn bei Versagung der Baugenehmigung

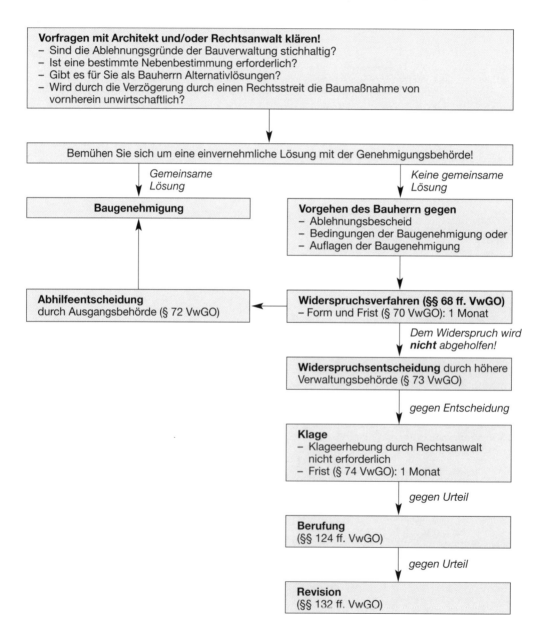

Vorfragen mit Architekt und/oder Rechtsanwalt klären!
– Sind die Ablehnungsgründe der Bauverwaltung stichhaltig?
– Ist eine bestimmte Nebenbestimmung erforderlich?
– Gibt es für Sie als Bauherrn Alternativlösungen?
– Wird durch die Verzögerung durch einen Rechtsstreit die Baumaßnahme von vornherein unwirtschaftlich?

Bemühen Sie sich um eine einvernehmliche Lösung mit der Genehmigungsbehörde!

Gemeinsame Lösung

Keine gemeinsame Lösung

Baugenehmigung

Vorgehen des Bauherrn gegen
– Ablehnungsbescheid
– Bedingungen der Baugenehmigung oder
– Auflagen der Baugenehmigung

Abhilfeentscheidung
durch Ausgangsbehörde (§ 72 VwGO)

Widerspruchsverfahren (§§ 68 ff. VwGO)
– Form und Frist (§ 70 VwGO): 1 Monat

*Dem Widerspruch wird **nicht** abgeholfen!*

Widerspruchsentscheidung durch höhere Verwaltungsbehörde (§ 73 VwGO)

gegen Entscheidung

Klage
– Klageerhebung durch Rechtsanwalt nicht erforderlich
– Frist (§ 74 VwGO): 1 Monat

gegen Urteil

Berufung
(§§ 124 ff. VwGO)

gegen Urteil

Revision
(§§ 132 ff. VwGO)

Durchsetzung des Nachbarschutzes
nach Erteilung der Baugenehmigung

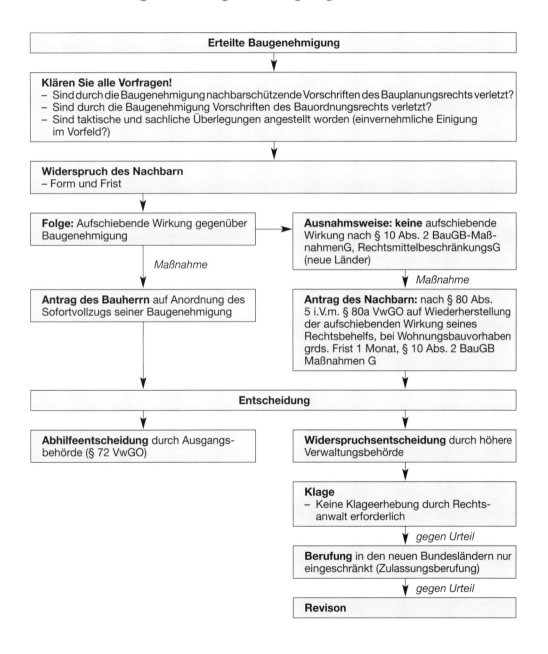

Erteilte Baugenehmigung

Klären Sie alle Vorfragen!
– Sind durch die Baugenehmigung nachbarschützende Vorschriften des Bauplanungsrechts verletzt?
– Sind durch die Baugenehmigung Vorschriften des Bauordnungsrechts verletzt?
– Sind taktische und sachliche Überlegungen angestellt worden (einvernehmliche Einigung im Vorfeld?)

Widerspruch des Nachbarn
– Form und Frist

Folge: Aufschiebende Wirkung gegenüber Baugenehmigung

Maßnahme

Ausnahmsweise: keine aufschiebende Wirkung nach § 10 Abs. 2 BauGB-MaßnahmenG, RechtsmittelbeschränkungsG (neue Länder)

Maßnahme

Antrag des Bauherrn auf Anordnung des Sofortvollzugs seiner Baugenehmigung

Antrag des Nachbarn: nach § 80 Abs. 5 i.V.m. § 80a VwGO auf Wiederherstellung der aufschiebenden Wirkung seines Rechtsbehelfs, bei Wohnungsbauvorhaben grds. Frist 1 Monat, § 10 Abs. 2 BauGB Maßnahmen G

Entscheidung

Abhilfeentscheidung durch Ausgangsbehörde (§ 72 VwGO)

Widerspruchsentscheidung durch höhere Verwaltungsbehörde

Klage
– Keine Klageerhebung durch Rechtsanwalt erforderlich

gegen Urteil

Berufung in den neuen Bundesländern nur eingeschränkt (Zulassungsberufung)

gegen Urteil

Revison

Durchsetzung des Nachbarschutzes vor Erteilung der Baugenehmigung

Beteiligung des Nachbarn im Baugenehmigungsverfahren
– Klären Sie, ob Sie rechtlich als Nachbar Ihres Nachbarn anzusehen sind.
– Baupläne bei Erteilung von Befreiung und Abweichungen von (auch) Nachbar schützenden Vorgaben müssen Sie als Bauherr Ihrem Nachbarn zur Kenntnis bringen. Ihre Nachbarn können – ggf. auf Antrag – in Ihre Baupläne Einsicht nehmen.

Nachbarn stimmen zu   *Nachbarn lehnen ab*

Bekanntgabe der Baugenehmigung an Nachbarn
Wird in der Praxis nicht immer so gehandhabt, daher frühzeitig eigene Unterrichtung bei der Genehmigungsbehörde suchen!

wenn keine Bekanntgabe der Baugenehmigung einschließlich Rechtsmittelbelehrung

Widerspruch – Frist grds. bis zu einem Jahr ab Kenntnisnahme

Die richtigen
Partner *für eine*
erfolgreiche
Realisierung

Der Architekt

Zu Ihrer eigenen (Planungs-)Sicherheit sollten Sie sich, sobald Sie ein geeignetes Grundstück gefunden haben, mit einem Baufachmann zusammentun. Hierzu gehören neben dem Architekten weitere Personen wie Bauträger, Baubetreuer, aber auch der qualifizierte Immobilienfachmann oder der erfahrene Immobilienspezialist Ihrer Hausbank.

Kein Bau ohne Architekt

Der Architekt sollte rechtzeitig, möglichst schon beim Grundstückserwerb, zurate gezogen werden. Es ist nicht zulässig, ohne einen Architekten zu bauen. Außerdem muss jeder Bauantrag von einem Vorlageberechtigten gestellt werden und das kann nur ein Architekt oder ein Ingenieur sein.

Der Architektenvertrag

Der Architektenvertrag als Werkvertrag

… ist ein Werkvertrag, der in den §§ 631 ff. des Bürgerlichen Gesetzbuches (BGB) geregelt ist. Ein *Werkvertrag* ist auf den Erfolg gerichtet. Im Gegensatz hierzu gibt es auch *Dienstverträge,* die lediglich zur Leistung des vereinbarten Dienstes verpflichten, wobei allerdings kein bestimmter Erfolg garantiert werden kann. Ein Rechtsanwalt beispielsweise muss seine Mandanten lediglich ordnungsgemäß vertreten, kann aber naturgemäß nicht den Prozessgewinn garantieren.

Der Architekt hat die Aufgabe, für die fehlerlose Errichtung des Hauses zu sorgen. Hat das Bauwerk nach der Fertigstellung irgendwelche Mängel oder Fehler, können entweder der Architekt oder die Bauhandwerker dafür verantwortlich sein. Der Architekt haftet für falsche Planung, z. B. zu niedrige Kopfhöhe oder eine zu kleine Garage, aber nicht für Mängel, die durch schlecht arbeitende Handwerker verursacht wurden. In diesem Falle können natürlich neben der Bauführung, das heißt dem Architekten, auch die Handwerker zur Verantwortung gezogen werden. Die Ansprüche des Bauherrn verjähren – wenn nichts anderes vereinbart ist – 5 Jahre nach der Abnahme der vom Architekten zu erbringenden Leistungen. Oft wird im Architektenvertrag vereinbart, dass der Architekt erst in dem Falle haftet, wenn ein Unvermögen der Handwerker ausgeschlossen ist, das heißt, dass der Bauherr zunächst gegen die Handwerker vorgehen muss.

WICHTIG

Durch klare und eindeutige Vereinbarungen bereits in den Verträgen, die man abschließt, kann man sich eventuell später auftretenden Ärger ersparen. Der Abschluss des Architektenvertrages sollte auf dem von der Architektenkammer entwickelten Formblatt nach den Bedingungen der Honorarordnung für Architekten und Ingenieure (HOAI) erfolgen (siehe Seite 349 ff.).

Jeder „bauvorlageberechtigte" Architekt ist Mitglied einer Architektenkammer und/oder in der Architektenliste eingetragen. Eine Architektenkammer gibt es in jedem Bundesland und in die Architektenliste kann bei der zuständigen Landesarchitektenkammer Einsicht genommen werden.

Die Aufgaben des Architekten

Die Aufgaben des Architekten sind die künstlerische, technische und wirtschaftliche Planung von Bauten, die Beratung, Betreuung und Vertretung des Bauherrn, die Überwachung der

Erdausführung – also des Aushubs der Baustelle, der Fundamentierung der Immobilie usw. – sowie die Erstellung von Gebäudegutachten und Grundstücksschätzungen.

In den so genannten **ersten Leistungsphasen**, welche wir ab Seite 81 ausführlich beschreiben, muss ein Architekt im Einzelnen folgende Aufgaben erledigen:

Aufgaben in den ersten „Leistungsphasen"

* die Beratung des Bauherrn beim Grundstückskauf und die Mitwirkung bei der Finanzierung (sofern gewünscht)
* das Anfertigen von Skizzen oder Vorentwürfen mit Erläuterungen und Kostenschätzungen
* die endgültige zeichnerische Lösung als Entwurf (Zeichnungen und Unterlagen für die Planung und die Genehmigung durch die Bauaufsichtsbehörde)
* eine Massen- oder Kostenberechnung zur genauen Ermittlung aller erforderlichen Baustoffe und Leistungen (für eine Berechnung der Grundkosten des Gebäudes)
* die Anfertigung der Ausführungszeichnung, das ist die Zeichnung der Pläne im Maßstab 1:50, die den Bauunternehmern oder den einzelnen Handwerkern zur Verfügung gestellt wird
* die Objektüberwachung, das ist die Überwachung des Baues auf Übereinstimmung mit den Zeichnungen, Aufmaß, Rechnungsprüfung der Handwerker usw.

Denken Sie jedoch daran, dass der Architekt kein Finanzierungsspezialist ist. Er kann Ihnen lediglich dabei behilflich sein, entsprechende Kontakte zu knüpfen. Auch wenn es nicht Aufgabe des Architekten ist, dem Bauherrn das Baugeld zu beschaffen, wird er Sie jedoch sicherlich gern beraten.

Ferner darf kein Architekt, der Ihnen bei der Grundstückssuche behilflich ist, Sie vertraglich dazu verpflichten, dass Sie ihm später die Planung und/oder Ausführung des Bauvorhabens übertragen.

Die Vergabe möglicher Arbeiten an der Immobilie erfolgt durch den Architekten, nachdem der Bauherr mit ihm gemeinsam die eingeholten Angebote geprüft hat. Der Architekt arbeitet mit Sonderfachleuten wie Statikern, Vermessungsingenieuren, Fachingenieuren für Heizung und Lüftung, Gartenarchitekten, Innenarchitekten usw. zusammen.

Vergabe von Aufträgen

Handbuch für **BAUHERREN**
Planen · Finanzieren · Bauen

Erst die Festlegung der Ausführung, die Massenermittlung (das ist die Ermittlung der zu bebauenden Fläche, der zu umbauenden Kubikmeter und der Stückzahlen – etwa bei z. B. Türen oder Fenstern) aufgrund der Ausführungszeichnungen und die darauf basierenden Angebote von Handwerkern geben Ihnen einen genauen Überblick über die Kosten, die auf Sie zukommen. Der Architekt stellt für die Arbeiten der einzelnen Gewerke einen Zeitplan auf, damit Hand in Hand gearbeitet und ein reibungsloser Arbeitsablauf gewährleistet wird. Als *Gewerk* bezeichnet man die Arbeiten einzelner Bauhandwerker, z. B. Dachdecker, Zimmermänner oder Maurer. Den Zeitplan nennt man *Bauzeitplan*. Mithilfe dieses Zeitplans können nicht nur die einzelnen Gewerke übergreifend und ohne Zeitverlust erledigt werden, er ermöglicht es Ihnen auch, die Finanzierungsmittel entsprechend des tatsächlichen momentanen Bedarfs zu beantragen und sich unnötige Zinsbelastungen zu ersparen.

Kostenüberblick

Rolle des Bauzeitplans

Da immer unvorhersehbare Ereignisse eintreten können – Frost, Regen, lange Lieferfristen, nachträgliche Wünsche des Bauherrn oder der zuständigen Bauaufsichtsbehörde (z. B. Tiefbauamt oder Gartenamt) –, wodurch sich die Arbeiten verzögern, kann der Architekt nicht verpflichtet werden, einen festen Fertigstellungstermin zuzusagen.

Der Termin für die Fertigstellung

Unser Tipp: Vor Erteilung eines Architektenauftrages sollten Sie sich über das wirtschaftliche Umfeld des betreffenden Büros informieren. Erkundigen Sie sich bei Ihrer Bank, ob das Büro wirtschaftlich solide ist. Empfehlenswert ist auch eine Firmenauskunft über eine örtliche Auskunftei, die Sie in aller Regel einmalig auch als Nichtmitglied erhalten, oder – bei Einwilligung des betreffenden Büros – über eine entsprechende Schufaauskunft (siehe unten Seite 215 f.). Scheuen Sie sich keineswegs, Informationen einzuholen. Eine solche Vorsichtsmaßnahme ist bei Geschäften dieser Größenordnung durchaus üblich. Ein Architekt, der nichts zu verbergen hat, wird auch nichts gegen eine Überprüfung einzuwenden haben.

Sie müssen Ihrem Architekten zugestehen, dass auch er sich möglichst gut absichern möchte. Es kann durchaus passieren, dass Sie an einen Architekten geraten, der Ihnen bis ins letzte Detail ausgefeilte Verträge vorlegt. Legen Sie diese Genauigkeit nicht vorschnell als unbegründetes Misstrauen aus: Oft war der Architekt selbst schon einmal der Dumme. Und jeder, der einmal versucht hat, gerichtlich sein ausstehendes Honorar einzuklagen und dann bei der Verhandlung womöglich mit unzutreffenden Aussagen der Gegenpartei konfrontiert wurde, wird sich in Zukunft verständlicherweise davor zu schützen suchen.

Interessen des Architekten

Für Sie ist es wichtig zu wissen, dass in der HOAI in § 15 insgesamt **neun Leistungsphasen** aufgeführt sind. Demzufolge wird von einem Vertrag über eine „Vollarchitektur" gesprochen, wenn alle Leistungsphasen eingeschlossen sind. Zum Thema Architektenvertrag gibt es reichlich Fachliteratur. Allerdings ist hier Vorsicht geboten: Nicht selten werden Sie feststellen, dass das Buch von einem Architekten geschrieben wurde. Sie werden dann meist vergeblich nach praktischen Tipps suchen, wie Sie einen von Ihnen beauftragten Architekten kontrollieren und auf Wahrnehmung welcher Pflichten Sie bestehen können. Daher wollen wir genau auf die einzelnen Leistungsphasen, die Pflichten und auch die Rechte eines Architekten eingehen.

Fachliteratur zum Architektenvertrag

Die folgenden Ausführungen beziehen sich vor allem auf die Leistungsphasen I bis IV, somit auf die Grundlagenermittlung, die Vorplanung, die Entwurfsplanung und die Genehmigungsplanung. Auf die Leistungsphasen V bis IX wird in Kapitel 8 dieses Buches gesondert eingegangen, da sie erst in der dort behandelten Realisierungsphase zum Tragen kommen.

Machen Sie sich immer wieder bewusst, dass ein guter Architekt nicht unbedingt auch ein guter Kostenrechner und Bauleiter sein muss. Es kann Ihnen also passieren, dass Ihr Traumhaus zwar auf dem Papier entstanden ist, Ihr Architekt jedoch bei der Realisierung regelrecht versagt. Daher gehen wir bis in die Details der Planung, Kostenrechnung und Bauleitung, damit Ihr Traum auch wirklich Gestalt annehmen kann.

Planung, Kostenrechnung, Bauleitung als Kernaufgaben

Leistungsphase I: Grundlagenermittlung

Hier geht es um die Ermittlung der Grundlagen und Voraussetzungen, die Ihnen helfen, Ihr Bauvorhaben zu verwirklichen. Zur Ermittlung dieser Grundlagen zählt auch das gemeinsame Besprechen der Wünsche, der **Vorstellungen** und der Forderungen des Auftraggebers. Ebenfalls in diese Phase fällt die Nennung einzelner, gegebenenfalls im Laufe des Bauvorhabens benötigter **Spezialisten**, beispielsweise Prüfstatiker. Zum Abschluss dieser ersten Phase ist das Ergebnis vom Architekten

Wie soll Ihr Haus aussehen?

zusammenzufassen. Das Architektenhonorar für diese Arbeiten beträgt 3 Prozent (der bei den einzelnen Leistungsphasen erwähnte Prozentsatz bezieht sich immer auf das vereinbarte bzw. nach Gebührenordnung festgelegte Gesamthonorar).

In der ersten Leistungsphase muss der Architekt nicht nur Kosten in Zusammenhang mit einem möglichen Bauvorhaben berücksichtigen, sondern darüber hinaus alle technischen, funktionellen und konstruktiven Fragen klären. So ist es beispielsweise auch Aufgabe des Architekten, die verwendeten Baustoffe zu überprüfen. Bei langjährig erprobten Baustoffen erübrigt sich eine genaue Kontrolle, bei neuen Baustoffen jedoch hat Ihr Architekt mit erhöhter Sorgfaltspflicht zu prüfen, ob Sie den verlangten Anforderungen genügen. Dabei kann er sich auf Gutachten entsprechender Institute verlassen. Ebenso entfällt die Pflicht zur eigenen Prüfung, wenn ein Hersteller für vertrauenswürdig gehalten werden kann und gleichzeitig eine Materialprüfung vorliegt.

Leistungsphase II: Vorplanung

Die in der ersten Phase erarbeiteten Ergebnisse müssen nunmehr planerisch erfasst und die wesentlichen Teile der gedachten Lösung erarbeitet werden. Die Zielvorstellungen sind abzustimmen und ein so genannter **Zielkatalog** muss aufgestellt werden. Das bedeutet, dass die Wünsche des Bauherren festzuhalten und abzuklären sind. Der Zielkatalog soll planungsbezogen sein und helfen, wirtschaftliche, gestalterische, zeitliche und konstruktive Probleme zu erkennen.

Dazu ein einfaches Beispiel: Ein Bauherr mit mittlerem Einkommen möchte ein Schloss bauen und spätestens in fünf Monaten die Fertigstellung erreichen. Hier gibt es ein wirtschaftliches Problem (zu teuer) und ein zeitliches Problem (zu kurzer Zeitraum bis zur gewünschten Fertigstellung).

In solchen Fällen ist die Kreativität des Architekten gefordert. Es gilt, ein **Planungskonzept** zu erarbeiten. Als Planungskonzept bezeichnet man die Konzeption, nach der ein Haus praktisch gebaut werden soll. Es handelt sich dabei nicht um den Plan selbst, sondern lediglich um einen ersten Entwurf, wie eine Baumaßnahme durchgeführt werden soll.

Der erste Entwurf

Versuchsweise werden Zeichnungen oder Strichskizzen angefertigt, die zwar nicht unbedingt maßstabsgetreu sein müssen, bei denen allerdings die Hauptmaße berücksichtigt werden, da ansonsten die Grundlage für die Kostenschätzung nach der so genannten „DIN 276" fehlt. Da die fortschreitende technische Entwicklung im Hochbau (z. B. die steigenden Anforderungen an den Nutzwert von Gebäuden sowie die Einführung neuer Bauarten) einheitliche Berechnungsverfahren bei den Kostenermittlungen erforderten, hat das Deutsche Institut für Normung e.V. die notwendigen Begriffe, Unterscheidungsmerkmale und Voraussetzungen für die Zusammenstellung und die Aufgliederung von Kostenermittlungen in einer Norm festgesetzt, die die Nr. 276 bekommen hat.

Kostenschätzung nach DIN 276

In dieser Vorplanungsphase hat Ihr Architekt verschiedene **Varianten** vorzulegen. Allerdings muss er dabei die unterschiedlichen Anforderungen berücksichtigen. Wenn Sie also ein Einfamilienhaus planen, muss Ihnen Ihr Architekt verschiedene Varianten eines solchen Hauses vorlegen. Er ist jedoch nicht verpflichtet, je eine gehbehindertengerechte Planung, eine blindengerechte Version und einen normalen Entwurf vorzulegen. Würde er all diese unterschiedlichen Anforderungen berücksichtigen, könnte er ein Zusatzhonorar verlangen.

Was sind „Varianten"?

Vom Anfertigen einer Variante spricht man, wenn Merkmale gestalterischer, künstlerischer, wirtschaftlicher und/oder funktionaler Art geändert werden. Ändert sich allerdings das Volumen, das heißt, ändern sich die Kubikmeter umbauten

Raumes (Länge x Breite x Höhe), die grundsätzliche Nutzungsart oder sogar das Grundstück, zählt dies nicht mehr als Variante: Dann muss ein völlig neuer Entwurf erstellt werden, der natürlich erneut honorarpflichtig ist. Grundsätzlich dürfen Sie 3 bis 5 Varianten erwarten.

Unser Tipp: Achten Sie darauf, dass Ihr Architekt in dieser Vorbereitungsphase sämtliche Fragen mit den entsprechenden Behörden klärt oder erste Vorverhandlungen führt. Gegenstand dieser Vorverhandlungen können beispielsweise Fragen zur Genehmigungsfähigkeit oder zu statisch-konstruktiven oder baurechtlichen Problemen sein.

Grundlage für Ihre Finanzierungsplanung: die Kostenschätzung

Eine weitere wichtige Leistung dieser zweiten Phase der Vorplanung ist die bereits erwähnte **Kostenschätzung** nach DIN 276. Hierbei handelt es sich um eine überschlägige Ermittlung der Gesamtkosten anhand von Erfahrungswerten, die als vorläufige Grundlage für alle weiteren Finanzierungsüberlegungen dient. Das Architektenhonorar hierfür beträgt 7 Prozent. Eine Musterbauberechnung nach DIN 276 finden Sie auf Seite 205 f.

WICHTIG

Fehler bei der Kostenschätzung können zu schwerwiegenden Haftungsfällen wegen Bausummenüberschreitung führen. Ihren Architekten können Sie jedoch in einem solchen Fall nur haftbar machen, wenn

* ein Fehler des Architekten vorliegt (Problem: als Bauherr trifft Sie die Beweislast)
* die Bausummenüberschreitung über einem Toleranzrahmen liegt
* Ihnen als Bauherr ein Schaden entstanden ist

Da die Kosten zum Teil nur überschlagen werden können, wird dem Architekten für die Kostenermittlungen ein Toleranzrahmen zugebilligt. Eine Überschreitung einer genannten Bausumme ist dann vom Bauherrn nachzuweisen und eine präzise Grenze für die gewährte Toleranz gibt es nicht. Je gröber die Zahlenermittlung ist, desto größer wird der Toleranzrahmen. Somit hat die Kostenschätzung den größten Toleranzrahmen, die Kostenberechnung und der erst zum Schluss der Berechnungen folgende Kostenvoranschlag weisen dagegen den geringsten Spielraum auf. Für eine vorvertragliche, überschlägige Kostenschätzung, die *nicht* nach DIN 276 vorgenommen wird, liegt der Toleranzrahmen zwischen 30 und 40 Prozent. Normalerweise geht man bei der Kostenberechnung von 20 bis 25 Prozent aus und der Kostenanschlag darf allenfalls um 10 bis 15 Prozent überschritten werden.

Verschiedene Toleranzrahmen bei der Kostenermittlung

Ihr Architekt muss Sie im Rahmen seiner Beratungspflicht auf alle Kosten verursachenden Maßnahmen hinweisen. Wichtig ist in dieser Phase, dass Sie bzw. Ihr Finanzierungsberater oder Steuerberater den Architekten auf die steuerlichen Vergünstigungen hinweisen, die im Rahmen eines geplanten Bauvorhabens in Anspruch genommen werden sollten. In diesem Fall hat Ihr Architekt die Pflicht, dafür zu sorgen, dass baulicherseits die Voraussetzungen für eine tatsächliche Gewährung der Steuervergünstigungen eingehalten werden. Wenn beispielsweise bei Einhaltung bestimmter Wohnflächengrenzen eine Grunderwerbsteuerfreiheit gewährt wird, muss der Architekt so planen, dass diese erwünschte Steuerbefreiung auch tatsächlich in Anspruch genommen werden kann.

Welche Steuerbegünstigungen wollen Sie in Anspruch nehmen?

Leistungsphase III: Entwurfsplanung
In dieser Phase erarbeitet der Architekt die endgültige Lösung der Planungsaufgabe. Dazu gehört auch eine Kostenberech-

nung. Die Hauptaufgabe des Architekten ist zu diesem Zeitpunkt die Ausarbeitung einer **Objektbeschreibung**. Darin müssen u. a. aufgeführt sein:

Inhalte der
Objekt-
beschreibung

* die Materialien
* die Art des geplanten Ausbaus
* die technische Konstruktion
* die technische Gebäudeausstattung

Unser Tipp: Formulieren Sie Ihre Vorstellungen von Ihrem Haus so genau wie möglich, am besten schriftlich. Wenn Sie dem Architekten beispielsweise in Vorbesprechungen deutlich gemacht und auch schriftlich niedergelegt haben, dass Sie Ihre Immobilie später vielleicht einmal vermieten wollen, muss er auf mögliche günstige Bauweisen und Nutzungen hinweisen und dies bei der Planung auch berücksichtigen. Jedoch besteht für den Architekten keine allgemeine, grundlegende Verpflichtung, beispielsweise in Kenntnis der finanziell belasteten Situation einer Familie, so kostengünstig wie möglich zu bauen.

Eine weitere wesentliche Aufgabe des Architekten ist jetzt die zeichnerische Darstellung des Gesamtentwurfes. Dieser **Gesamtentwurf** stellt jedoch noch nicht die baureife Zeichnung dar: Er muss lediglich die Hauptmaße enthalten; auf Einzelmaße kann der Architekt in diesem Stadium der Entwurfsplanung noch verzichten. Der Maßstab ist in der Regel 1:100, in Ausnahmefällen, beispielsweise bei größeren Gebäuden, kann der Maßstab auch 1:200 betragen. Der kleinste Maßstab (1:200) ist dabei der arbeitsintensivere.

Gesamtentwurf:
lediglich
Hauptmaße

Der Entwurf besteht aus mehreren Teilen:

* der Grundrisszeichnung für alle Ebenen
* der Zeichnung aus allen Ansichten
* der Zeichnung notwendiger Schnitte

Als „*Schnitt*" bezeichnet man einen gedachten Längs- oder Querschnitt durch ein Haus. Mithilfe eines solchen Schnitts kann man leicht feststellen, über wie viele Geschosse die geplante Immobilie verfügt oder ob die Höhe des Dachgeschosses beispielsweise ausreicht, um ein Bad einzubauen.

Die Rolle von Schnitten

Wenn es sich bei dem Grundstück, auf dem die geplante Immobilie errichtet werden soll, um schwieriges Gelände handelt – z. B. um eine extreme Hanglage –, sind für den Bauunternehmer, für das Bauamt oder für den Statiker gegebenenfalls mehrere Schnitte erforderlich.

Ein wesentlicher Bestandteil der Entwurfsplanung ist die **Kostenberechnung** nach DIN 276. Handelte es sich bei der Vorplanung noch um eine Kostenschätzung, geht es nunmehr um eine verbindliche Kostenberechnung. Auf deren Grundlage kann entschieden werden, ob ein Haus so wie geplant auch gebaut werden kann. Fälliges Honorar: 11 Prozent.

Verbindlichkeit der Kostenberechnung

Falls ein Entwurf für die Bauaufsichtsbehörde bei der Stadt- oder Kreisverwaltung nicht genehmigungsfähig ist, haftet Ihr Architekt für mangelhafte Planung. Sobald Ihr Architekt an der Genehmigungsfähigkeit eines Bauvorhabens zweifelt und keine Möglichkeit einer Befreiung von bauordnungs- oder bauplanungsrechtlichen Vorschriften sieht, muss er Sie als Auftraggeber über die Möglichkeiten einer Bauvoranfrage aufklären. Hierbei handelt es sich um eine Anfrage bei der zuständigen Baugenehmigungsbehörde, ob öffentlich-rechtliche Bedenken einem bestimmten Bauvorhaben im Wege stehen (vgl. Seite 64 f.).

Informationspflicht des Architekten

Grundsätzlich gilt, dass Ihr Architekt – bis auf weitere Absprachen – jeweils nur die gemäß dem Stand eines Bauvorhabens *erforderlichen Leistungen* zu erbringen hat! Ausgenommen von der möglichen Haftung für einen nicht genehmigten Entwurf sind naturgemäß die Fälle, in denen ein Architekt auf Wunsch eines Bauherrn eine Bauweise plant, die nicht mit den baurechtlichen Vorschriften übereinstimmt. Allerdings hat der Architekt in einem solchen Fall eine Hinweis- und Aufklärungspflicht. Auf folgende wesentliche Punkte hat Ihr Architekt im Rahmen seiner Leistungspflichten während der Entwurfsplanung immer zu achten:

Was muss der Architekt beachten?

* Die Planung muss jeweils dem aktuellen Stand der Technik entsprechen.
* Der Entwurf muss genehmigungsfähig sein.
* Die Bodenverhältnisse sind zu berücksichtigen und gegebenenfalls ist eine entsprechende Gründung vorzunehmen, das heißt die Schaffung eines tragfähigen Bodens (beispielsweise durch einen Bodenaustausch Sand gegen Kies).
* Die Grundwasserverhältnisse müssen geklärt werden; notwendige Entwässerungsmaßnahmen sind vorzunehmen.
* Schall- und Wärmedämmung müssen eingeplant werden.
* Die Planung muss sachgerecht sein.

Damit Sie den letzten Punkt besser verstehen, hier ein Beispiel:

■ *Beispiel:*
Architekt H. plant für Familie D. ein Mehrfamilienhaus, das behindertengerecht gebaut werden soll. Herr D. ist seit Jahren gehbehindert und kann sich nur mithilfe seines Rollstuhls fortbewegen. Der Architekt plant das Haus, legt die Terrasse jedoch so an, dass der Garten nur über drei Stufen zu erreichen ist. In diesem Fall ist die Planung offensichtlich nicht sachgerecht.

Dagegen fällt es nicht unter die Haftung eines Architekten, wenn Sie als Bauherr während der Planungsphase ein hässliches Dach akzeptiert haben und dies im Nachhinein ablehnen.

In dieser Phase erarbeitet der Architekt die Vorlagen für die erforderlichen **Baugenehmigungen** oder Zustimmungen und reicht sie bei den entsprechenden Behörden ein.

Außer seiner eigenen Entwurfsplanung muss der Architekt Beiträge anderer an der Planung Beteiligter (z. B. Statiker oder Haustechniker) verwenden und entsprechende Anträge stellen. Dafür erhält er eine Vergütung von 6 Prozent.

Koordinierung der Planung

W I C H T I G

Auch im Falle einer Genehmigung durch die Baubehörde ist Ihr Architekt nicht von seiner Haftung für etwaige Planungsmängel befreit. Aufgabe der Behörden ist es lediglich zu prüfen, ob eine vorgelegte Planung nach öffentlich-rechtlichen Vorschriften zulässig ist.

Die folgende Geschichte, die sich tatsächlich so abgespielt hat, soll Ihnen helfen, sich im Vorhinein einmal auf alles einzustellen, was mit dem Bau und der Planung einer Immobilie verbunden sein kann. So sollten Sie Ihren Hausbau besser nicht angehen.

Ein abschreckendes Beispiel

■ *B e i s p i e l :*

Familie S. siedelte, da Herr S. eine hervorragende berufliche Position angeboten bekam, im Januar 1991 von den alten in die neuen Bundesländer über. Bereits zu diesem Zeitpunkt war beabsichtigt, den Traum vom eigenen Haus aufgrund der beruflichen Verbesserung nunmehr kurzfristig zu verwirklichen. Ohne überhaupt ein Grundstück in Aussicht zu haben, wurde voller Euphorie das Traumhaus geplant. Begeistert bastelte Familie S. sogar ein Legostein-Modell. Da man die Realisierung auch ohne Baugrundstück kaum erwarten konnte, entschloss sich Familie S. kurzerhand, schon einmal einen Architekten zu suchen, denn der gehört schließlich zu jedem konkreten Bauvorhaben. Auf die persönliche Empfehlung einer Bekannten hin wurde ein Architekt gefunden und ein Architektenvertrag geschlossen. In ihrer Begeisterung verdrängte Familie S. völlig, dass die Entfernung zwischen dem Wohnort des Architekten und dem Ort des Bauvorhabens – immerhin einige hundert Kilometer – zu einem erheblichen Problem werden könnte. Spätere Zweifel räumte der Architekt aus, indem er behauptete, die große Entfernung sei für eine erfolgreiche Realisierung unerheblich.

Erst das Grundstück, dann die Planung

Ein seriöser Architekt hätte einen solchen Auftrag abgelehnt, da die wesentliche Realisierungsvoraussetzung, nämlich ein geeignetes Baugrundstück, noch gar nicht gefunden war. Der beste Ratschlag des Architekten wäre gewesen, die Familie S. darauf hinzuweisen, dass jede Planung sie zu diesem Zeitpunkt nur in unnötigen Zugzwang bringt, im Nachhinein das dazu passende Grundstück zu finden. Außerdem würden ihnen nur unnötige Planungskosten entstehen, falls das zum Entwurf passende Grundstück nicht gefunden werden kann und ungewiss bleibt, ob die Realisierung jemals möglich sein wird.

Zwischen Familie S. und dem Architekten kam es jedoch zum Abschluss eines Architektenvertrages. Clever, wie der Architekt war, wurde keine Einschränkung darüber getroffen, dass zunächst nur die so genannte Entwurfsplanung erstellt werden sollte. Im Gegenteil: Es wurde vielmehr vereinbart, alle 9 Leistungsphasen sozusagen „auf der grünen Wiese" (gemeint: auf einem theoretisch vorhandenen Grundstück) zu realisieren. Das Architektenhonorar wurde ebenfalls überschlägig festgelegt: Die möglichen Baukosten „ermittelte" der Architekt, indem er die völlig unrealistischen Wünsche der Familie S. aufgriff. Infolgedessen „baute" sich Familie S. mithilfe ihres Architekten eine Festung mit 250 m^2 Wohnfläche und ca. 100 m^2 Nebenfläche (gemeint: Keller, Flure usw.). Dadurch ergaben sich insgesamt 1.225 Kubikmeter umbauten Raums.

Für Sie als Bauherrn ist es eminent wichtig, den Begriff **„umbauter Raum"** richtig zu verstehen. Daher möchten wir ihn im Folgenden genauer erklären. Angenommen, Sie haben ein Haus mit 120 m^2 geplant. Hinzu kommen nicht voll ausbaubare Flächen wie Kellerräume oder das Dachgeschoss. Damit Sie nicht erst die genauen Raummaße ermitteln müssen, können Sie die Wohnfläche mit einem einfachen Erfahrungswert, dem Faktor 3,5, multiplizieren und erhalten so die ungefähre Anzahl der Kubikmeter (m^3) umbauten Raums. Dies hilft Ihnen zu kontrollieren, ob das angesetzte Architektenhonorar realistisch ist: Setzen Sie für die Baukosten etwa 500,– DM/m^3 an. Bei einem ermittelten Wert von 420 m^3 (120 x 3,5) umbauten Raums ergeben sich Baukosten von 210.000,– DM, die ihrerseits Grundlage für die Berechnung des Architektenhonorars sein sollten. Das übliche Architektenhonorar beträgt 10 Prozent der Baukosten.

Ermittlung des „umbauten Raumes"

Architektenhonorar = 10% der Baukosten

Da aber die „schwarzen Schafe" unter den Architekten mehr Interesse an hohen Baukosten zeigen als an einer für den Auftraggeber kostengünstigen Planung, erklärt in unserem Beispiel der Architekt Familie S., dass er, um absolut sicherzugehen, mit 600,– DM/m^3 umbauten Raum rechnet. 1.225 m^3 (also 250 Quadratmeterfestung + 100 m^2 Nebenfläche mal Faktor 3,5) multipliziert mit den genannten und vom Architekten empfohlenen 600,– DM/m^3 ergeben einen Betrag von 735.000,– DM. Sofern nichts anderes vereinbart ist, gilt hier die Faustregel, dass

10 Prozent das übliche Architektenhonorar sind. In unserem Fall macht das 73.500,– DM – ein hübsches Sümmchen, zumindest für unseren Architekten.

Obwohl die Familie noch gar kein Grundstück erworben hatte, ließ sich der Architekt den Vertrag unterschreiben. Er erklärte, dass die Pläne für die Umsiedlung der Familie S. doch so konkret seien, dass er sinnvollerweise schon die Zeichnungen für den Bauantrag anfertigen könne. Dadurch kamen auf Familie S. weitere Kosten in Höhe von ca. 30.000,– DM hinzu.

Dem Architekten nicht blind vertrauen

Ein Fall wie dieser ist durchaus keine Ausnahme. Wir möchten aber ausdrücklich darauf hinweisen, dass es auf keinen Fall empfehlenswert ist, auf die Beratung eines Architekten zu verzichten. Ebenso wenig werden Sie mithilfe des vorliegenden Buches in der Lage sein, Immobilien im Do-it-yourself-Verfahren zu errichten. Wir möchten lediglich Ihren Blick für eventuelle Fallen schärfen, damit Sie nicht zu vertrauensselig sind, sondern die Vorschläge Ihres Architekten kritisch prüfen.

Bei Familie S. bestanden nunmehr konkrete Zahlungsverpflichtungen gegenüber dem Architekten. Das Grundstück dagegen, auf dem die Planung realisiert werden sollte, war immer noch nicht gefunden. Herr S., zwischenzeitlich in den neuen Bundesländern tätig, fand gemeinsam mit seiner Familie nach langer Suche ein Grundstück. Aufgrund seiner beruflichen Tätigkeit war Herr S. sehr daran interessiert, in der Nähe seines neuen Arbeitsplatzes zu bauen. Es ergab sich allerdings ein Problem: Die Familie verfügte nun über ein Grundstück in der gewünschten Lage, doch machte der Bebauungsplan für dieses Gebiet bestimmte Vorgaben hinsichtlich Art, Höhe, Umfang und Gestaltung der zu errichtenden Immobilien – Geschosszahl, Dachneigung, Hauseingänge usw. waren fest vorgeschrieben. Zudem machten die topographischen

Bedingungen, unter anderem die Hanglage des Grundstücks, der bisherigen Planung einen dicken Strich durch die Rechnung.

Ein seriöser Architekt hätte erst zu diesem Zeitpunkt mit der konkreten Planung begonnen, um dabei bereits die spezifischen Bedingungen des Grundstückes zu berücksichtigen.

Um weitere Kosten zu vermeiden, versuchte Familie S. an dem bereits erstellten Plan festzuhalten und die Immobilie, wie seinerzeit mit Legosteinen geplant, zu verwirklichen. Der Albtraum setzte sich fort. Der Architekt aus dem weit entfernten Schwaben empfahl zunächst (wahrscheinlich, um seine eigene Haut zu retten), das Haus nicht in so genannten Einzelgewerken zu errichten, sondern die komplette Erstellung einem Generalunternehmer (vgl. Seite 106) zu übertragen.

Durch die Empfehlung, die Arbeiten einem Generalunternehmer zu übertragen, vermied der Architekt, dass er als Bauleiter später die Haftung für das Bauprojekt übernehmen musste.

Ein Generalunternehmer war schnell gefunden und sich nach Durchsicht der bisher vorliegenden Unterlagen der Schwierigkeiten des Bauvorhabens durchaus bewusst. Daher kalkulierte er mit 687,– DM/m^3 umbauten Raum, was bei der geplanten Größe einen Gesamtbetrag in Höhe von 841.575,– DM ergab. Das führte zu einer Baukostenüberschreitung gegenüber der ursprünglichen (bereits vom Architekten wegen seines Honorars „vorsichtig" kalkulierten Baukostenschätzung) in Höhe von knapp 110.000,– DM. (Nur am Rande sei darauf hingewiesen, dass sich der Architekt über diese Entwicklung freute, da seine Honoraransprüche dadurch erneut um 11.000,– DM [10 Prozent von 110.000,– DM] stiegen.) Im Folgenden musste die ursprüngliche

Planung auf Biegen und Brechen den Gegebenheiten des nun gefundenen Grundstückes angepasst werden, da Familie S., die sich mittlerweile der bereits angefallenen Kosten bewusst geworden war, jede weitere Verteuerung ihres Bauvorhabens vermeiden wollte.

Haftung des Architekten

Wer jetzt glaubt, ein Architekt könne doch problemlos für alle mangelhaften Leistungen in Zusammenhang mit einem Bauvorhaben zur Rechenschaft gezogen und haftbar gemacht werden, irrt leider. Grundsätzlich gilt, dass der Bauherr nur dann einen Anspruch an den Architekten stellen kann, wenn sich ein Mangel am Bauwerk selbst einstellt. Sobald die Mängel schon in der Art Planung liegen, hat er Pech gehabt. Zur komplizierten Frage der Haftung des Architekten können Sie sich im Kapitel „Die Realisierung" ab Seite 301 noch genauer informieren.

Die Moral von der (oben beschriebenen Tatsachen-)Geschichte: Planen Sie Ihr Haus mit Ruhe und Bedächtigkeit. Lassen Sie sich nicht von Wünschen und Luftschlössern hinreißen. Gehen Sie, gemeinsam mit Ihren ausgewählten Spezialisten, Schritt für Schritt vor, denn überhastetes Lospreschen verursacht nur überflüssige Kosten – Geld, das Sie viel besser für Ihre Immobilie verwenden können.

Ihre weiteren möglichen Vertragspartner

Bei der Realisierung Ihres Traumhauses helfen Ihnen verschiedene Fachleute. Im letzten Abschnitt ging es um den Architekten, der die gesamte Bauphase begleitet. Hierbei sind wir von der klassischen Bauweise ausgegangen, bei der der Architekt seine Aufgaben von der Planung bis zur Realisation alle selbst wahrnimmt.

Es gibt aber auch Geschäftspartner, die Ihnen alles abnehmen, Ihnen Ihr Haus „schlüsselfertig" – das heißt so weit fertig gestellt, dass Sie sofort einziehen können – übergeben. Dabei können Sie sich für einen

„Schlüssel-
fertiges Bauen"

* Baubetreuer
* Bauträger
* Generalübernehmer
* Generalunternehmer

entscheiden. Daher sollten Sie wissen, wie sich die Aufgaben und Pflichten der möglichen Vertragspartner unterscheiden.

Die Aufgaben und Pflichten des *Baubetreuers* und des *Bauträgers* weichen insofern grundlegend voneinander ab, dass der Baubetreuer „namens und in Vollmacht der Bauherren" die Verträge mit den am Bau beteiligten Firmen abschließt, während der Bauträger „im eigenen Namen" handelt. Bei der Verwirklichung des Bauvorhabens entstehen so nur im ersten Fall direkte Vertragsbeziehungen zwischen Bauherren und den am Bau Beteiligten.

Baubetreuer
und Bauträger

Auch wenn Sie sich für einen *Generalübernehmer* als Vertragspartner entscheiden, bleiben Sie Bauherr, somit Herr des gesamten Baugeschehens. Der Generalübernehmer als Regieunternehmen übernimmt in Ihrem Auftrag die Aufgabe, Ihr

General-
übernehmer
und
General-
unternehmer

Eigenheim zu einem vorher ausgehandelten Festpreis schlüsselfertig zu errichten. Vom *Generalunternehmer* unterscheidet sich der Generalübernehmer dadurch, dass der Generalübernehmer selbst keinen eigenen Handwerksbetrieb hat, sondern die ihm erteilten Bauaufträge an fremde Handwerksbetriebe weitergibt. Der Generalunternehmer ist selbstständiger Handwerker und Inhaber einer oder mehrerer Firmen.

Was ist überhaupt ein „Bauherr"?

Auch wenn eigentlich jeder zu wissen meint, was ein *„Bauherr"* ist, möchten wir die genaue Definition gemäß der Makler- und Bauträgerverordnung (MaBV) und nach § 34c Gewerbeordnung (GewO) in (gekürzter) Form anführen:

„Bauherr ist ... Herr des gesamten Baugeschehens; er tritt nach außen im eigenen Namen auf, insbesondere auch gegenüber den Baubehörden, und ist in der Regel Eigentümer (oder sonst Berechtigter) des Baugrundstückes. Hierbei macht es keinen Unterschied, ob er selbst mehrere Bauhandwerker ... und ... einen Architekten ... oder ob er einen Generalunternehmer mit der Ausführung des gesamten Bauhandwerkes einschließlich Planung auf Bauaufsicht betraut." (zitiert nach GewO)

Unser Tipp: Ein Bauherr ist immer für seine Baustelle verantwortlich. Dies gilt auch dann, wenn er vorsorglich das Schild „Betreten der Baustelle verboten" angebracht hat. Daher sollten Sie unbedingt eine Bauherrenhaftpflichtversicherung abschließen. Sie schützt vor Schadensersatzansprüchen, beispielsweise wegen mangelnder Verkehrssicherheit der Baustelle, fehlender Abdeckung von Gruben und Schächten, nicht ausreichender Beleuchtung und anderem mehr.

Der Baubetreuer

Die Tätigkeit eines Baubetreuers hat sich aus den üblichen Architektenaufgaben heraus entwickelt. Zu den reinen Architektenleistungen (die bereits genannten Phasen I bis IX) kommen weitere, wirtschaftliche Leistungen hinzu. Außer den technischen Planungsleistungen von der Idee bis zur Realisierung Ihrer Immobilie brauchen Sie in der Regel finanzielle Unterstützung. Wenn Ihr Haus beispielsweise zwischen 300.000,– DM und 500.000,– DM kostet, werden Sie wahrscheinlich nicht über genügend Eigenkapital verfügen – Sie müssen einen Teil der benötigten Gelder langfristig, teilweise länger als 25 Jahre, finanzieren. Daher ist jeder Auftrag für ein Gewerk, also einen bestimmten Bauabschnitt, auch aus wirtschaftlicher Sicht zu betrachten: Je kostengünstiger es wird, desto besser ist das für Ihre Finanzen. Da aber Ihr Architekt, wie bereits erwähnt, nicht für Ihre Finanzen zuständig ist, kann man ihn nicht dazu verpflichten, Ihre wirtschaftlichen Verhältnisse zu berücksichtigen und so günstig wie möglich zu bauen.

Baubetreuer: klassische Architektenaufgaben und wirtschaftliche Betreuung

Im Fachjargon spricht man für den Fall, dass Sie als Bauherr einen Baubetreuer beauftragen, alle Betreuungspflichten zu übernehmen, von der so genannten *Vollbetreuung*. Werden dagegen nur einzelne Betreuungspflichten vereinbart, spricht man von einer *Teilbetreuung*. Eine behördliche Erlaubnispflicht nach § 34c Nr. 2b GewO, also die Erlaubnis, ein Gewerbe zu betreiben, besteht grundsätzlich für den Baubetreuer bezüglich seiner Tätigkeit der Durchführung oder Vorbereitung von Bauvorhaben in fremdem Namen auf fremde Rechnung.

Vollbetreuung und Teilbetreuung

Der Baubetreuer übernimmt die technische und wirtschaftliche Betreuung mit einem „erweiterten" Architektenvertrag, das heißt, dass die wirtschaftliche Betreuung stärker gewichtet werden kann. Hinzu kommen wirtschaftliche Leistungspflich-

Was gehört zur wirtschaftlichen Betreuung?

ten wie die Wirtschaftlichkeitsberechnung, die Erstellung von Zahlungsplänen, die Abwicklung der Verhandlungen mit Unternehmen sowie gegebenenfalls die Übernahme des Zahlungsverkehrs. Der Umfang und die Leistungspflichten sollten in jedem Fall schriftlich (gegebenenfalls in einer Anlage zum Architektenvertrag) festgelegt werden.

Soll man eine Vollmacht erteilen?

Baubetreuer – auch der bauleitende Architekt oder Ingenieur – sehen es in diesem Zusammenhang gern, wenn ihnen der Bauherr eine Vollmacht unterschreibt, die sie dazu berechtigt, in seinem Namen und Auftrag verbindliche Aufträge an Unternehmen zu erteilen. Dies ist für Sie als Bauherr vergleichbar mit der Ausstellung eines Blankoschecks zugunsten des Baubetreuers, da Sie später als Auftraggeber für sämtliche vom Baubetreuer im Rahmen einer Vollmacht eingegangenen Verpflichtungen einstehen müssen. Ferner erhält der Baubetreuer (oder der bauleitende Architekt) sein Honorar nach der HOAI. Die Höhe dieser Vergütung richtet sich unsinnigerweise nicht nach den *ersparten* Baukosten, sondern nach den *tatsächlich entstandenen* Baukosten, denn auch eingesparte Kosten kann man manipulieren. Besser wäre es wohl, die Einsparungen auf das Honorar anrechnen zu lassen.

Wie vermeidet man Streitigkeiten?

Dadurch entsteht ein Interessenkonflikt: Je teurer der Baubetreuer die zu erbringenden Leistungen einkauft, desto höher wird das ihm zustehende Honorar. Des Weiteren führt es oft zu unangenehmen Rechtsstreitigkeiten, wenn die erteilten Vollmachten im Vorfeld nicht klar genug formuliert sind und der Bauherr später die vom Bauleiter geschlossenen Verträge nicht erfüllen will.

Eine Baustelle, die einige hundert Kilometer weit entfernt ist, können bzw. sollten Sie als Bauunkundiger grundsätzlich nicht wirtschaftlich führen. Daher ist es in diesem Fall besser, wenn Sie sich bei einer möglichen Vollmachterteilung an dem im

Vorfeld festgelegten Leistungsstandard orientieren. Wurde beispielsweise vorher festgelegt, weiße Kunststofffenster einzubauen, sollte sich die Vollmacht darauf beschränken, dass ausschließlich Aufträge für weiße Kunststofffenster erteilt werden.

Vollmachten an Vereinbarungen knüpfen

Verpflichten Sie Ihren Baubetreuer, dass er grundsätzlich für jedes einzelne Gewerk im Vorfeld mindestens drei Angebote einholt, auf deren Basis er dann den für Sie günstigsten Preis ermittelt.

Unser Tipp: **1.** Erteilen Sie Ihrem Baubetreuer grundsätzlich keine Vollmacht für die Auftragsvergabe.
2. Wenn Sie allerdings beispielsweise in München wohnen und in Hamburg ein Haus bauen wollen, erteilen Sie nur *gemäß der Leistungsbeschreibung* die Vollmacht, sodass Ihr Baubetreuer die entsprechenden Aufträge erteilen kann.

Der Bauträger

Ein Bauträger verpflichtet sich in der Regel zur Errichtung und anschließenden Übereignung einer Immobilie, beispielsweise eines Einfamilienhauses. In seiner Funktion steht der Bauträger zwischen den am Bau Beteiligten und dem Käufer. Eine behördliche Erlaubnispflicht für den Bauträger gem. § 34c GewO besteht u. a. in der Form, dass er als *Bauherr* Bauvorhaben im eigenen Namen auf eigene oder auch auf fremde Rechnung verwirklicht.

Bauträger: gleichzeitig Bauherr

Der Bauträger erstellt Bauten auf eigenes Risiko, um diese an Dritte weiterzuveräußern. Ein typisches Beispiel hierfür ist der Bau von Eigentumswohnungen, Reihenhäusern oder Eigenheimen, die oft bereits im Planungsstadium, spätestens aber nach ihrer Fertigstellung verkauft werden.

Grafisch kann die Beziehung zwischen den einzelnen Parteien im Falle des Baubetreuers bzw. Bauträgers wie folgt dargestellt werden:

Baubetreuung	Bauträgerschaft
Baubetreuer	**Baubeteiligte**
schließt	haben direkte
Betreuungsvertrag	Vertragsbeziehung
mit dem	zum
Bauherrn	**Bauträger.**
und hat direkte	Dieser hat
Vertragsbeziehung	Bauträgervertrag
zu den	mit dem
Baubeteiligten.	**Käufer.**

Gesetzliche Vorschriften für Makler, Bauträger und Baubetreuer

Makler, Bauträger und Baubetreuer müssen ihr Gewerbe nicht nur anmelden (§ 14 GewO), sondern benötigen, wie erwähnt, auch eine besondere Zulassung (§ 34 GewO). Daneben hat der Gesetzgeber dem Bundesminister für Wirtschaft das Recht eingeräumt, besondere Vorschriften über die Ausübung des Gewerbes als Makler, Bauträger oder Baubetreuer zu erlassen. Insbesondere geht es dabei um Regelungen der Rechnungs-, Buchführungs- und Informationspflichten, vor allem um solche zum Schutz des Vermögens des Auftraggebers. Festgehalten sind beispielsweise besondere Sicherungspflichten des Bauträgers und Vorschriften zur Verwendung von Vermögenswerten des Auftraggebers. Diese gesetzlichen Vorschriften sind in der Makler- und Bauträgerverordnung (MaBV) zusammengefasst, die im Baugewerbe eine erhebliche Rolle spielt.

Die Makler- und Bauträgerverordnung

Die MaBV wurde vom Gesetzgeber erlassen, um die Beziehung Kunde – Auftragnehmer auf eine sichere Basis zu stellen. In einem gewerberechtlichen Zulassungsverfahren wird zunächst geprüft, ob der Auftragnehmer in geordneten Vermögensverhältnissen lebt. Der Bauträger, Baubetreuer oder Makler, mit dem Sie es zu tun haben, ist gesetzlich an Auflagen in Bezug auf grundstücksgleiche Rechte und die Vermittlung von Kaufverträgen gebunden. Das bedeutet konkret, dass sich Ihr Vertragspartner an gesetzliche Vorschriften halten muss, die mit einem Grundstückserwerb verbunden sind. Hierzu gehören beispielsweise die Grundstücksverkehrsordnung, mögliche Auflagen des Grundbuchamtes und Regelungen zur Grunderwerbsteuer. Wichtig hierbei ist, dass alle Verträge über einen Grundstückserwerb grundsätzlich von einem Notar beurkundet werden müssen. Die MaBV verpflichtet den Bauträger und Baubetreuer zur Absicherung des Geldes, das Sie als Vorauszahlung für ein Grundstück oder eine begonnene Baumaßnahme bezahlen.

Auflagen der MaBV

Des Weiteren hat der Bauträger gemäß der Makler- und Bauträgerverordnung die Auflage, erst dann Gelder entgegenzunehmen, wenn eine Reihe von Bedingungen erfüllt sind. Dazu zählen im Einzelnen:

Wann darf ein Bauträger Gelder entgegennehmen?

* die Baugenehmigung ist erteilt,
* der Notar hat dem Käufer mitgeteilt, dass der Kaufvertrag rechtswirksam ist und etwaige für den Vollzug erforderliche Genehmigungen vorliegen,
* dem Verkäufer sind keine vertraglichen Rücktrittsrechte eingeräumt,
* die Vormerkung ist im Grundbuch eingetragen und
* die Freistellung des Vertragsobjektes von allen Grundpfandrechten ist gesichert und zwar auch für den Fall, dass das Bauvorhaben nicht vollendet wird.

Wenn all diese Punkte erledigt sind, erhalten Sie vom Notar die Mitteilung, dass die Rechnungen nunmehr beglichen werden müssen.

Was bedeutet „Freistellung von Grundpfandrechten"?

Die erwähnte *Freistellung* ist gesichert, wenn gewährleistet ist, dass die nicht zu übernehmenden Grundpfandrechte im Grundbuch gelöscht werden. Wenn das Bauvorhaben vollendet wird, passiert dies unverzüglich nach Zahlung der geschuldeten Vertragssumme an den Bauträger, andernfalls sofort nach Zahlung des Teils der geschuldeten Vertragssumme durch den Käufer, die dem erreichten Bautenstand entspricht.

Falls das Bauvorhaben nicht vollendet wird, kann sich der Kreditgeber des Verkäufers vorbehalten, anstelle der Freistellung dem Käufer alle bereits geleisteten Zahlungen bis zum anteiligen Wert des Vertragsobjekts zurückzuzahlen. (Diese Zahlungen hat der Käufer nach einem festen Zahlungsplan gemäß der Baufortschrittsraten zu leisten, vgl. weiter unten.)

Ist das Bauwerk bereits fertig und vom Käufer abgenommen, wird der volle Kaufpreis fällig, sobald die Eintragung der Auflassungsvormerkung am Vertragsobjekt im Grundbuch und die Sicherung der Lastenfreiheit gegen Besitzübergabe vorliegen.

Zahlungspläne gemäß MaBV

Ist das Bauvorhaben noch nicht verwirklicht, gilt seit dem 1.6.1997 die 3. Verordnung zur Änderung der Makler- und Bauträgerverordnung. Diese ermöglicht dem Bauträger eine flexiblere Gestaltung seiner Zahlungsmodi, indem er die auf 13 Einzelpositionen ausgedehnten Raten nach seinen speziellen Bedürfnissen zu maximal 7 Raten zusammenfassen kann.

Wann muss was bezahlt werden?

Wenn ein Grundstücksgeschäft inbegriffen ist (beim Bauträgerkauf die Regel), muss nach Beginn der Erdarbeiten die erste Rate in Höhe von 30 % des Kaufpreises bezahlt werden. Sofern kein Grundstück verkauft wird, also bei Baubetreuung, können 20 %

des Kaufpreises nach Beginn der Erdarbeiten geleistet werden. Der *Bauträger* (beim Kauf von Grundstück und Haus) darf somit den Kaufpreis nur in folgenden (eventuell zusammengefassten) Raten nach Baufortschritt entgegennehmen:

30 % nach Beginn der Erdarbeiten,

28 % nach Rohbaufertigstellung einschl. Zimmererarbeiten,

5,6 % für die Herstellung der Dachflächen und Dachrinnen

2,1 % für die Rohinstallation der Heizungsanlagen

2,1 % für die Rohinstallation der Sanitäranlagen

2,1 % für die Rohinstallation der Elektroanlagen

7,0 % für den Fenstereinbau einschl. der Verglasung

4,2 % für den Innenputz, ausgenommen Beiputzarbeiten

2,1 % für den Estrich

2,8 % für die Fliesenarbeiten im Sanitärbereich

8,4 % nach Bezugsfertigkeit und Zug um Zug gegen Besitz-
       übergabe

2,1 % für die Fassadenarbeiten

3,5 % nach vollständiger Fertigstellung

Angegeben sind jeweils die Höchstbeträge.

Beim *Baubetreuer* (beim Kauf ohne Grundstück) gelten nach Höchstbeträgen für die Zahlung des Kaufpreises folgende Raten nach Baufortschritt:

20 % nach Beginn der Erdarbeiten

32 % nach Rohbaufertigstellung einschl. Zimmererarbeiten

6,4 % für die Herstellung der Dachflächen und Dachrinnen

2,4 % für die Rohinstallation der Heizungsanlagen

2,4 % für die Rohinstallation der Sanitäranlagen

2,4 % für die Rohinstallation der Elektroanlagen

8,0 % für den Fenstereinbau einschl. der Verglasung

4,8 % für den Innenputz, ausgenommen Beiputzarbeiten

2,4 % für den Estrich

· 3,2 % für die Fliesenarbeiten im Sanitärbereich

9,6 % nach Bezugsfertigkeit und Zug um Zug gegen Besitzübergabe

2,4 % für die Fassadenarbeiten

4,0 % nach vollständiger Fertigstellung

Dieselbe Staffelung gilt auch beim Erbbaurecht.

Bei diesen Zahlungsplänen handelt es sich um die maximalen Teilbeträge, die jeweils nach dem Baufortschritt geleistet
werden müssen. Diese Beträge dürfen auf Wunsch des Käufers
Vorsicht bei nur dann überschritten werden, wenn der Bauträger oder Bau-
Überschreitung betreuer dem Käufer eine selbstschuldnerische Bürgschaft
der Teilbeträge eines Kreditinstitutes zur Sicherung der gezahlten Beträge aus-
händigt und wenn diese Bürgschaft den Anforderungen insbe-
sondere hinsichtlich der Dauer und Höhe entspricht. In der
Bürgschaft steht der Bürge für alle etwaigen Ansprüche des
Käufers auf Rückgewähr oder Auszahlung seiner Vermögens-
werte ein (§ 7 MaBV).

Die Bürgschaft ist zurückzugeben, wenn entweder das Vertragsobjekt vollständig fertig gestellt ist oder wenn die gezahlten Kaufpreisteile dem Baufortschritt entsprechen (§ 3 MaBV).
Es ist unzulässig, für einzelne Raten höhere Prozentsätze vorzusehen und nur den überschießenden Betrag durch eine Bürgschaft abzusichern. Ebenso unzulässig ist es, die Fälligkeit der
letzten bzw. vorletzten Rate gegen Übergabe einer Bürgschaft
Die genauen in Höhe dieser Rate(n) vorzuziehen. Damit Sie den Zahlungs-
Voraussetzun- plan im Griff haben, eine Liste der Leistungen:
gen für einzelne
Teilbeträge *Rate 1: Nach Beginn der Erdarbeiten*
Dabei muss die Baugrube vollständig ausgehoben sein. Sofern
hier Abbrucharbeiten notwendig waren und der Keller entfernt
ist, zählt dieses „Loch" nicht als Baugrubenaushub.

Rate 2: Nach Rohbaufertigstellung

Hierzu zählt die Fertigstellung sämtlicher Maurer- und Beton-arbeiten, des Kamins, sämtlicher Treppenläufe und der zim-mermannsmäßigen Dachkonstruktion einschließlich der Dach-schalung, jedoch nicht die Dacheindeckung.

Rate 3: Nach Fertigstellung der Rohinstallation einschließlich Innenputz, aber ohne Beiputzarbeiten

Dabei müssen sämtliche Leitungen und Rohre für die Heizungs-, Sanitär- und Elektrorohrmontage sowie der Innenputz abge-schlossen sein. Beiputzarbeiten, z. B. an Treppenläufen oder Nachbesserungen am Putz werden in der Regel erst zu einem späteren Zeitpunkt ausgeführt.

Rate 4: Nach Fertigstellung der Schreiner- und Glaserarbeiten, ausgenommen Türblätter

Hierzu zählen die Fenster und die Innentüren (ohne Türblätter). Dabei muss der Estrich bereits eingebaut sein.

Der Generalübernehmer

Der Generalübernehmer tritt, anders als beispielsweise ein Bau-träger, als verlängerter Arm der Handwerksbetriebe auf und engagiert seinerseits Subunternehmer. Der Bauträger baut zunächst auf seinem eigenen Grundstück. Der Baubetreuer dagegen hat eher eine beratende Funktion, ist sozusagen der verlängerte Arm des Architekten, und nur der Generalüberneh-mer beauftragt die einzelnen Handwerksbetriebe – zwar auf eigene Rechnung, aber nicht auf eigenem Grundstück. Es gelten die Vorschriften des BGB und, wenn dies besonders vereinbart wird, die Verdingungsordnung für Bauleistungen (VOB) Teil B.

Auftragsbau auf fremdem Grundstück: der General-übernehmer

■ *B e i s p i e l :*

A bezahlt Generalübernehmer B. Falls der Generalübernehmer die von ihm beauftragten Handwerksbetriebe seinerseits nicht bezahlt, haben die betroffenen Betriebe eine so genannte „Durchgriffshaftung" auf das Grundstück von A. Für einen Generalübernehmer gelten somit andere Vorschriften der Vermögenssicherung, da er auf einem fremden Grundstück baut. Wenn also in unserem Fall A dem Generalübernehmer B Geld anvertraut, damit dieser die nächsten Arbeiten veranlassen kann, kann A eine Erfüllungsbürgschaft verlangen, die sicherstellt, dass B das ihm anvertraute Geld auch zweckgerecht verwendet.

Der General*übernehmer* lässt die Bauleistungen durch Einzelunternehmer oder auch durch einen General*unternehmer* ausführen. Er verpflichtet sich dem Bauherrn gegenüber zu einer vertraglichen Leistung, z. B. zur Fertigstellung des Hauses. **Haftung für mangelhafte Handwerksleistungen** Wenn die vom Generalübernehmer beauftragten Handwerksbetriebe ihre Aufträge nicht ordnungsgemäß erfüllen, kann der Bauherr seine Ansprüche gegenüber dem Generalübernehmer geltend machen. Somit trägt der Generalübernehmer das Risiko, dass er selbst für schlechte Arbeiten der von ihm beauftragten Handwerksbetriebe geradestehen muss.

In der Regel nennt der Generalübernehmer einen Festpreis und gibt eine Termingarantie ab. Für diese Preis- und Termin**Preis- und Termingarantie** garantie müssen Sie als Bauherr einen entsprechenden Mehrpreis zahlen. Dafür entbinden Sie sich vertragsgemäß eben von den typischen Bauherrenrisiken der Termineinhaltung und möglicher im Laufe des Bauvorhabens aufkommender Mehrkosten.

In der Praxis sieht das folgendermaßen aus: Vorab zahlt der Bauherr entsprechend der auszuführenden Arbeiten gemäß Leistungsbeschreibung Abschläge an den Generalübernehmer. Der

Generalübernehmer kauft anschließend die einzelnen zu erbringenden Leistungen selbstständig ein. Daher kommt es zwischen den einzelnen Handwerksbetrieben und dem Bauherrn selbst zu keinerlei Vertragsbeziehung. Der Bauherr hat sich der typischen Bauherrenrisiken entledigt. Aber Vorsicht: Falls der Generalübernehmer seinen Pflichten nicht nachkommt und beispielsweise in Zahlungsschwierigkeiten oder in Konkurs gerät, tragen Sie trotzdem erhebliche wirtschaftliche Risiken.

Keine direkten Vertragsbeziehungen Bauherr – Handwerker

Verträge mit Baubetreuern, Bauträgern, Generalübernehmern

Für jedes Bauprojekt ist die ausreichende Abwägung der Risiken bei den je nach Wahl Ihres Vertragspartners abzuschließenden Verträgen eminent wichtig. Sie müssen sich stets bewusst sein, dass ein kleiner vertraglicher Fehler erhebliche finanzielle Folgebelastungen und im schlimmsten Fall die Unwirksamkeit eines geschlossenen Vertrages nach sich ziehen kann.

Verträge sorgfältig prüfen

Baubetreuung

Grundsätzlich wird unterschieden zwischen dem *einfachen Baubetreuungsvertrag* und dem so genannten *Bauherrenmodell mit Erwerb von Grundstücks- und Wohnungseigentum*. Im Rahmen dieses Buches kann nur auf den häufigeren ersten Fall eingegangen werden.

Als einfache Baubetreuung wird die Auftragserteilung des Bauherren an ein Architektur- oder Ingenieurbüro gesehen. Dieses Büro verpflichtet sich zur vollständigen technischen Planung Ihrer Immobilie. Darüber hinaus können Sie die wirtschaftliche Betreuung in Anspruch nehmen. Grundsätzlich

Die „einfache Baubetreuung"

bedarf auch der Baubetreuungsvertrag der Schriftform, aber eine notarielle Beurkundung ist hierbei nicht notwendig.

Unser Tipp: In keinem Fall sollten Sie ein so genanntes Pauschal-honorar vereinbaren, sondern die Leistung und die Höhe des von Ihnen zu zahlenden Honorars sollten sich nachweislich an der HOAI orientieren.

Bei der Honorarfestlegung gibt es erhebliche Spielräume. Die größte Ersparnis liegt für Sie als Bauherr immer im möglichst günstigen Einkauf der einzelnen Dienstleistungen. Natürlich bezieht sich dies auch auf die Baubetreuung. Wenn Sie ein niedrigeres Honorar aus-handeln, achten Sie jedoch darauf, dass der Baubetreuer dafür keine Leistungen kürzt, sondern sich vielmehr weiterhin zur vollständigen Leistungserbringung verpflichtet.

Spielräume beim Honorar

Der Architekt oder Baubetreuer wird sich in jedem Fall auf die vom Gesetzgeber erlassenen Standesrichtlinien berufen, die eine Verhandlung des Honorars untersagen. Dennoch bieten sich legale Verhandlungsspielräume, da das Honorar im Vorfeld nach den Baukosten und nach den Schwierigkeitsstufen der zu planenden Immobilie ermittelt wird. Das bedeutet: Wenn Sie es schaffen, den Baubetreuer davon zu überzeugen, dass die Bau-kosten tatsächlich geringer sind, als von ihm ermittelt, und dass Ihre Immobilie gar nicht so schwer zu planen ist, wie vom Bau-betreuer eingeschätzt, dürfen Sie durchaus handeln.

Vollbetreuung oder Teilbetreuung?

Außerdem sollten Sie entscheiden, ob Sie eine Vollbetreuung oder lediglich eine Teilbetreuung wünschen, beispielsweise aus-schließlich eine technische oder wirtschaftliche Betreuungs-leistung. Achten Sie darauf, in welcher Vertragsbeziehung der Baubetreuer zu anderen Baubeteiligten (Architekten, Ingenieu-ren, Unternehmern, Handwerkern) steht, um mögliche Preisab-sprachen zu vermeiden.

Bauträgerschaft

Sämtliche Vereinbarungen mit einem Bauträger müssen Sie in den Notarvertrag aufnehmen lassen. Der Bauträgervertrag, das heißt der Kaufvertrag zwischen Bauträger und Käufer, muss bei einem Notar abgeschlossen werden, denn ein nicht notariell abgeschlossener Bauträgervertrag ist unwirksam! In jedem Fall müssen die Regelungen über das vom Bauträger veräußerte Grundstück, also Grundstücksgröße, mögliche Baulasten, Wert des Baugrundstückes und der für das Haus zu zahlende Betrag beurkundet werden. Detailliert dargestellt wird dies in der so genannten „Leistungsbeschreibung", einer Anlage zum Notarvertrag. Im Kapitel „Die Realisierung" finden Sie ab Seite 312 eine ausführliche Checkliste zum Bauträgervertrag.

Notarielle Beurkundung des Bauträgervertrages

■ *B e i s p i e l :*

Sie unterzeichnen einen notariellen Bauträgervertrag und verpflichten sich, einen Kaufpreis von 550.000,– DM für ein Einfamilienhaus zu zahlen. Außerdem vereinbart der Bauträger mit Ihnen privat, dass Sie ihm am Ende darüber hinaus nicht im Notarvertrag erwähnte 50.000,– DM zahlen. Durch diese Sondervereinbarung wird der gesamte Vertrag unwirksam! Durch die Zahlung dieses Extrahonorars können Sie zwar die Grunderwerbsteuer auf die zusätzlichen 50.000,– DM sparen, machen sich jedoch strafbar. Es lohnt nicht, sich deswegen der Gefahr eines Strafverfahrens wegen Steuerhinterziehung auszusetzen.

Nicht jede Abweichung vom ursprünglichen Vertrag muss notariell beurkundet werden: So können generell Detailänderungen entsprechend der Leistungsbeschreibung in der Bauausführung vorgenommen werden. Es ist dann lediglich eine Vereinbarung zwischen Bauherr und Bauträger über die Mehr- oder Minderkosten zu treffen.

Kleine Änderungen schriftlich festhalten

Generalübernehmer

Keine notarielle Beurkundung

Die vertragliche Vereinbarung mit dem Generalübernehmer wird in einem so genannten Generalübernehmervertrag festgehalten. Eine notarielle Beurkundung ist dafür nicht nötig.

Unser Tipp: Da es für Vereinbarungen mit einem Generalübernehmer keine vorformulierten Musterverträge gibt und da auch keine notarielle Beurkundung wie beim Bauträger notwendig ist, wird Ihnen der Generalübernehmer in der Regel einen von ihm ausgearbeiteten schriftlichen Vertrag vorlegen. Sie sollten dann vor Vertragsunterzeichnung in jedem Fall einen sachkundigen Rechtsanwalt zurate ziehen.

Im Folgenden sollen einzelne Risiken an einem alltäglichen Beispiel aus der Praxis erklärt werden. Auch hier geht es uns darum, Ihnen anhand eines tatsächlich geschehenen Falls weitere Tücken eines Bauvorhabens – hier bei Einschalten eines Generalübernehmers – zu zeigen.

■ *B e i s p i e l :*
Firma Fertiggarant bot Bauherrn Walter S., verheiratet, ein Kind, die schlüsselfertige Erstellung eines Einfamilienhauses an. Grundlage für den Bauauftrag wurde ein Generalübernehmervertrag, in dem sich die Firma zur schlüsselfertigen Erstellung des Hauses verpflichtete. Ihre Preiskalkulation basierte auf einer Leistungsbeschreibung, welche in der Anlage des Vertrages ordnungsgemäß beigefügt wurde.
In der Regel sind in einem Gesamtauftrag folgende Leistungen enthalten:
✖ die Planung des Hauses
✖ die schlüsselfertige Erstellung
✖ die verantwortliche Bauleitung vor Ort

Sonderleistungen durften laut Vertrag nur in Rücksprache mit dem Bauherrn ausgeführt werden. Diese Leistungen wurden mit den entsprechend anfallenden Mehr- oder Minderkosten in einem so genannten „Nachtrag zur Leistungsbeschreibung" festgehalten. Wann die Zahlungen erfolgen sollten, wurde ebenfalls schriftlich in einem Zahlungsplan festgehalten.

Im Vertrag wurden ferner die Ausführungsfristen genannt. Der verbindliche Fertigstellungstermin lag 8 Monate nach Baubeginn. Der Vertrag wurde im März des Jahres abgeschlossen mit der Bedingung, dass der Baubeginn 14 Tage nach Erteilung der Baugenehmigung erfolgen sollte. Die Baugenehmigung wurde im April des Jahres erteilt. Der mögliche Baubeginn hätte somit der 15. Mai sein können.

Das erste Problem bzw. die erste Pflichtverletzung des Generalübernehmers durch mangelhafte Bauvorbereitung ergab sich durch einen auf dem Grundstück befindlichen Strommasten. Er war bislang nicht berücksichtigt worden und musste nun zunächst von dem zuständigen Energieversorgungsunternehmen versetzt werden. Außerdem war während der Vorbereitung übersehen worden, dass auf dem Grundstück noch Erschließungsmaßnahmen zur Be- und Entwässerung durchgeführt werden mussten. Das Ergebnis war eine erste Bauverzögerung von sechs Wochen.

Unser Tipp: Sobald ein Generalübernehmer mit dem Bau in Verzug gerät, schicken Sie per Einschreiben mit Rückschein eine Mahnung bzw. zeigen Sie wegen Überschreitung der Bautermine rechtzeitig den Bauverzug an!

Was tun bei Terminüberschreitung?

Letztendlich wurde mit den Rohbauarbeiten erst im Juli begonnen und das Haus auch in dem für ein Einfamilienhaus üblichen Zeitrahmen von 6 bis 8 Wochen, also bis Ende August, fertig gestellt.

Mit den Zimmererarbeiten wurde drei Wochen nach Rohbaufertigstellung begonnen, die mit Unterbrechung drei Wochen dauerten. Auf Rückfragen des Bauherren gab der Generalübernehmer an, dass der Zimmerer überlastet und unerfahren sei. Hierauf setzte sich der Bauherr selbst mit dem Zimmerer in Verbindung und erfuhr, dass der Generalübernehmer bei ihm noch offene Rechnungen für Arbeiten an anderen Bauvorhaben habe. Der Zimmerer hatte daher als Druckmittel die Arbeiten an dem neuen Projekt zeitweise eingestellt. Verständlicherweise war der Bauherr inzwischen beunruhigt, da im Generalübernehmervertrag Zahlungszeitpunkte vereinbart waren, durch die der Bauherr ständig mit etwa 50.000,– DM für noch zu erbringende Bauleistungen in Vorleistung trat.

Sobald der Rohbau fertig gestellt ist, sollten Sie zusehen, dass unverzüglich mit den Zimmererarbeiten begonnen wird und unmittelbar darauf das Dach gedeckt wird. Nur dann schützen Sie Ihr Haus vor möglichen Witterungseinflüssen und sorgen auch dafür, dass schnell mit den Rohinstallationsarbeiten begonnen werden kann. Für Zimmerer- und Dacharbeiten müssen Sie maximal 7 bis 14 Tage einplanen.

Wie vermeiden Sie als Bauherr Pannen?

Damit Sie als Bauherr gar nicht erst in solch eine Situation geraten, sollten Sie folgende Ratschläge beherzigen:

1. Erkundigen Sie sich frühzeitig vor Vertragsabschluss über die *Bonität* Ihres Vertragspartners, des Generalübernehmers. Am besten eignet sich hierfür eine Bankauskunft. Ihre Hausbank ist Ihnen normalerweise gerne bei der Einholung behilflich. Auch über entsprechende Auskunfteien (z. B. Creditreform, Bürgel) können Sie in aller Regel problemlos Auskünfte einholen. Bei der Wahl eines Generalübernehmers gilt somit das Gleiche wie bei Auswahl Ihres Architekten: Seien Sie kritisch und prüfen Sie Ihren möglichen Geschäftspartner, so gut Sie können.

2. Lassen Sie sich unbedingt von Ihrem Vertragspartner eine *Referenzliste* vorlegen und überprüfen Sie stichprobenweise die angegebenen Adressen. Kein seriöser Vertragspartner wird etwas dagegen einzuwenden haben, wenn Sie mit auf der Liste angeführten Personen Kontakt aufnehmen und sich über die bisherige Arbeit Ihres Vertragspartners erkundigen. Gegebenenfalls nehmen Sie Möglichkeiten wahr, bereits verwirklichte Objekte des Generalübernehmers zu besichtigen. So können Sie sich ein zuverlässiges Bild über seine Kompetenz machen.

Erkundigen Sie sich gründlich über Ihren Geschäftspartner!

3. Lassen Sie sich eine *Aufstellung der Handwerksunternehmen* geben, mit denen der Vertragspartner zusammenarbeiten will. Setzen Sie sich dann mit den entsprechenden Unternehmen in Verbindung und erkundigen Sie sich dort über Ihren Generalübernehmer.

4. Letzte und entscheidende Sicherheit für Sie ist die *Erfüllungsbürgschaft* einer Bank in Höhe von ca. 10 Prozent der Vertragssumme. „Erfüllungsbürgschaft" bedeutet in diesem Zusammenhang, dass Sie als Bauherr über die Bürgschaftssumme finanziell abgesichert sind, wenn Ihr Vertragspartner alle oder einzelne Pflichten nicht erfüllt. In einem solchen Fall können Sie mit der fälligen Bürgschaftssumme Ihre Leistungen anderweitig „einkaufen". Zurück zum Beispiel:

Bestehen Sie auf einer Erfüllungsbürgschaft

Nachdem die Zimmererarbeit dann doch erledigt und das Dach gesetzt und gedeckt worden war, ging der Bauherrenkrimi weiter: Der Bauherr hatte bestimmte Änderungswünsche in Bezug auf die Ausstattung. So sollte beispielsweise für die Außenanlagen zusätzlich eine Betonstützwand von ca. 15 m² Fläche und mit einer fünfstufigen Treppenanlage errichtet werden. Dafür setzte der Generalübernehmer zusätzliche Kosten in Höhe von 20.000,– DM an. Wegen der bisherigen schlechten Erfahrungen erkundigte sich der Bauherr vorsichtshalber bei einem weiteren Bauunternehmer nach den realistischen Kosten für die geplante Änderung. Das Konkurrenzangebot lag bei 6.000,– DM. Damit wurde deutlich, dass der Generalübernehmer Mehraufwendungen zu Wucherpreisen kalkulierte, wohingegen andere Änderungen bzw. der Wegfall ursprünglich vereinbarter Leistungen (wie zum Beispiel der Wohnrauminnentüren oder der Treppengeländer) den vereinbarten Preis nur minimal reduzierten. Offensichtlich ging es dem Generalübernehmer nur darum, auf Kosten des Bauherren Kasse zu machen. In der Leistungsbeschreibung war der Einbau von Naturholztüren im Wert von 850,– bis 950,– DM pro Stück vereinbart. In der Minderkostenaufstellung (das ist die Liste der Kosten, um die die vereinbarte Vertragssumme aufgrund Wegfalls zu erbringender Leistungen gekürzt wird) wurden diese lediglich mit 300,– DM bewertet. Allerdings hatte der Bauherr zwischenzeitlich alle Schreinerarbeiten – wozu auch die Naturholztüren zählten – an ein ihm bekanntes Unternehmen vergeben, sodass diese Arbeiten aus der Leistungsbeschreibung gestrichen werden mussten.

Unser Tipp: Vereinbaren Sie mit Ihrem Vertragspartner bei der Leistungsbeschreibung Einheitspreise für Fenster in Holz oder Plastik, Türen (beispielsweise massiv oder furniert), Türklinken, Türbeschläge, Teppichboden (m^2-Preis), Fliesen (m^2-Preis), Sanitärobjekte (beispielsweise Duschbatterien) und Sanitäreinrichtungen sowie sämtliche übrigen im Einzelfall zu benennenden Bauteile.

Preisaufschläge müssen sich im Rahmen halten

Selbstverständlich ist es so, dass der Generalübernehmer einen Aufpreis in Höhe von 15 bis 25 Prozent auf die von ihm eingekauften Waren und Dienstleistungen nimmt. Andererseits sollten Sie darauf achten, dass er Ihnen nicht beispielsweise für Fliesen, für die er einen Lieferantenrabatt von 40 Prozent erhält und die Sie selbst im Handel für 50,– DM/m^2 erhalten könnten, einen Preis von 60,– DM berechnet. Wenn Sie auf diesen Handel eingingen, hätte der Generalübernehmer einen Gewinn von 100 Prozent gemacht!

WICHTIG

Wenn Sie Ihr Haus durch einen Generalübernehmer errichten lassen, sollten Sie als Auftraggeber Folgendes beachten:

1. Lassen Sie den Vertrag besonders gründlich prüfen und sich im Vertrag selbst bestätigen, dass er den gesetzlichen Bestimmungen entspricht.
2. Prüfen Sie, ob der Festpreis im Vertrag durch andere Klauseln im Vertrag ganz oder teilweise aufgehoben wird.
3. Vereinbaren Sie Sonderwünsche – vor allem bei der Bausubstanz – vertraglich.
4. Setzen Sie den Baubeginn und die Fertigstellung genau fest.
5. Versuchen Sie, im Vertrag festzulegen, dass der Generalübernehmer seine Ansprüche an Handwerker auf Sie überträgt. Wenn der Generalübernehmer in Konkurs geht, können Sie nur in diesem Fall Ansprüche auf Mängelbeseitigung gegen die Handwerker durchsetzen.
6. Vereinbaren Sie eine Konventional- oder Verzugsstrafe. Diese sollte in jedem Fall so hoch sein, dass eventuelle Mietmehraufwendungen und Ähnliches ausgeglichen werden.

Die Planung
Ihrer
Immobilie

Grundsätze und Wertigkeit

Bei der Vielzahl von Arbeiten beim Bau eines Einfamilienhauses entstehen durch unklare planerische Vorgaben leicht Fehlplanungen, die zu finanziellen Mehraufwendungen führen. Daher ist es für Sie als Bauherrn besonders wichtig, Ihren Partnern, insbesondere denen, die für die Planung zuständig sind, zielbewusst zu begegnen, denn schließlich sind Sie es, der später in dem Haus leben wird.

Fehlplanungen vermeiden – Geld sparen

Man sagt auch, dass man nur einmal im Leben baut. Die meisten Bauherren müssen sich daher in eine völlig fremde Materie einarbeiten. Dieses Kapitel hilft Ihnen bei der Planung Ihres Hauses und verhindert, dass Ihre Bau*lust* nicht zum Bau*frust* wird.

Eine sinnvolle planerische Gestaltung bedeutet zunächst eine zweckdienliche familiäre Raumanordnung. Außerdem müssen Sie bedenken, dass Experimente in der freien Architektur den Wert Ihrer Immobilie auch mindern können. Diese Aussage soll nicht als Credo für eine langweilige Gestaltung Ihres Wunschhauses verstanden werden. Wir möchten im Folgenden lediglich das Einmaleins des Hausbaus erläutern, damit Sie eine möglichst langlebige Immobilie mit hoher Wertigkeit bauen.

Langlebigkeit und Wertigkeit

Die richtige Hausausrichtung auf Ihrem Grundstück

Bereits durch die Standortwahl und die Projektierung Ihres Hauses wird die Beanspruchung durch Sonne, Wind, seitwärts einfallenden Regen und Auskühlung endgültig festgelegt. Sie sollten möglichst schon bei der Ausrichtung die Aspekte des

Windschutzes, der Beschattung durch Bäume, der Orientierung hinsichtlich der Himmelsrichtung – auf welcher Seite ist die Wetterseite? – usw. berücksichtigen. Eine Südorientierung des Gebäudes erfordert beispielsweise einen wirksamen Sonnenschutz, die Nordorientierung hingegen gleichmäßiges und neutrales Licht durch große Fenster. Je kompakter Ihr Haustyp ist, das heißt, je kleiner die Außenflächen sind, desto besser sind seine wärmetechnischen Eigenschaften.

Der *Wärmeschutz* ist eng verbunden mit dem *Feuchteschutz,* denn Feuchteschäden an Bauteilen sind oft eine Folge mangelnden Wärmeschutzes. Auch wird die Wärmedämmfähigkeit der Baustoffe in hohem Maße durch den Feuchtegehalt der Materialien beeinflußt. Fehlende, unzureichende oder falsch ausgeführte Wärmeschutzmaßnahmen können daher im Zusammenhang mit fehlendem Feuchteschutz zu sichtbaren und unsichtbaren Bauschäden führen.

Auch die Raumanordnung und -ausrichtung innerhalb eines Gebäudes hat je nach Raumnutzung wärmetechnische Auswirkungen. Beheizte (Wohn-) und unbeheizte (Neben-)Räume sollten in Ihrem Haus am besten gruppenweise nebeneinander liegen. Auch kann der Eintritt von kalter Luft leicht durch einen Windfang, der möglichst zur wetterabgewandten Seite des Hauses liegen sollte, vermindert werden.

Wie Sie die Räume Ihres Hauses optimal ausrichten, können Sie unter „Klimatische Lage" (Seite 38 ff.) nachlesen.

Klimagerechtes Bauen

… heißt, in Ihrem Haus eine thermische Stabilität, also einen geringen Wärmeverlust zu erzeugen. Dies erreichen Sie beispielsweise dadurch, dass Sie das Bauwerk von außen gegen störende Wärmeeinwirkungen wie starke Sonneneinstrahlung abschirmen. Durch Baustoffe mit großem Wärmespeicherungsvermögen (günstiger Wärmebehaltung) können Sie erreichen, dass sich Außentemperaturschwankungen möglichst wenig und nur noch phasenverschoben auf das Innenraumklima auswirken.

Geeignete Baustoffe wählen

Energie sparendes Bauen

… ist zugleich klimagerechtes Bauen. Dabei sind jedoch weitere Faktoren zu beachten:

* wirtschaftlich optimale Wärmedämmung
* günstige Gebäudeausrichtung (vgl. Seite 38 ff. zu „sonnigem Bauen")
* wirksamer Sonnenschutz aller südwest- bis westorientierten Außenwandflächen
* große Wärmespeicherung der raumschließenden Bauteile
* Vermeidung von Wärmebrücken (das heißt Wärmeabfluss durch nicht fachgerechte Isolierung)
* keine Heizkörperaufstellung vor Glasflächen mit hohen Wärmeverlusten
* Vermeidung von zu hohen Raumtemperaturen bzw. einer unbeabsichtigten Überheizung
* Einbau von dicht schließenden Fenstern und Türen
* Beachtung von Raumklima und Wohlfühltemperatur

Der Wärmehaushalt des Menschen wird von Wärme und Feuchtigkeit beeinflusst. Das Raumklima ist abhängig vom Bauwerk, von Umwelteinflüssen sowie vom Heizungssystem. Der Mensch fühlt sich dann behaglich, wenn sein „Wärmeregulierungssystem" möglichst wenig beansprucht wird. Die thermische und wohnliche Behaglichkeit wird durch die Lufttemperatur beeinflusst, die möglichst zwischen 18 und 22 Grad liegen sollte. Die Oberflächen der Wände und Decken sollten durch einen entsprechenden Anstrich und eine richtige Isolierung feuchtigkeitsregulierend wirken. Räume sollen sich zwar schnell erwärmen lassen, jedoch nur allmählich auskühlen. Plötzlich eintretende Wärme, z. B. durch Sonneneinstrahlung, darf nicht zu einem Wärmestau führen, sondern soll in die Umgebungsbauteile abfließen. Diese Verhältnisse können erzielt werden, indem Wände und Decken aus Baustoffen mit einem großem Wärmeaufnahme- und Speichervermögen erstellt werden.

Gutes Raumklima

Wirksamer Sonnenschutz

… kann durch innen oder außen liegende Sonnenschutzeinrichtungen erfolgen, wobei der außen liegende Sonnenschutz wirkungsvoller ist. Es geht darum, den Innenraum vor Erwärmung, die Inneneinrichtung vor UV-Strahlen und die Bewohner vor Blendung zu schützen sowie die direkte Sonneneinstrahlung in diffuses Licht umzuwandeln. Ein Sonnenschutz ist also erforderlich, um die belästigenden und schädigenden Einflüsse von zu intensiver Sonnenbestrahlung zu vermeiden.

Schutz vor intensiver Sonnen- einstrahlung

Das Fensterglas lässt bis zu 90 Prozent der kurzwelligen Sonnenstrahlen ungehindert passieren. Im Haus wird diese Strahlung von Fußböden, Wänden und Einrichtungsgegenständen absorbiert und dabei in Wärme umgewandelt. Abgesehen davon können durch die UV-Strahlen Vorhänge, Gardinen, Bezugs- und Dekorationsstoffe sowie Bodenbeläge ausbleichen.

Wie stark die Sonneneinstrahlung auf ein Haus trifft, ist abhängig vom Einfallswinkel, mit dem sie direkt auf die Gebäudeoberfläche trifft. Deshalb ist die Stellung der Sonne, die im Winter sehr viel niedriger ist als im Sommer, für die Stärke der Strahlung ausschlaggebend (vgl. auch Seite 41).

Wirksame Schallschutzmaßnahmen

Extrem hohe Verkehrslärmbelästigungen treten in der Nähe von Verkehrs- und Militärflughäfen mit Strahltriebwerksverkehr sowie an stark belasteten Straßen- und Schienenwegen auf. Genaue Informationen über die tatsächliche Höhe der Verkehrslärmbelästigung können nur durch örtliche Schallpegelregistrierung gewonnen werden.

Wenn Sie in einer Lage bauen, in der mit Lärmbelästigung zu rechnen ist, sollten Sie auf wirksame Schallschutzmaßnahmen achten. Dazu gehört zum einen entsprechendes Mauerwerk: Empfehlenswert sind Mauersteine nach DIN mit möglichst hoher Rohdichtklasse (z.B. Kalksandsteinmauerwerk 30 cm der Rohdichtklasse 2,0). Zum anderen sollten Sie Fenster der Schallschutzklasse 4 einbauen lassen. Das sind Verbundfenster mit besonderer Dichtung, einem Scheibenabstand über 60 mm und einer Verglasung aus Dickglas, die auf einen Richtwert von 40 bis 44 Dezibel (dB) angelegt sind.

Schallschutz durch Mauerwerk und Fenster

Auch der Estrich kann zur Minderung von Körper- und Luftschall beitragen. Er muss dazu die Aufgaben einer biegeweichen Schale übernehmen und darf keinerlei Verbindung mit dem Untergrund, mit tragenden oder trennenden Bauteilen besitzen. Aus schalltechnischen Gründen sollen Estriche auch zwischen verschiedenen Räumen getrennt sein, um Längsleitung zu unterbinden.

Gesundes und familiengerechtes Bauen und Wohnen

Die Wertvorstellungen in Bezug auf gesundes Bauen und Wohnen haben sich im Laufe der Zeit geändert. Eine Untersuchung beim Bundesministerium für Raumordnung, Bauwesen und Städtebau ergab folgende heutige Erwartungen:

* „Gesundes Wohnen ist nicht allein dadurch gewährt, dass Einflüsse, die den Körper schädigen können, abgewehrt werden. Die Wohnung hat eine über das Physische weit hinausgehende Bedeutung als Heim, als Ort des Familienlebens, als ‚schützende Burg‘, als Rückzugsmöglichkeit. Die Wohnung muss deshalb Geborgenheit und Sicherheit vermitteln, aber auch behaglich sein und Wohlbefinden ermöglichen.“

* „In den ‚eigenen vier Wänden‘ lebt die Familie, wachsen Kinder auf und werden für ihre Aufgaben in der Gesellschaft vorbereitet. Die Wohnung und ihr Umfeld müssen deshalb kinderfreundlich sein und müssen Platz für Kinder bieten.“

Wie groß soll Ihre Immobilie sein?

Diese Frage können nur Sie beantworten und alle entscheidenden Angaben müssen von Ihnen kommen. Kein Architekt oder
Planer kennt Ihre persönlichen Wünsche gut genug, um dies für
Sie entscheiden zu können. Lassen Sie sich jedoch nicht durch
unrealistische Wunschträume verführen. Wir nennen Ihnen in
diesem Kapitel die Grundanforderungen an ein vernünftiges
„Raumprogramm", damit Sie realistisch einschätzen können,
welche Räume Sie in welcher Größe benötigen.

**Den persön-
lichen
Raumbedarf
abschätzen**

Die Raumaufteilung

Den unterschiedlichen Wohnvorstellungen und sozialen Bedürfnissen steht eine Vielfalt von Haus- und Wohnformen
gegenüber. Die kulturellen Gewohnheiten und das gesellschaft-
liche Selbstverständnis einer Generation können stagnierend
und verändernd zugleich wirken. Generell aber gilt, dass die
Wohnung einem Menschen sowohl die Kontaktpflege als auch
den Rückzug auf sich selbst ermöglichen soll.

Daher sollten Sie bereits bei der Planung immer im Hinterkopf behalten, welche Räume welchem Zweck dienen, wie groß
sie sein und wo sie liegen sollen.

Wohnungsgröße

Große Wohnungen sind vor allem für Familien mit mehreren
Mitgliedern notwendig. Grundsätzlich möchte heute nicht nur
jeder Erwachsene, sondern auch jedes Kind über ein eigenes
Zimmer verfügen – eine Forderung, die durch die Zunahme an
Freizeit und nicht zuletzt durch lautstarke Hobbys immer

größere Bedeutung erlangt hat. Inwieweit die Erfüllung dieses Wunsches sinnvoll ist, überlassen wir natürlich Ihrem Familienverständnis.

Himmelsrichtung

Für die Nutzung der einzelnen Zimmer innerhalb einer Wohnung ist vorrangig ihre Lage zur Himmelsrichtung maßgeblich. So sollte zumindest der Wohnraum auf der Sonnenseite liegen, denn Sonnenlicht hat auch einen hohen psychologischen Wert: Sonnige Räume erzeugen eine positive Stimmung. In unseren Breiten ist die Sonneneinstrahlung glücklicherweise selten unangenehm, während der heißen Jahreszeit können jedoch ein Sonnenschutz, geeignete Lüftungsmöglichkeiten und die Wärme- bzw. Kältespeicherfähigkeit der Baustoffe von Vorteil sein.

Möglichst sonnige Wohnräume

Der Eingangsbereich

… Ihres Hauses sollte so konzipiert werden, dass Wohnbereich, Küche, Kellertreppe und Obergeschoßtreppe ohne Umwege erreichbar sind. Er sollte möglichst an der von der Wetterseite abgewendeten Seite des Gebäudes liegen. Ein Windfang oder ein kleiner Flur verhindert beim Öffnen der Haustür, dass kalte Luft ungehindert ins Haus strömt und einen unnötigen Energieverlust verursacht.

Ein funktionaler Eingangsbereich

Der Flur

… bzw. die Diele ist der Mittelpunkt des Hauses. Von hier aus sollten alle Räume in dem jeweiligen Geschoß erreichbar sein. Planen Sie diesen Bereich möglichst hell und gestalten Sie ihn großzügig – schließlich vermittelt er den ersten Eindruck von Ihrem Haus. An den Flurbereich bzw. an die Diele schließt sich das Treppenhaus an. Eine weitere Möglichkeit besteht

Ein großzügiger Flur

darin, dass Sie die Treppe als weiteren Blickpunkt in der Diele unterbringen.

Der Wohnbereich

… sollte zur Sonnenseite, das heißt in Richtung Süden, liegen. Dadurch erhält Ihr Wohnbereich im Sommer ein Minimum und im Winter ein Maximum an Sonnenlicht (vgl. Seite 41). Eine direkte Verbindung ins Freie (Garten, Terrasse, Wohnbalkon) ist zu empfehlen. Mit einem überdachten bzw. verglasten Anbau – auch Wintergarten – erhöhen Sie den subjektiven Wohnwert Ihrer Immobilie, der sich möglicherweise bei einem Verkauf auch im Preis niederschlagen kann. Grundsätzlich sollte Ihr Wohnraum weit und heiter, aber dennoch gemütlich wirken. Gestalten Sie ihn zwar so groß wie möglich, aber achten Sie auch auf vernünftige Proportionen zu den anderen Räumen.

Vernünftige Proportionen im Wohnbereich

Die Schlafzimmer

… sollten möglichst im ruhigsten Bereich der Wohnung liegen (am besten auf der Ostseite) und vor akustischen und optischen Störungen von außen geschützt sein. Sie müssen so bemessen sein, dass die Betten nicht längs einer Außenwand, das heißt an einer Wandfläche mit der niedrigsten Temperatur, aufgestellt werden müssen. An solchen Wandflächen treten relativ kalte Luftströme auf, die bei Berührung des ungeschützten Kopf- und Halsbereiches schnell zu Erkältung und rheumatischen Erkrankungen führen können.

Ruhige Schlafzimmer

Das Esszimmer

… oder die Essecke sollte immer in naher Verbindung zur Küche liegen. Eine Lüftungsanlage, die sich bei der Planung ohne großen Aufwand mit berücksichtigen lässt, vermeidet, dass Essengerüche ins Esszimmer gelangen.

Verbindung zur Küche

Die Küche

Die Küche in Nordrichtung

… sollte eine günstige Lage zum Eingang des Grundstückes, zum Wohnbereich und Esszimmer haben. Es empfiehlt sich, die Küche nach Norden hin auszurichten. Des Weiteren sollte der Blick auf den Kinderspielplatz und das Kinderzimmer frei sein, damit die Eltern ihre Kinder sicherheitshalber im Blick behalten können.

Der Hausarbeitsraum

… liegt wegen der Haustechnik meist neben der Küche oder dem Bad. Planen Sie aber grundsätzlich nach Ihren individuellen Bedürfnissen – Sie bauen wahrscheinlich nur einmal im Leben ein Haus.

Die Kinderzimmer

Genug Platz für die Kinder

… liegen nach Süden oder Südosten mit der angenehmen Wintersonne. Günstig ist, wenn Kinderzimmer so angeordnet sind, dass Ihre Kinder tagsüber am allgemeinen Familienleben teilnehmen können und nicht das Gefühl haben, in den Schlaftrakt „abgeschoben" zu sein. Achten Sie darauf, Kinderzimmer nicht zu klein zu planen. Außerdem sollten Sie sich überlegen, inwieweit später Möglichkeiten bestehen, Ihren heranwachsenden Kindern ein größeres Zimmer im Haus anzubieten.

Insgesamt ergibt sich folgender Raumaufwand in der Planung Ihres Hauses:

Hauptbereiche	Weitere Unterteilung
Eingang mit Vorplatz, Windfang	Garderobe, WC-Gästedusche, Nische mit Waschbecken
Treppenflur, Dielen	Treppe zum OG, Treppenhaus, Flure, Kellertreppe
Wohnraum, Empfangszimmer	Arbeitszimmer, Bibliothek, Musikzimmer
Küche, Kochnische, Wohnküche	Spülküche, Wirtschaftsraum/ Haushaltsraum, Durchreiche zum Essraum, Speisekammer
Essplatz, Essdiele	Esszimmer, Frühstückszimmer
Terrasse, Freisitz (Balkon oder Loggia)	Veranda, Wintergarten
Nebenräume	Besenkammer, Hobbyraum, Wasch- und Bügelzimmer
Elternschlafzimmer, Kinderschlafzimmer, Gästezimmer	Ankleidezimmer
Bad, WC	Duschraum, WC mit Bidet, zweites Bad
Untergeschoss	Heizung, Brennstofflager oder Tankraum
Wirtschaftsraum	Trockenraum, Bügelraum, Nähzimmer
Hobbyraum	Werkstatt, Tischtennis, Eisenbahn, Kicker
Freizeitraum	Sauna mit Tauchbecken + Umkleideraum, Dusche, WC
Nebengebäude	Garage, Abstellraum, Kfz-Einstellplätze, Bastelraum, Geräteraum

Die richtige Quadratmeterkalkulation

Sie sollten vor allem die Raumgrößen vernünftig planen, denn jeder Quadratmeter Wohnfläche kostet Sie ca. 2.300,– DM. Als ersten Ansatzpunkt für die Berechnung hier eine Übersicht der durchschnittlichen Größen der einzelnen Räume:

Durchschnitt-liche Raum-größen

Raum	Größe
Eingang, Windfang, Kellereingang	ca. 3 m^2
Garderobe, WC + Waschbecken, Besenschrank	ca. 4,5 m^2
Diele mit Essplatz	ca. 15–16 m^2
Einbauküche (zweizeilig) und belüfteter Speiseschrank	ca. 10 m^2
Bad mit zwei Waschbecken	ca. 7 m^2
Kinderschlafzimmer	ca. 16 m^2
Elternschlafzimmer	ca. 15–17 m^2
Wohnraum	ca. 25–30 m^2

Die finanzielle Ausgangsbasis

In erster Linie ist bei der Festlegung der Flächen Nüchternheit und exaktes Kalkulieren ausschlaggebend. Wünsche, die tatsächlichen Bedürfnisse, die zur Verfügung stehenden finanziellen Mittel und die Belastung durch die anstehende Rückzahlung müssen in ein vernünftiges Verhältnis zueinander gebracht werden. Denken Sie in jedem Fall daran, dass auch kleine bauliche Mehraufwendungen sich zu beträchtlichen Summen aufaddieren können.

Unser Tipp: Als Erstes sollten Sie nach wirtschaftlichen Gesichtspunkten ein auf Ihre Bedürfnisse ausgerichtetes, vollständiges „Raumprogramm", das heißt die Einteilung und Ausstattung der Räume, erstellen und vorläufig auf zusätzliche, kostspielige Extras verzichten. Dabei dürfen natürlich elementare Lebensnotwendigkeiten wie die Zahl der Schlafräume nicht berührt werden. Außerdem gibt es viele Bauvarianten, die einen späteren Ausbau erlauben. Verzichten Sie beispielsweise vorerst auf die zweite Garage, auf eines von zwei Bädern, auf Wandschränke, Parkettböden und aufwendige Fliesenarbeiten. Wichtiger als eine aufwendige Planung ist zunächst eine durchführbare und bezahlbare Planung!

Ein erster Grundriss der Raumaufteilung muss Ihnen Klarheit darüber geben, mit welchen Kosten Sie zu rechnen haben. Bei der Planung der Wohnflächen sollten Sie nicht nur auf Ihre momentanen Bedürfnisse achten, sondern auch Ihre Familienplanung der nächsten Jahre mit berücksichtigen.

Langfristig planen

Die Haustypen
und Ausbauvarianten

Aufgrund zunehmender Knappheit freier Grundstücksflächen und aufgrund wirtschaftlicher Erwägungen nehmen die Gestaltungsmöglichkeiten beim privaten Hausbau immer mehr zu. Während noch vor 10 Jahren das frei stehende Einfamilienhaus mit einer Vollunterkellerung auf einem Grundstück von 850 m² die Regel war, kann es heute durchaus vorkommen, dass auf demselben Grundstück ein Reihenhaus mit drei Wohneinheiten entsteht. Dabei entfällt aus wirtschaftlichen Überlegungen eventuell der Keller, der durch ein Vorhaus oder Gartenhaus ersetzt wird. Im Folgenden haben wir Ihnen eine Auswahl der gängigsten Hausarten zusammengestellt.

Das Fertighaus

Heutzutage werden Selbstbausysteme und Bausätze für ein gesamtes Haus einschließlich Keller im Handel angeboten. Ein schlüsselfertiges Haus mit 119 m² Wohnfläche ohne Keller ist schon für unter 240.000,– DM erhältlich; die tatsächlichen Fertigungskosten belaufen sich in solchen Fällen auf ca. 1.500,– DM/m². Allerdings wurden dabei der Grundstückspreis und die Hausanschlusskosten sowie die Kosten für die Außenanlage nicht berücksichtigt. Vor der ernsthaften Erwägung solcher Angebote ist es jedoch ratsam, einige Punkte zu klären. Zu diesen Punkten zählen:

Preiswert bauen mit fertigen Bausätzen

* die Genehmigungsfähigkeit bezüglich der Größe
* die Abstandsfläche zum Nachbarn
* die zulässige und angebotene Geschosshöhe

* die Dachform und das Dachdeckungsmaterial
* der Grundriss nach individuellen Bedürfnissen unter Beachtung der Grundstücksgröße, der Himmelsrichtung, der Gartennutzung usw.

Um einen tatsächlichen Kostenvergleich zwischen verschiedenen Angeboten oder auch zu einem konventionell erstellten Haus herzustellen, sollten Sie bei der Prüfung vor allem auf Folgendes achten:

Kriterien für einen Angebotsvergleich

* den Lieferungs- und Leistungsumfang einschließlich Ausstattung
* die Art und Qualität der Konstruktionen
* die Solidität der Verarbeitung
* die Güte der Ausstattung
* die Beleihungsmöglichkeit
* die Möglichkeit der Eigenleistung, z. B. bei Kelleraushub, Anstricharbeiten, Bodenbelagsarbeiten, Installation und Anlegen der Außenanlagen (wie z. B. der Hof- und Garageneinfahrt, der Stützmauern und Stützeinrichtungen, des Mutterbodenauftrags, der Terrassenanlagen, des Rasens, der Sträucher, der Baumbepflanzung)

WICHTIG

Ein Festpreis für ein schlüsselfertiges Haus kann nur bei Festlegung sämtlicher Details als verbindlich vereinbart werden. Terminangabe, Lieferzeit, Bauzeit mit oder ohne Keller sind vertraglich festzuhalten. Da besondere Wünsche besondere Preise verursachen, sollten Sie sich um eine frühzeitige Festlegung bemühen. Die Gewährleistung erfolgt nach VOB (Verdingungsordnung für Bauleistungen) oder BGB.

Bedenken Sie auch eine spätere Ergänzungsmöglichkeit oder einen Umbau, z. B. die Einrichtung einer Einliegerwohnung nach Auszug der Kinder oder den Einbau einer Sauna und eines Schwimmbades (zusätzliche Installationen vorsehen!).

Was ist im Preis inbegriffen? Beim Preisvergleich verschiedener Angebote ist auch darauf zu achten, welche Leistungen im Preis inbegriffen sind. Einzelne Vergleichspunkte sind:

* die Kosten für den Bauantrag
* die Genehmigungskosten
* die Statik
* die Bauüberwachung
* die Kosten für den Bodenaushub
* die Kosten für den Keller
* die Lieferung des kompletten Hauses einschließlich Transport, Montage und Kosten für den Kran
* Gehalt und Übernachtungskosten der Monteure, die das Haus zusammensetzen
* die Kosten der Hausanschlüsse (Gas, Wasser, Strom usw.)
* die Kosten für die Installation, Kücheneinrichtungen und die Rolläden.

Fertighäuser für Behinderte

Es gibt auch Fertighäuser, die – zumindest teilweise – behindertengerecht gebaut sind. Folgende Voraussetzungen gelten dafür:

Ausstattungs-anforderungen
* Der Eingang muss stufenlos sein.
* Breite Türen werden eingebaut.
* Die Räume werden großzügig geschnitten, damit Wendeflächen für Rollstühle zur Verfügung stehen.
* Die Fenster haben niedrige Brüstungen.

- ✖ Die Kücheneinrichtungen sind höhenverstellbar.
- ✖ Die Bodenbeläge sind rollstuhlgeeignet und rutschfest.
- ✖ Spezialschalter für Elektroinstallation werden eingebaut.
- ✖ Türen und Fenster haben Spezialbeschläge.
- ✖ Spezialbadewannen und -armaturen werden eingebaut.
- ✖ Die Art und Anbringung der Briefkästen ist behindertengerecht.
- ✖ An Umsteigehilfen für Rollstuhlfahrer und andere Behinderte wird gedacht.

Dabei dürfen auch die Ansprüche der nichtbehinderten Mitbewohner des Hauses nicht vernachlässigt werden. Außerdem sollte den Behinderten nicht durch ein Übermaß an technischen Vorkehrungen das Zurechtfinden außerhalb des Hauses in einer anderen Umgebung erschwert werden.

Das Ausbauhaus

… wird von der Fertighaus-Industrie neben den schlüsselfertigen Häusern angeboten, um Kosten sparende Eigenleistungen durch den Bauherrn zu ermöglichen. Bei Beurteilung der Angebote und Einschätzung der eigenen Leistung sind u. a. die Abgrenzung der Leistungen, die Bauanleitung, die Finanzierung, die Gewährleistung und die Versicherung zu beachten.

Durch Eigenleistung günstiger bauen

Das Selbstbauhaus

… als Selbstbausystem für Ein- und Zweifamilienhäuser ist mit mehreren Haustypen und zahlreichen Variationsmöglichkeiten oder individuell auf die Wünsche des Bauherrn zugeschnittenem Bausatz bundesweit lieferbar. Die Lieferung erfolgt einschließlich Serviceleistungen wie Bauanleitung, Klärung der Voraussetzungen zur Erteilung der Baugenehmigung und Einweisung und Beratung während der Bauzeit. Einige Firmen stellen sogar örtliche verantwortliche Bauleiter zur Verfügung. Die Betreuungsarbeiten sind in einem Kunden-Checkheft aufgeführt. Bei einem Selbstbauhaus wird ein großer Anteil der Gesamtbaukosten durch Eigenleistung eingespart. Eigenleistungen werden bei der Finanzierung wie Eigenkapital bewertet. Lieferumfang und Wünsche sind wie bei dem oben erwähnten Fertighaus vertraglich genau festzulegen.

Unterstützung durch örtliche Bauleiter

Grundsätzlich sollten Sie bei allen Haustypen auf kostengünstiges Bauen und die Berücksichtigung Ihrer persönlichen Bedürfnisse achten. Unkomplizierte Gebäudestrukturen und Dachformen sowie die Anwendung bewährter Baukonstruktionen mit einfachen Roh- und Ausbaudetails tragen zur Kostenersparnis bei; eine sorgfältige Prüfung des Grundrisses auf seine Funktionalität ist die Basis für ein individuell „passendes" Haus. Wirtschaftlich sind außerdem Deckenspannweiten bis 4,6 Meter; empfehlenswert ist die Verwendung vorgefertigter Bauteile und Bauelemente aus dem Fachbaustoffhandel.

Die verbreitetsten Haustypen, frei stehendes Haus, Reihenhaus und Doppelhaus, möchten wir Ihnen nun anhand von Bauzeichnungen etwas ausführlicher vorstellen. Sie können sich auf diese Weise gleich mit dem Lesen solcher Zeichnungen vertraut machen.

Das frei stehende Haus

... ermöglicht Ihnen eine völlig unabhängige Nutzung und schließt gegenseitige Belästigung verschiedener Bewohner in einem Haus weitgehend aus. Terrasse und Garten erweitern Ihren Freiraum. Ihr Haus ist unter Beachtung der Bebauungsvorschriften weitgehend invididuell gestaltbar, das heißt Sie können Grundrissgestaltung wie auch äußere Formgebung optimal auf eigene Bedürfnisse und Ihren Geschmack abstimmen. So können Sie beispielsweise die Dachform frei wählen, ein- oder zweigeschossig bauen, entscheiden, ob Sie Dachgauben oder Dachfenster vorziehen oder ob Sie einen Erker möchten; Sie können die Unterbringung Ihres Fahrzeuges frei wählen (Einstellplatz, Betonfertiggarage oder Carport) usw. Die Gestaltungsmöglichkeiten bei individueller Bauweise sind enorm groß.

Individuelle Gestaltung

Sie müssen jedoch eine Mindestgrundstücksfläche von etwa 500 m^2 einkalkulieren, um Ihre Wünsche unter Einhaltung der erforderlichen Grenzabstände verwirklichen zu können. Außerdem müssen Sie mit höheren Baukosten rechnen, da Sie – anders als beim Reihen- oder Doppelhaus – die vier Außenmauern sowie sämtliche Erschließungskosten alleine zahlen.

Grundstücksbedarf

Im Folgenden ein Beispiel für ein individuell gestaltetes frei stehendes Haus mit großen Hobbyraum im Kellergeschoss, großzügig bemessenem Esszimmer und Extra-Dusche im Erdgeschoss und Schlafbereich im 1. Stock.

Frei stehendes Haus/Nord-Ost

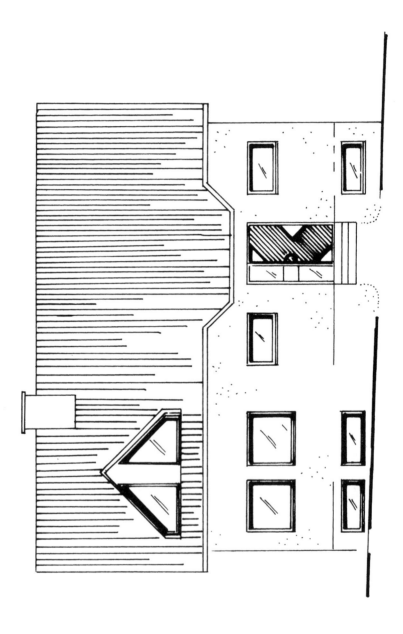

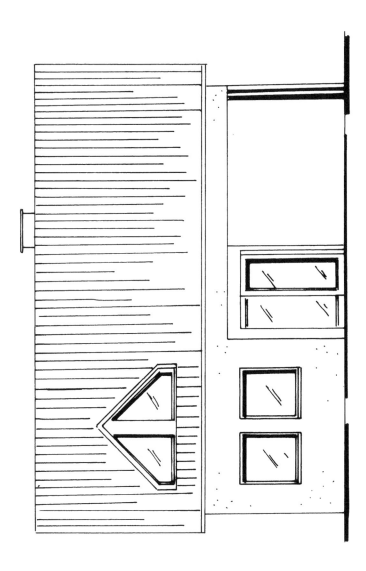

Frei stehendes Haus/Nord-West

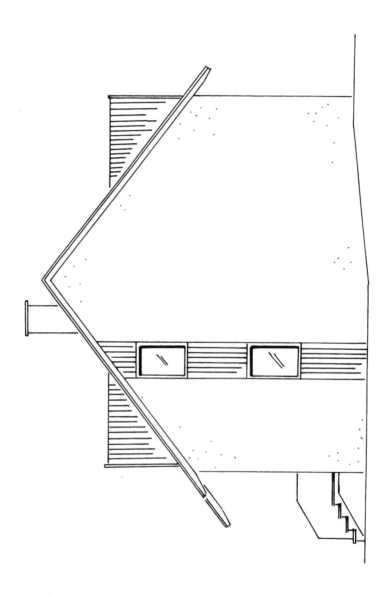

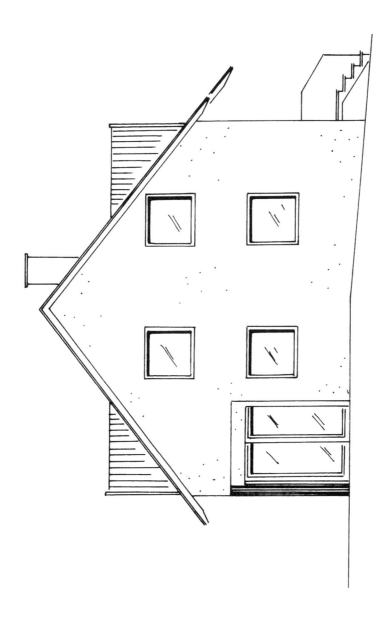

Frei stehendes Haus/Querschnitt

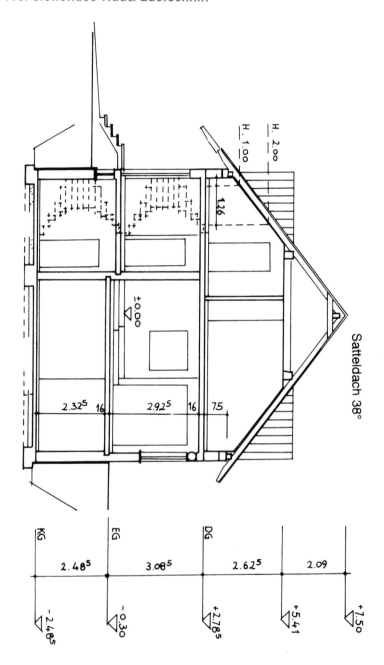

Frei stehendes Haus/Kellergeschoss

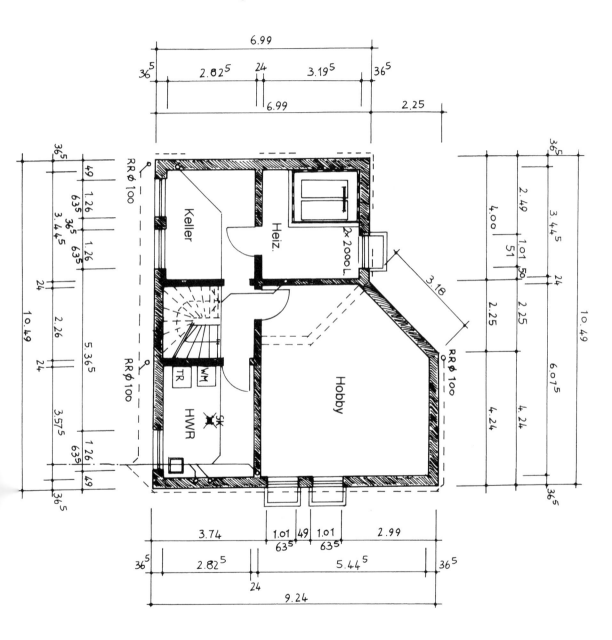

Frei stehendes Haus/Erdgeschoss

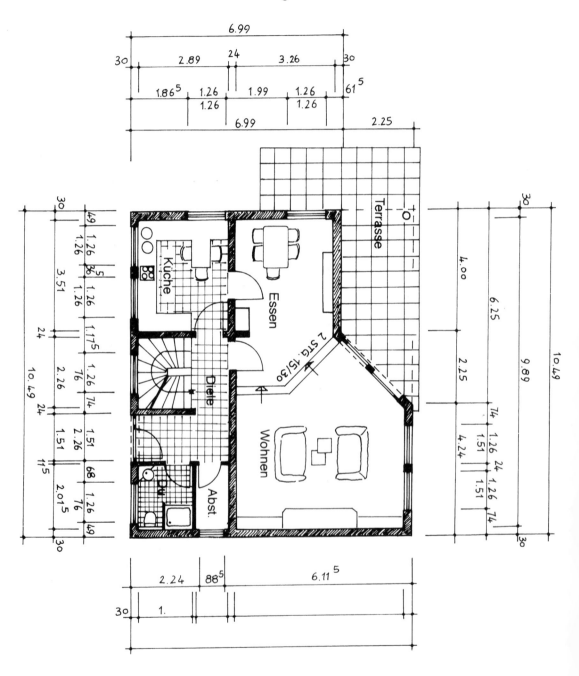

Frei stehendes Haus/Dachgeschoss

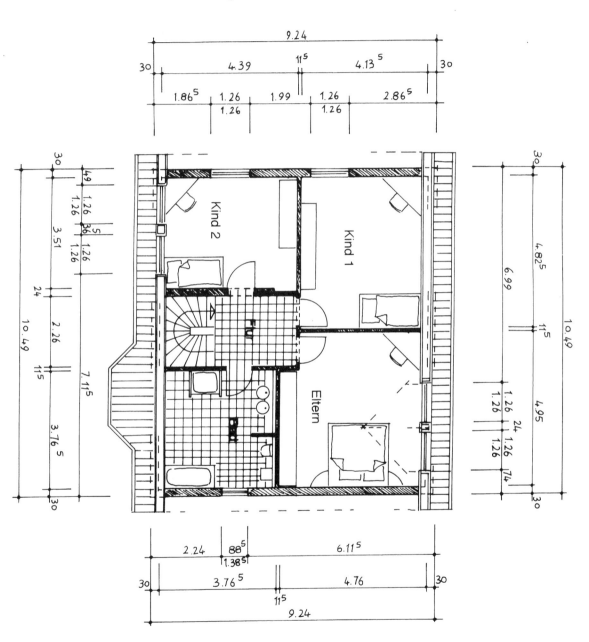

Das Reihenhaus

… ist eine preisgünstige Wohnform und hat gegenüber einem frei stehenden Haus beispielsweise den Vorteil geringerer Energie- und Herstellungskosten. Es zeichnet sich durch eine kompakte und familiengerechte Bauweise aus.

Ein Reihenhaus hat den geringsten Grundstücksflächenbedarf. Grundsätzlich werden Reihenhäuser, um Kostengünstigkeit zu erreichen, ca. 6 Meter breit und mit einer Bauwerkstiefe von 12 Metern errichtet. So ist es ohne weiteres möglich, bei einer zweigeschossigen Bauweise mit separater Garage mit einer Fläche von 200 m^2 auszukommen. Sie haben jedoch direkte „Wandnachbarn", wobei Sie in jedem Fall auf ein ausgeglichenes Familienumfeld in der Nachbarschaft achten sollten.

Geringere Kosten, höhere Standardisierung

Da Reihenhäuser meist von Wohnungsbaugesellschaften errichtet werden, sind Raumaufteilung und Raumausstattung meist standardisiert und bieten wenig Möglichkeit, Ihrer Fantasie freien Raum zu lassen. Dennoch: Bei hohem Familienwohnwert stellen Reihenhäuser die wirtschaftlichste Form eines Eigenheimes mit Garten dar. Eine typische Reihenhausanlage finden Sie mit folgenden Planungsskizzen.

Reihenhaus/Nord-Ost

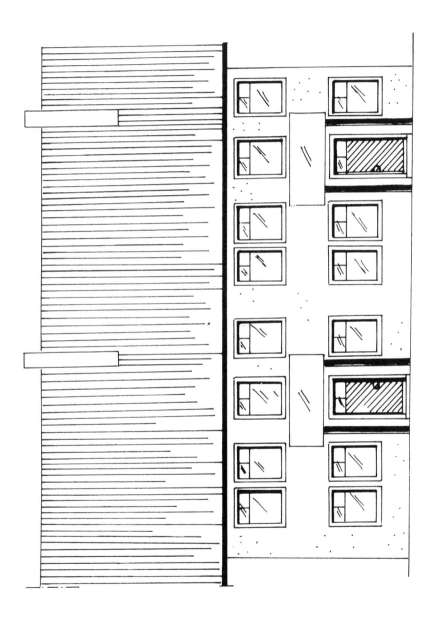

Reihenhaus/Süd-West

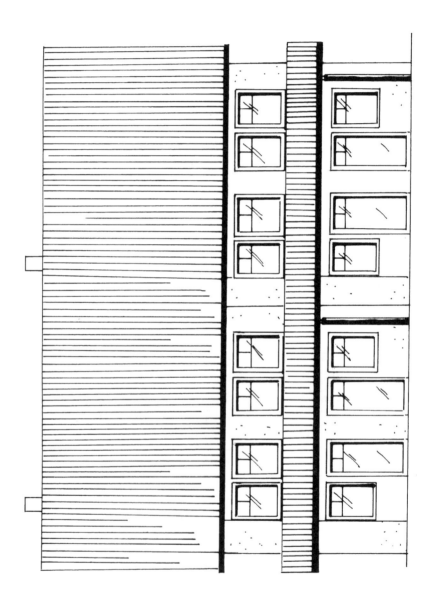

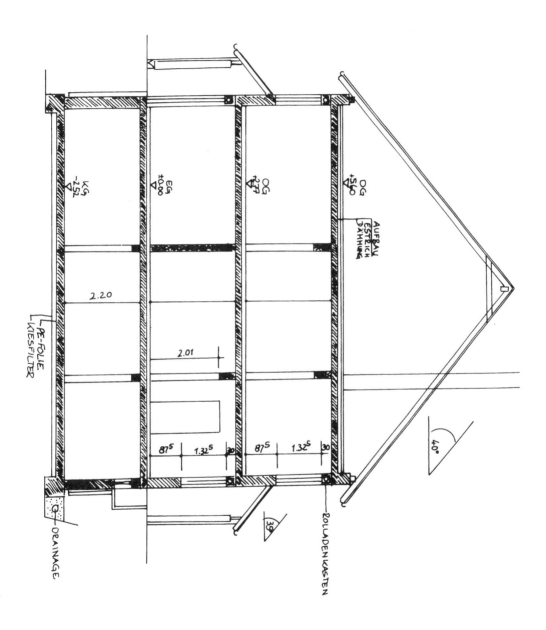

Reihenhaus/Kellergeschoss

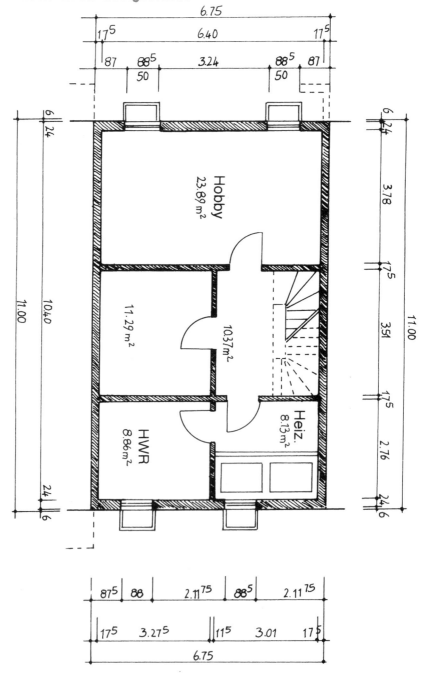

Reihenhaus/Erdgeschoss

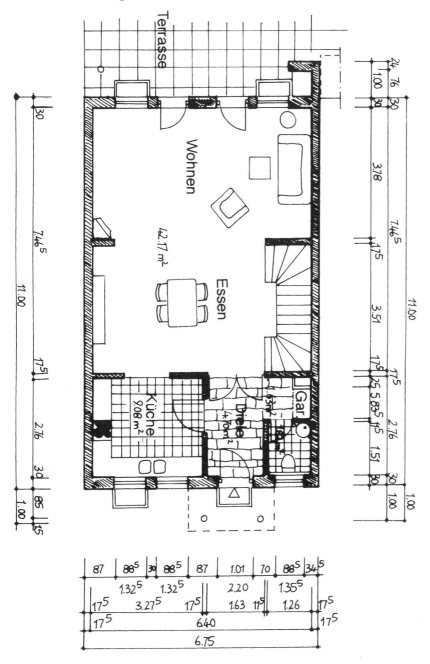

Reihenhaus/Dachgeschoss

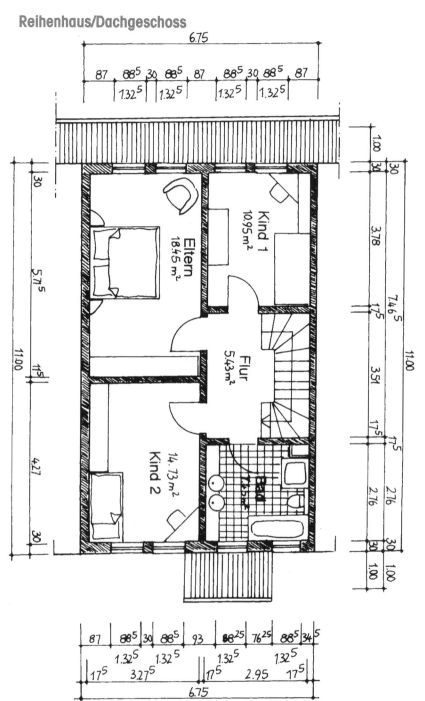

Das Doppelhaus

… hat immer nur drei Außenseiten. Das verringert wie beim Reihenhaus die Baukosten, hilft Energie sparen und erfordert daneben auch eine geringere Grundstücksbreite als beim frei stehenden Haus.

Ein Doppelhaus bietet Ihnen eine weitgehende Freiheit der Grundrissgestaltung und ausreichende Anpassungsfähigkeit hinsichtlich der Besonnung. Es ist jedoch in jedem Fall eine einheitliche Architektur der Doppelhaushälften notwendig. Da Doppelhäuser sehr häufig von Wohnungsbaugesellschaften hergestellt werden, sollten Sie bei der Planung und Herstellung mehrerer Haustypen darauf achten, dass die Wohnungsbaugesellschaft auch einmal andere „Gesichter" in die Fassadengestaltung einbringt.

Mehr Gestaltungsfreiheit als beim Reihenhaus

An Verbreitung gewinnt das Doppelhaus zur Verdichtung bestehender städtischer Grundstücke. Es zeichnet sich durch separate Eingänge und individuelle Gestaltungsmöglichkeiten (etwa Souterrainwohnungen, Dachausbau) aus. Das Ausmaß an Privatsphäre entspricht nahezu dem eines Einfamilienhauses. Doppelhäuser mit Einfamiliencharakter stellen daher eine wirtschaftliche und bezahlbare Alternative zum frei stehenden Einfamilienhaus dar. Zielgruppe sind junge Familien mit überdurchschnittlichem Einkommen.

Ein Beispiel für ein Doppelhaus möchten wir Ihnen nachstehend vorstellen.

Doppelhaus/Nord-Ost

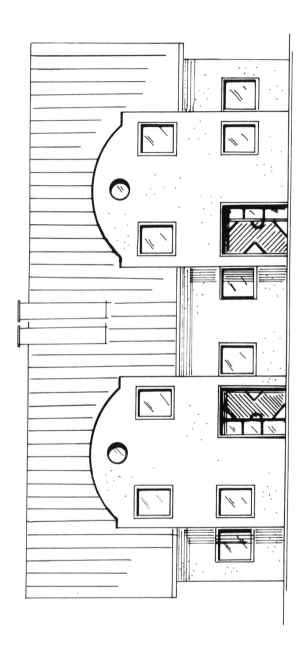

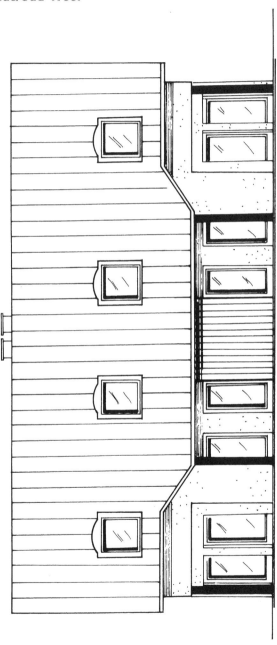

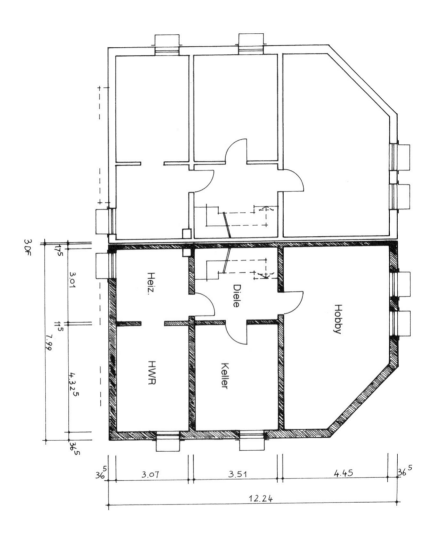

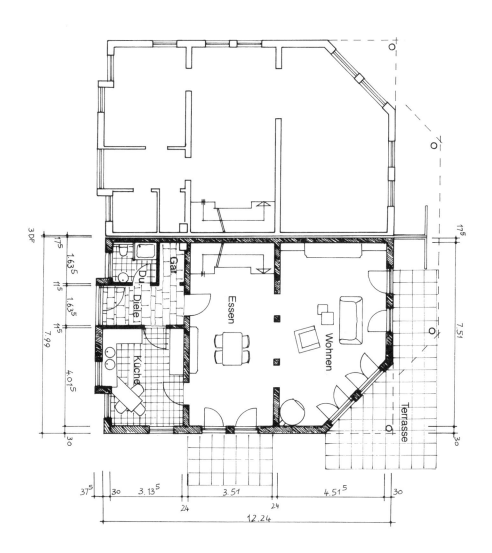

Doppelhaus/Dachgeschoss

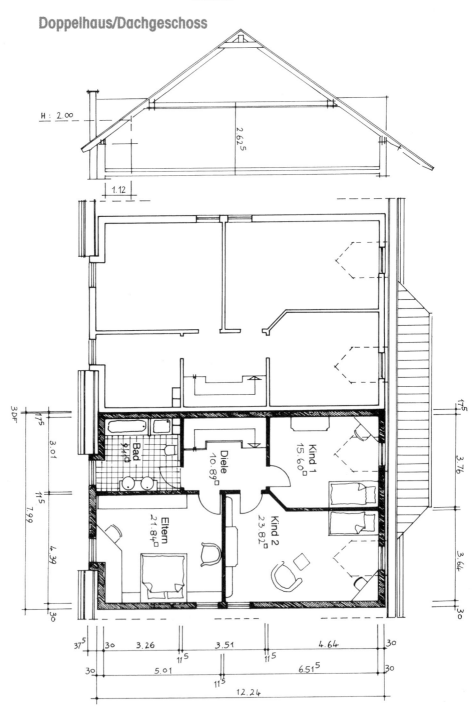

H : 2.00

2.62⁵

1.12

3 DF

17⁵

3.01

11⁵

7.99

4.39

3⁰

Bad
9.4⁰

Diele
10.89⁰

Eltern
21.84⁰

Kind 1
15.60⁰

Kind 2
23.82⁰

17⁵

3.76

3.64

3⁰

37⁵ 3⁰ 3.26 3.51 4.64 3⁰

11⁵ 11⁵

3⁰ 5.01 6.51⁵ 3⁰

11⁵

12.24

Das schlüsselfertige Massivhaus

... ist in Planung und Grundriss z.T. standardisiert und daher oft preiswerter als individuell geplante und erstellte Häuser. Eine Anpassung der Ausstattung an Käuferwünsche ist meist möglich. Das Haus wird in der Regel durch einen Bauträger, Generalübernehmer oder Bauunternehmer schlüsselfertig erstellt. Daher haben Sie nur einen Vertragspartner (vgl. auch Seite 99 ff.).

Diese Art des Bauens verbindet die Vorteile der industriellen Fertigung mit der Möglichkeit handwerklicher Arbeit. Durch Ausnutzung und Koordination von konventionellen und moder-nen Produktionsverfahren kann das schlüsselfertige Massiv-haus trotz Typenstandardisierung Ihren eigenen Vorstellungen angepasst werden. Mit anderen Worten: Spezielle Kunden-wünsche können berücksichtigt werden. Dazu zählen beispiels-weise große Terrassen und Loggien, Dachgärten, offene Kamine, Schwimmhallen, Nutzung des Untergeschosses und Dachgeschosses zu Wohn- und Hobbyzwecken, mehrgeschos-sige Bauausführung und behindertengerechte Ausstattung. Für die Auswahl und die Festlegung des Lieferumfanges und auch für die behindertengerechte Planung gelten dieselben Aus-führungen wie für ein Fertighaus (vgl. Seite 130 ff.).

Berücksich-tigung individueller Vorstellungen

Das Fachwerkhaus

... wird individuell von Spezialfirmen geplant und erstellt, auch nach Angaben, Grundrissen und Beschreibungen, die der Bauherr vorgibt. Es gleicht leistungsumfangsmäßig von der Planung über die Bauantragsstellung bis zur Bauübergabe dem Fertighaus.

Das Holzblockhaus

… im Einfamilienhausbau wird von Spezialfirmen erstellt. Die Außenwände werden als Vollblockwand mit Holzdicken von 14 cm und mehr oder als mehrschichtige Konstruktionen ausgeführt. Die Balken werden durch mehrfache Nut- und Federanordnung miteinander verbunden. Die Innenwände bestehen aus vorgefertigten Wandtafel-Holzelementen oder aus Vollholz, wobei eine zusätzliche Wärmedämmung nicht erforderlich ist. Die Herstellung erfolgt weitgehend aus einheimischen Nadelhölzern wie Fichte, Kiefer, Lärche oder Douglasie.

Für die Auswahlkriterien und Entscheidungen gelten sinngemäß die gleichen Voraussetzungen wie beim o. a. Fertighaus.

Der Kauf einer gebrauchten Immobilie

Empfehlenswert: Begutachtung durch einen Architekten

… ist eine Alternative zum Neubau. Ziehen Sie in diesem Fall einen Architekten zurate, da er begutachten kann, ob das Haus Ihren Wünschen nach Gestaltung und Grundriss entspricht und ob der Preis im Vergleich zur Leistung angemessen ist.

Beachten Sie beim Erwerb folgende Punkte:

* den baulichen Zustand des Hauses: Dach, Wärmedämmung der Außenwände, Fenster, Heizungsanlage, Decken, eventuell Schwamm, Anstriche, Installationen usw.
* die Höhe der sofort oder in absehbarer Zeit aufzuwendenden Mittel für Renovierung und Instandsetzung
* die Lage der Räume und des Gartens in Bezug auf Himmelsrichtung und Nachbarschaft, Lärm (Straßenverkehrsmittel, Betriebe) und Geruchsbelästigung (Industrie, Klärwerk)
* die Nähe zu Geschäften, zu Verkehrsmitteln, zur Arbeitsstätte und zur Schule

- die Möglichkeiten zusätzlicher Baumaßnahmen (Umbau, Garage usw.). Befragen Sie gegebenenfalls die Bauaufsicht, ob geplante Maßnahmen möglich und genehmigungsfähig sind und ob das Haus eventuell unter Denkmalschutz steht.
- die Notwendigkeit der Abtretung von Straßenland bei eventuell geplanter Straßenverbreiterung. Fragen Sie das Tiefbauamt!
- die Belastung des Grundstücks (Hypotheken, Rechte Dritter am Grundstück usw.)
- die Höhe der bezahlten oder zu erwartenden Anliegerkosten
- die Angemessenheit des Erwerbspreises, der durch den Architekten oder einen Sachverständigen ermittelt wird

Was sollten Sie vor dem Kauf klären?

Alle diese Faktoren beeinflussen die Wirtschaftlichkeit des Objektes. Der Kaufvertrag muss notariell beurkundet werden.

Grundrissänderungen bringen mehr Wohnqualität und die Anpassung an die tatsächlichen Bedürfnisse des Hauskäufers. Auch hier sollte ein Architekt hinzugezogen werden, da die Baumaßnahmen eventuell genehmigungspflichtig sind und spezielle Fachkenntnisse, z. B. über tragende Bauteile, erfordern.

Aufwand nicht unterschätzen

WICHTIG

Die Grundrissänderung macht aus einem Altbau in seinen funktionellen Abhängigkeiten und Zuordnungen einen Neubau, das heißt, dass so viele Anforderungen in Bezug auf das Baurecht und die Baunorm beachtet werden müssen, dass der Aufwand dem eines völligen Neubaus entspricht. Es gelten also die gleichen Voraussetzungen wie bei einem Neubau, wobei die örtlichen Gegebenheiten manchmal eine optimale Durchführung behindern können. Beim Umbau ist zu prüfen, ob nicht zusätzliche schall- und wärmetechnische Maßnahmen erforderlich sind.

Die Eigentumswohnung

… ist eine erwägenswerte Alternative, wenn Sie gerne zentral in einer Stadt leben möchten, keinen so großen Platzbedarf haben, dass sich für Sie der Bau eines Hauses lohnen würde, oder wenn Ihre finanzielle Situation Ihnen keine andere Wahl lässt. Eigentumswohnungen sind im Vergleich zu Häusern zu einem geringeren Gesamtkaufpreis zu erwerben, da sich die anfallende Grundbelastung auf alle Miteigentümer verteilt. Für die Lage des Grundstückes, den Zustand usw. gelten die gleichen Überlegungen wie beim Grundstücks- oder Hauskauf. Der Preis der Eigentumswohnung richtet sich u. a. auch nach der Ausstattungsstufe (z. B. einfache oder sehr gute Küchenausstattung).

Aufteilung der Grundbelastung

Laut Wohnungseigentumsgesetz (WEG) ist Wohnungseigentum das *„Sondereigentum"* an einer Wohnung in Verbindung mit dem *„Miteigentumsanteil"* am gemeinschaftlichen Eigentum (z. B. dem Dach oder dem Treppenhaus), zu dem es gehört.

„Sondereigentum" sind all jene Räume einschließlich der dazugehörigen Bestandteile (wie z. B. Türen), die verändert werden können, ohne dass gemeinschaftliches Eigentum oder die Rechte eines anderen Miteigentümers übermäßig beeinträchtigt werden. Auch das Äußere des Gebäudes darf nicht verändert werden. Zum Sondereigentum gehören aber nicht die Teile des Hauses, die für dessen Bestand und Sicherheit erforderlich sind, die Anlagen und Einrichtungen, die allen Eigentümern gleichermaßen zur Verfügung stehen sollten, und das Grundstück selbst, das Gemeinschaftseigentum ist.

Was darf verändert werden?

Die so genannte *„Teilungserklärung"* regelt die Höhe der Miteigentumsanteile, die Abgrenzung und Zuordnung von Sonder- und Gemeinschaftseigentum sowie den Gebrauch und die Nutzung dieser Eigentumsanteile. Zur Teilungserklärung gehört ein Aufteilungsplan. Entscheidungen, die sich auf das

Gemeinschaftseigentum oder das Gebäude als Ganzes beziehen, z. B. Instandhaltungsarbeiten und eine Modernisierung der Heizungsanlage, sind grundsätzlich von allen Eigentümern zusammen zu treffen.

Das Verhältnis der Wohnungseigentümer untereinander wird durch die Gemeinschaftsordnung geregelt. Die Verwaltung des gemeinschaftlichen Eigentums erfolgt in der Regel durch einen von den Eigentümern zu bestellenden Verwalter.

Der Anbau

… an ein vorhandenes Haus kann zur Wohnraumerweiterung, zur Errichtung eines Schwimmbades oder einer Garage, aber auch eines Wintergartens erfolgen. Die Planung erfolgt zusammen mit einem Architekten, wobei insbesondere die Genehmigungsfähigkeit und eventuell die Gestaltungsauflagen der Baubehörden rechtzeitig zu klären sind.

Genehmigung erforderlich!

Der Dachausbau

… bietet eine preiswerte Erweiterung der Wohnfläche, da hierbei kein zusätzlicher Grundstücksbedarf entsteht. Neuartige hydraulische Verfahren ermöglichen es Ihnen, Ihr Dach „abheben", also höher setzen zu lassen, und so beträchtlichen Wohnraum hinzuzugewinnen.

„Abheben" des Daches

Ein Dachgeschoss in einen interessanten Wohnbereich umzuwandeln, ist eine reizvolle architektonische Aufgabe. Die Möglichkeiten, Dachkonstruktionen sichtbar zu machen und Pfosten, Streben und Balken als Gestaltungsmerkmale oder Raumteiler zu nutzen, geben der Dachwohnung zusammen mit den schrägen Dachflächen und Dachfenstern einen eigenwilligen, ganz individuellen Charakter. Durch den ungewöhnlichen Zuschnitt bringt der Ausbau von Dachräumen allerdings auch Schwierigkeiten besonderer Art mit sich. Wenn aber von vornherein ein späterer Ausbau des Daches vorgesehen wurde, werden sich keine Probleme ergeben. Sie sollten diese Möglichkeit daher schon beim Bau des Hauses berücksichtigen.

WICHTIG

Bauliche Gegebenheiten und auch Bauvorschriften können den nachträglichen Dachausbau erheblich behindern. Auf den Rat und die Mitwirkung eines erfahrenen Architekten kann daher nicht verzichtet werden. Er kennt neben den baulichen Schwierigkeiten auch die baurechtlichen Bestimmungen, die auf jeden Fall eingehalten werden müssen, denn weitgehende Veränderungen jedweder Art unterliegen der baubehördlichen Genehmigungspflicht.

Wann ist ein Dachausbau möglich?

Beim nachträglichen Dachausbau sind folgende baulichen und technischen Voraussetzungen zu beachten:

* Die Dachneigung muss bis 30° betragen.
* Eine möglichst große Haustiefe und freie Giebelflächen müssen vorhanden sein.
* Die Raumhöhen müssen 2,50 m Geschosshöhe, bei Einfamilienhäusern 2,30 m betragen und mindestens über zwei Dritteln der Grundfläche vorhanden sein.
* Große Dachböden lassen vielleicht sogar den Einbau eines weiteren Geschosses, einer so genannten Galerie, zu.
* Wenn kein Treppenaufgang zum Dachgeschoss vorhanden ist, muss er neu geschaffen werden.

* Die „lichte" Treppenbreite, also der Abstand zwischen Wand und Geländer, muss 80 cm betragen. Das Steigungsverhältnis der Treppe muss auch hier nach den Vorschriften der Landesbauordnung gebaut werden. Dabei sind verschiedene Treppentypen einsetzbar.

* Es muss geprüft werden, ob der Treppeneinbau statisch möglich ist. Eventuell bedeutet der nachträgliche Einbau einer Treppe auch eine grundrissliche Veränderung im darunter liegenden Geschoss.

* Auch auf den „Austritt" ins Freie muss nicht verzichtet werden: In Form eines „eingeschnittenen" Dachbalkons oder einer großzügigen Dachterrasse lässt sich dieser Wunsch je nach Gestalt des Hauses sowie nach den Bedingungen des jeweiligen Bauamtes wahrscheinlich verwirklichen.

* Die Dachhaut, eine Unterspannfolie aus Kunststoff, die auf die so genannte „Konterlattung" zur Isolierung und zum Feuchtigkeitsschutz aufgebracht wird, muss dicht sein. Gegebenenfalls sind beim Dachausbau eine Umdeckung oder Neueindeckung mit Schiefer oder Ziegeln sowie der Einbau der erforderlichen Wärmedämmschicht und der so genannten „Dampfsperre" (einer Spezialfolie in der Dachkonstruktion) erforderlich.

* Neben der eigentlichen Funktion des Daches als Schutz gegen Regenwasser ist bei einem Dachausbau auch auf den Schutz gegen Außenlärm und auf erhöhten Wärme- bzw. Kälteschutz zu achten.

Bei der Planung des Dachausbaues muss rechtzeitig die Frage der Versorgung mit elektrischer Energie sowie der Anschlussmöglichkeiten an das bestehende Heizsystem gedacht werden: Unter Umständen ist das Leitungsnetz der Warmwasserheizung zu klein oder die elektrischen Leitungen haben für den

Reicht das Leitungsnetz aus?

Anschluss einer weiteren Wohnung zu geringe Querschnitte. In solch einem Fall müssen neue Leitungen vom Dachgiebel bis zum eigentlichen Hausanschluss gelegt und es muss ein getrennter Strang bis zum Heizungskessel geführt werden, wenn dessen Leistung für die Heizung der zusätzlichen Wohnfläche groß genug ist. Eventuell ist es vorteilhafter, eine Gas- oder Elektroetagenheizung zu installieren.

Unser Tipp: Man sollte auch versuchen, durch Feuchtigkeit stärker belastete Räume wie Küche und Bad über den darunter gelegenen gleichen Räumen anzuordnen.

Die meisten Versorgungsleitungen können zwischen den Verkleidungsmaterialien der Wände und Dachschrägen bzw. Deckenverkleidungen verlegt werden. Dabei sind unbedingt die entsprechenden Dämmmaßnahmen (Frostschutz) zu berücksichtigen.

Für ausreichenden Schallschutz sorgen

Auf Schallschutz ist insbesondere bei der Wohnungstrenndecke (der Geschossdecke zwischen den einzelnen Etagen) zu achten, wobei neben dem Luftschallschutz der Trittschallschutz der Deckenkonstruktion ausreichen muss. Der Trittschallschutz fehlt hier normalerweise und muss nachträglich durch einen schwimmenden Estrich (gegebenenfalls als Trockenestrich) erreicht werden. Werden im Dachgeschoss lediglich Schlafräume eingebaut, die zur darunter liegenden Wohnung gehören, kann eventuell auf eine Trittschalldämmung verzichtet werden.

Beim neuen Fußbodenaufbau – durch die verschiedenen Schichten des Bodens wie Beton, Estrich und Teppich oder Fliesen – kann der Einbau einer Fußbodenheizung erwogen werden. Für die Sanierung bzw. den Umbau vorhandener Gebäude werden inzwischen Fußbodenheizungssysteme mit der geringen Höhe von ca. 40 mm angeboten.

Auf alle Fälle muss die letzte Geschossdecke, die später den Fußboden des Dachgeschosses bildet, die neue Nutzlast tragen können. Eine eventuelle Deckenverstärkung ist kostenintensiv und muss von einem Statiker ermittelt werden. Wenn bei der statischen Berechnung der Decke ein Zuschlag für Zwischenwände berücksichtigt wurde, können die Wände entsprechend dem angegebenen Gewicht an jeder Stelle hochgezogen werden. Ansonsten muss geprüft werden, wie die Zwischenwandlasten auf das untere Geschoss verteilt werden können. Vorhandene dünne Wände können durch Vorsatzwände schalldicht bzw. (bei Außenwänden) wärmetechnisch verbessert werden. In der Dachgeschosswohnung können Sie neben den schlichten Dachflächenfenstern, die in unterschiedlichen Abmessungen und Öffnungsarten erhältlich sind, an den Giebelseiten interessante großflächige Fenster einbauen oder ganze Dachflächen großzügig wintergartenähnlich verglasen.

Wichtig: die statische Prüfung

Unser Tipp: Der Einbau von Dachgauben lässt den Raum größer erscheinen, gewährt Stehhöhe vor dem Fenster und verändert durch das Wechselspiel zwischen geraden und schrägen Flächen sowohl den Raumeindruck als auch das äußere Erscheinungsbild des Hauses.

Der Einbau großflächiger Fensteranlagen in Dachschrägen erfordert besonderen Sonnenschutz. Das lässt sich durch spezielle Sonnenschutzanlagen erreichen. Auch die Verwendung von Sonnenschutzgläsern lässt viel Licht herein und in Verbindung mit außen liegenden Sonnenschutzlamellen oder Rollos bis zu 60 Prozent Wärme draußen.

Sonnenschutz

Wie Sie auch immer Ihren Dachausbau planen – alle Lösungen müssen von der jeweiligen Baubehörde genehmigt werden. Einige Genehmigungskriterien sind:

- die Abstandstiefenregelung, das sind die Baugrenzen (gemeint ist damit, wie weit Sie von der Straße entfernt bauen dürfen bzw. müssen)
- die Geschossflächenzahl-Festlegung, also wie viele Etagen ein Haus laut Bebauungsplan haben darf
- die eventuelle Beeinträchtigung historischer Bauwerke
- die Erhaltung geschlossener Dachbildungen (die eventuell den Einbau von Fenstern verbietet)
- der Nachweis von zwei Fluchtwegen (Treppenhaus und Balkon, Terrasse oder Anleiterungsmöglichkeit der Feuerwehr an Fenster)
- ein Stellplatznachweis
- ein Standsicherheitsnachweis und Prüfstatik (wird genügend Beton und Stahl in Ihrem Haus verbaut werden?)
- ein Wärmeschutznachweis

WICHTIG

Alle ausgebauten Dächer benötigen besondere Wärmeschutzmaßnahmen. Hierbei gibt es die Möglichkeit, die Wärmedämmung in Form von 120 mm starkem Dämmstoff unter den, auf den oder zwischen den Sparren vorzunehmen. Dabei ist stets auf gut belüfteten Zwischenraum zwischen Dachhaut und Dämmung bzw. Unterspannbahn zu achten.

Ein Flachdach ersetzen

Selbst wenn man Besitzer eines Flachdachhauses (Bungalows) ist, muss man nicht unbedingt auf das erweiterte Wohnen unter Dachschrägen verzichten. Nach eingehender Prüfung der Statik des Hauses und der Nachfrage beim zuständigen Bauamt ist es unter Umständen möglich, durch das „Aufsetzen" eines zum Haus und der Umgebung passenden Dachs die Grundvoraussetzungen hierfür zu schaffen. Dabei wird außerdem der Schwachpunkt fast aller Flachdachhäuser, die Undichtigkeit, beseitigt sowie der Kälte- bzw. Wärmeschutz verbessert. Das wiederum bedeutet eine energiesparende Maßnahme.

Bei einem Dachausbau in einem vorhandenen Gebäude macht der Architekt eine Bestandsaufnahme, da die alten Genehmigungszeichnungen meist zu ungenau sind. Der Dachdecker prüft die Dachdeckung, der Holzgutachter den Dachstuhl und die Deckenbalken, der Elektriker die Elektroinstallation, die Anschlussmöglichkeit an die vorhandene Heizung, der Klempner die Anschlussmöglichkeiten der Be- und Entwässerung, der Warmwasserversorgung usw.

Welche Fachleute sind beteiligt?

Folgendes sollten Sie in Zusammenarbeit mit diesen Fachleuten bei bzw. vor der Planung festlegen:

Worüber muss entschieden werden?

✳ die gewünschte Dachform mit oder ohne Gaube (vgl. auch Seite 182 f.), die Dachneigung und -deckung, die Raumaufteilung und die Nutzung

✳ die Art der Wärmedämmung

✳ die Frage, inwieweit die Holzkonstruktion Bestandteil der Raumgestaltung bleiben soll

✳ die Installationswünsche für Strom, Gas, Wasser, Abwasser und Heizung

✳ die Anordnung der Trennwände aufgrund der Raumwünsche als Massiv- oder leichte Innenwände

✳ den Treppenzugang in offener oder geschlossener Bauweise

✳ eine eventuelle Eigenleistung am Bau nach Art und Umfang

✳ die momentane oder zukünftige Nutzungsabsicht der Dachräume

✳ die gewünschte Dachbelichtung, z. B. durch großflächige Dachverglasung (Atelierverglasung) oder Anlage eines Wintergartens

✳ die beabsichtigte Raumgestaltung

Der Kellerausbau

Der Keller führt neben den übrigen Geschossen, manchmal zu Unrecht, ein Schattendasein. Dunkel und ungeheizt, bietet er natürlich ideale Bedingungen zur Vorratshaltung und Weinlagerung oder als Abstellraum und Haustechnikraum. Wenn die Raumhöhe es erlaubte, wurde er bislang noch allenfalls für eine Sauna oder Kellerbar genutzt.

Voraussetzungen für den Ausbau

Grundvoraussetzung für eine Nutzung als Wohnfläche ist eine entsprechende Raumhöhe von mindestens 2,30 m. Glücklich, wer einen Keller mit einer solchen oder sogar größeren Höhe besitzt! Aber auch eine zu geringe Höhe kann, allerdings mit verhältnismäßig großem baulichen und finanziellen Aufwand verändert werden, indem der Bereich tiefer gelegt wird. Das bedeutet unter Umständen auch einen Eingriff im Bereich der Fundamente. Weiterhin setzt der Ausbau einen trockenen, gut belüfteten Keller mit guter Abdichtung an Wänden und Fußboden voraus.

WICHTIG

Die Beheizung und der Anschluss an die vorhandene Heizungsanlage sind rechtzeitig zu prüfen, ebenso eine eventuell erforderliche Abwasserhebeanlage, die notwendig wird, wenn das Niveau unterhalb der Abwasserröhren liegt und wenn im Keller der Einbau einer Toilette, eines Bades oder eines Schwimmbades erfolgen soll. Die Kellerdecke muss entsprechend Schallschutz zu den darüber liegenden Räumen bieten.

Bei einem Neubau kann der Keller natürlich unter dem Gesichtspunkt eines späteren Ausbaus geplant werden. Bei vorhandenen Gebäuden ist ein solcher Ausbau oft problematisch. Wie erwähnt, müssen die Wände im Erdreich ausreichend abgedichtet sein. Der nachträgliche Einbau einer Dichtung kann durch mechanische Verfahren wie Mauersägeverfahren, Chromstahlblechverfahren oder chemische Verfahren erfolgen. Hierzu ist in jedem Fall die fachliche Betreuung durch Ihren Architekten notwendig.

Abdichtung

Die Kellersohle muss durch eine waagerechte Abdichtungsschicht gegen eindringendes Wasser gesichert werden. An Wänden, Fußböden und Decken ist der Wärmeschutz zu prüfen und gegebenenfalls zu verbessern. Dies begrenzt nicht nur die Heizenergieverluste, sondern schafft auch ein behaglicheres Raumklima. Die Wandflächen sollen warm und trocken sein, der Fußboden fußwarm. Daher empfiehlt sich bei Wohnraumnutzung der Einbau einer Fußbodenheizung.

Wärmeschutz

Dass Kellerfenster und Außentüren wärmegedämmt bzw. isolierverglast sein sollten, versteht sich fast von selbst. Durch entsprechende bauliche Maßnahmen eröffnen sich viele Möglichkeiten. Der unattraktive, in die Ecken gedrängte Kellerabgang kann z. B. durch einen weiteren ergänzt oder ersetzt werden, vielleicht in Form einer Wendeltreppe, die den Wohnbereich des Erdgeschosses mit dem neuen Kellergeschoß verbindet.

Unser Tipp: Wirklich attraktiv wird der neu hinzugewonnene Wohnraum natürlich erst durch großzügigere Belichtung, also größere Fenster, als das bei normalen Kellerräumen der Fall ist. Durch Spiegel, Glas und Fensterrahmen lässt sich die Illusion größerer Fensterflächen schaffen und die Kelleratmosphäre erheblich verbessern. Durch Umgestaltung der Gartenflächen und Freilegen von Teilen der Kelleraußenwände können größere, tiefer gezogene Fensteröffnungen und sogar direkte Ausgänge ins „Grüne" geschaffen werden – ein Aufwand, der mit zusätzlicher, gleichwertiger Wohnfläche belohnt wird.

Modernisierung und Instandsetzung

… von alten Gebäuden sollte immer die gleichzeitige Durchführung von Energieeinsparungs-, Instandhaltungs- und Instandsetzungsmaßnahmen unter Berücksichtigung eventueller bauaufsichtlicher und städtebaulicher Auflagen und des Denkmalschutzes beinhalten.

Modernisierung ist die beste Möglichkeit, den Gebrauchswert von Gebäuden nachhaltig zu erhöhen und die allgemeinen Nutzungs- oder Wohnverhältnisse auf Dauer zu verbessern. Folgende Bereiche kommen dabei infrage: Beleuchtung, Belüftung, Wärmeschutz, Schallschutz, Energieversorgung, sanitäre Einrichtungen, Heizungsanlage, Funktionsabläufe (z. B., dass die Küche nicht im dritten Stock und das Esszimmer im Keller liegt), Sicherheit (dass die Raumhöhen eingehalten werden), Aufzugsanlagen, Gemeinschaftsanlagen wie Kinderspielplätze, Stellplätze usw.

Erhöhung des Gebrauchswertes

Instandsetzung ist die laufende Unterhaltung von Gebäuden mit dem Ziel ihrer Erhaltung. Es sollen vor allem bauliche Mängel, insbesondere solche infolge von Abnutzung, Witterungseinflüssen oder Einwirkungen Dritter, behoben werden. Dafür ergreift man bauliche Maßnahmen, die den zum bestimmungsgemäßen Gebrauch geeigneten Zustand des Hauses wieder herstellen.

Behebung von Mängeln

Vorbereitung von Modernisierungs- und Instandsetzungsmaßnahmen

Für Umbau- und Modernisierungsmaßnahmen sollten alte Baupläne und zeichnerische Unterlagen der früher vorgenommenen Veränderungen und Ergänzungen beschafft werden. Alte Pläne erhält man z. B. beim Bauaufsichtsamt. Wenn sie dort nicht mehr vorhanden sind, ist eine Gebäudeaufnahme mit Aufmaß, das heißt ein Bestandsplan mit den exakten Größen der vorhandenen Räume, durch einen Fachmann erforderlich.

Gründliche planungs- und bautechnische Vorbereitung der Instandsetzungs- und Modernisierungsmaßnahmen ist erforderlich – das heißt eine enge Zusammenarbeit mit dem Architekten, dem Statiker, dem Holzschutzfachmann, dem Schornsteinfeger, dem Bauphysiker (der die einzelnen einzubauenden Baumaterialien auf ihre physischen Eigenschaften überprüft) und den Heizungs- und Installationsfachleuten. Bei Modernisierungsmaßnahmen sollte möglichst nur geringfügig in das konstruktive Bausystem, also das bestehende „Hausskelett", eingegriffen werden. Bei unbedingt notwendigen Grundrissänderungen ist es ratsam, möglichst nur an nicht tragenden Wänden zu arbeiten. Lassen Sie die Arbeiten durch einen Fachmann sorgfältig überwachen, damit der reibungslose Ablauf garantiert ist.

Fachleute einschalten

Bei einer Modernisierung bzw. Instandsetzung fallen in der Regel folgende Maßnahmen an:

Was ist zu tun?

* Gebäudeaufnahme mit Aufmaß durch einen Fachmann
* Erfassung der tatsächlichen Größe und derzeitigen Gliederung der Wohnung, der Besonnung und Belichtung der Räume, der Ausstattung, der Lage des Hauses und des Freizeitwertes der Umgebung
* systematische Überprüfung und Zustandsaufnahme des Gebäudes vom Keller bis zum Dach mit einem Fachmann (Handwerker, die den Bau kennen, können wertvolle Anregungen für notwendige Ergänzungen und Erneuerungen machen)
* Feststellung der Schäden und der Schadensquellen, auch durch neue Methoden wie Thermographie und Endoskopie (Die *Thermographie,* ein Fotografieverfahren mit UV-empfindlichen Filmen, macht beispielsweise Schwachstellen der

Wärmedämmung sichtbar. Die *Endoskopie* dagegen ermöglicht die Untersuchung bestimmter Bauteile [wie z. B. Holzfußböden, Schornsteinen oder Hohlräumen hinter Verkleidungen], indem man sie anbohrt, anstatt sie auf- oder abzureißen. Das Endoskop wird dabei durch das Bohrloch geführt, leuchtet den dahinter liegenden Hohlraum aus und ermöglicht es, über einen Glasfaserstrang und ein Betrachtergerät festzustellen, wie die verdeckten Konstruktionsteile beschaffen sind. Die Bohrlöcher von weniger als 2 cm Durchmesser sind danach leicht wieder zu verschließen).

Moderne technische Verfahren

✖ Abstecken des Umfangs der Arbeiten, Reparaturen, Erneuerungen, Modernisierungen und Schadensbeseitigung

Sorgfältige Planung

✖ Anlegen eines Planungsbogens für jeden Raum bzw. jede Wohnung, aus dem der jetzige Zustand, die vorgesehenen und festgelegten Arbeiten in Umfang und Art hervorgehen (WC, Bad, Küche, Heizung, Fußböden, Wände, Decken, Fenster, Türen, Schornsteine, Rolläden usw.)

✖ möglichst gleichzeitige Durchführung gleichartiger Arbeiten in allen Räumen (da Baumaßnahmen in einer Etage ohnehin Konsequenzen für angrenzende Räume haben können)

✖ Klärung der Fragen an Behörden und Versorgungsbetriebe, gegebenenfalls Stellung eines Bauantrags

✖ Einkalkulierung unvorhergesehener Schäden (Schädlinge, Feuchte u. a.), die den Termin- und Kostenplan durcheinander bringen und sogar eine Änderung des geplanten Arbeitsablaufs bedingen können

✖ Auftragserteilung an Statiker, Fachingenieure und durch den Architekten nach der Ausschreibung an die Firmen.

Die behindertengerechte Planung Ihres Wohnhauses

Behinderung sollte kein Tabuthema sein und bei der Planung Ihrer Immobilie vorsorglich mit berücksichtigt werden. Daneben ist es durchaus üblich, beim Hausbau Einliegerwohnungen für die Eltern mit zu planen. Da jeder irgendwann von einer altersbedingten Behinderung betroffen sein kann, sollten Sie entsprechend vorplanen. Wir möchten Sie daher kurz mit den Mindestanforderungen an behindertengerechtes Bauen vertraut machen, die es im Übrigen auch zu berücksichtigen gilt, wenn Sie staatliche Förderung in Anspruch nehmen (vgl. Seite 273 ff.).

Für das Alter vorplanen

Anforderungen an behindertengerechtes Bauen

Grundsätzlich sollten Sie als junge Bauherren bei Ihren Planungen bedenken, dass Sie Ihr Haus wahrscheinlich auch im Alter bewohnen werden. Deshalb sollte die räumliche Gestaltung so angelegt sein, dass auch ein in seiner Mobilität behinderter Mensch möglichst lange ohne fremde Hilfe zurechtkommt.

Dabei ist die formale Grundlage der Planung die DIN-Norm 18025, Teil 1, für Rollstuhlbenutzer. Sie gilt für alle Neubauten und muss sinngemäß für Aus- und Umbau sowie für die Planung von Wohnheimen angewandt werden. (Dies nur als Tipp und Hilfestellung für Ihren Architekten. DIN-Normen können Sie in jeder Buchhandlung bestellen.) In der Neufassung der DIN sind keine genauen Raumgrößen mehr definiert. Es werden lediglich

Regelung nach DIN

Bewegungsflächen für den behinderten Menschen im Rollstuhl oder mit Gehhilfen ausgewiesen.

Zu Ihrer Information führen wir hier die genauen Anforderungen an die einzelnen Raumausstattungen auf.

Ausstattung der verschiedenen Räume

Sanitärraum

Die Bewegungsflächen für den Rollstuhl sind mit Bezug zur Nutzung für verschiedene Objekte festgelegt. Das heißt, dass vor dem WC eine Bewegungsfläche von 1,5 m² vorhanden sein muss. Seitlich von der Umsetzseite ist ein Raum von 95 cm Breite vorgesehen, zur anderen Seite 30 cm Breite. Die Sitzhöhe einschließlich Sitz für das WC beträgt 48 cm, der Wandabstand zur Vorderkante WC bis Rückwand WC 70 cm. Der Papier-

Ausreichende Bewegungsflächen

spender ist in vorderer Reichweite der Sitzposition zu befestigen, die Spülbetätigung im vorderen Nutzungsbereich, möglicherweise auch als überfahrbare Fußtaste im Boden zu installieren. Empfohlen ist die Erreichbarkeit einer Handbrause am WC. Hilfsmittel können nach individueller Abstimmung mit dem behinderten Menschen angebracht werden.

Beim Waschtisch ist ebenfalls eine vordere Bewegungsfläche von 1,5 m^2 nötig. Der Abstand muss zu einer Wand 20 cm betragen und auf der anderen Seite 1,5 m minus 20 cm Wandabstand sowie der Waschtischbreite. Der Waschtisch muss unterfahrbar sein. Ein Unterputz- oder Flachaufputzsiphon ist vorgeschrieben. Der starr montierte Spiegel sollte ausreichend groß sein, damit er in stehender und sitzender Position zu benutzen ist. Stützelemente wie Haltegriffe werden nur nach individuellem Bedarf eingebaut. Die Dusche sollte möglichst mit einer Handbrause ausgestattet sein. Die befahrbare Bewegungsfläche vor dem Duschplatz beträgt hier wieder 1,5 m^2. In der Dusche selbst ist ein Klappsitz von 40 x 45 cm Mindestgröße mit einer Öffnung in der Mitte vorzusehen. Die Armatur wird seitlich vor dem Duschsitz angebracht. Die befahrbare Dusche hat keine Schwelle, aber einen Bodenablauf. Die Badewanne muss 1,5 m^2 Bewegungsfläche haben und auch als Dusche zu benutzen sein. Die Hilfsmittel und Hebevorrichtungen müssen individuell für den Behinderten anpassbar sein. An den Wänden und Decken sind Befestigungen für solche Hilfsmittel und Hebevorrichtungen einzurichten. Badezimmertüren müssen in den Flur aufgehen. Der Sanitärraum muss eine mechanische Lüftung enthalten.

Hilfsmittel und Hebevorrichtungen

Schlafraum

Die Bewegungsfläche entlang der Betteinstiegsseite des Rollstuhlbenutzers muss 1,5 m tief sein; die Bewegungsfläche entlang der Einstiegsseite des Nicht-Rollstuhlbenutzers muss

1,2 m breit sein. Vor dem Bett muss eine Wendemöglichkeit von 1,5 m² gegeben sein.

Küche

Empfohlene Anordnung

Die Bewegungsfläche entlang der Kücheneinrichtung muss – ohne Berücksichtigung der zwingend notwendigen Unterfahrbarkeit von Arbeitsplatte, Herd und Spüle mit Flachunterputzsiphon – 1,5 m tief sein. Empfohlen wird eine Über-Eck-Anordnung.

Wohn- und andere Aufenthaltsräume

In allen anderen Räumen gelten die gleichen Bewegungsflächen-Anforderungen, wodurch aber gleichzeitig eine individuelle freie Gestaltungsmöglichkeit für den Einzelfall gesichert wird. Beispielsweise muss die Bewegungsfläche vor Schränken 1,5 m tief sein, vor offenen Regalen oder Ablagen 1,2 m breit sein und die Wendemöglichkeit im Raum muss unbeeinträchtigt 1,5 m² betragen.

Flure

Wendemöglichkeiten

Die Bewegungsfläche zwischen Wandoberflächen muss 1,2 m breit sein. Das gilt nur für den Flurbereich. Am Anfang und am Ende des Flurs muss ebenfalls eine Wendemöglichkeit von 1,5 m² vorhanden sein.

Rollstuhl-Abstellplätze

Besonderer Bodenbelag

Auch hierfür gibt es genaue Bestimmungen. Der mindestens 190 cm breite und 150 cm tiefe Abstellplatz ist vorzugsweise im Eingangsbereich der Wohnung einzuplanen. Der Platz muss belüftbar und beheizbar sein. Außerdem muss er einen säurefesten Wand- und Bodenbelag haben, da dort auch die Batterien des Rollstuhls aufgeladen werden.

Freisitz

Der Freisitz (Balkon, Loggia usw.) muss mindestens 4,5 m² groß sein. Wieder sind die Bewegungsflächen von 1,5 m² einzuhalten.

Aufzug

Der Aufzug, der in jedem mehrgeschossigen Gebäude vorzusehen ist, soll eine Kabinengröße von 1,1 m Breite und 1,4 m Tiefe haben. Er hat an einer der breiteren Seiten einen Handlauf, eine waagerechte, 50 cm von der Ecke entfernte Sitzmöglichkeit sowie einen Spiegel an der der Tür gegenüberliegenden Seite. Die mindestens 90 cm breiten Aufzugstüren müssen automatisch und mit Sensoren in zwei Höhen zwischen 25 und 76 cm ausgerüstet sein.

Kabinengröße und -ausrüstung

Rampen

Rampen sind nur bis zu einer Steigung von 6 Prozent und bis zu einer Länge von 6 m zulässig und müssen jeweils am Anfang und Ende ein Podest in einer Größe von 1,5 m² aufweisen. Sind die Rampen länger, muss jeweils nach 6 m ein Zwischenpodest angelegt werden. Mehr als zwei Längen hintereinander sind nicht empfehlenswert. Die Rampen müssen beidseitig mit einem 10 cm hohen Radabweiser und einem Handlauf in 85 cm Höhe ausgerüstet sein. Die Breite zwischen den Radabweisern und den Handläufen muss 1,2 m betragen. Bei Höhenunterschieden von bis zu 20 cm können in Ausnahmefällen Rampen mit bis zu 10 Prozent Steigung zulässig sein.

Vorgesehene Maße und Ausnahmen

Türen

… müssen eine lichte Durchfahrtbreite von 95 cm haben. Alle Bedienungsvorrichtungen und Beschläge der Türen müssen für den Rollstuhlbenutzer leicht erreichbar sein. Dafür ist generell eine Höhe von 85 cm festgelegt, die aber individuell anpassbar sein muss.

Heizung

Die Heizungsanlage muss ganzjährig und automatisch gesteuert 24°C Raumtemperatur sichern. Die Heizkörperventile müssen in einer Höhe zwischen 40 und 85 cm angebracht werden.

Notruf- und Fernmeldeanlagen

Ein Telefonanschluss und eine Türgegensprechanlage sind vorzusehen.

Müllsammler und Briefkastenanlage

Vor den Müllsammlern und der Briefkastenanlage muss eine Bewegungsfläche von 1,5 m² vorgesehen sein. Diese Gemeinschaftseinrichtungen müssen auch für den Rollstuhlbenutzer in sitzender Position erreichbar und nutzbar sein.

Stellplätze und Zufahrten

Für jede Wohnung ist ein wettergeschützter Stellplatz oder eine Garage vorzusehen. Der Hauszugang sollte mit dem Auto direkt anfahrbar sein. Die Tiefe der Bewegungsfläche entlang der Einstiegsseite des Pkw muss 1,5 m betragen.

Die Ausstattung

Hier haben Sie die Qual der Wahl, denn über die Ausstattung Ihres Hauses müssen Sie ganz allein entscheiden und können aus der Überfülle technischer und planerischer Möglichkeiten auswählen. Verlieren Sie nicht den Kopf und suchen Sie, angepasst an Ihre Bedürfnisse, das Beste für sich aus. Damit Sie in Ruhe alles durchdenken können und möglichst Fehler vermeiden, werden wir Ihnen systematisch die Ausstattungsmöglichkeiten von der Kellerisolierung bis zum Dach vorstellen.

In Ruhe entscheiden

Grundsätzliches

Grundlegend für die Bestimmung der Ausstattung ist:

* Sie als Bauherr sind das Maß aller Ausstattungsfragen.
* Sie sollten immer „von innen nach außen" bauen, das heißt die Planung mit der Raumaufteilung beginnen.
* Beachten Sie, dass einige Sonderausstattungen, wie z. B. praktische Wandschränke, von Anfang an in den Grundrissen mit eingeplant werden müssen. Teilen Sie Ihren Architekten oder Bauträgern diese Ausstattungswünsche mit.
* Überlegen Sie sich in aller Ruhe mit Ihrer Familie, welche Gegenstände und Möbelstücke später in den einzelnen Räumen Platz finden sollen. Messen Sie vorhandene Möbel genau ab und gebcn Sie diese Maße in jedem Fall Ihrem Planer an. Falls Sie sich in absehbarer Zeit ohnehin von einigen Ihrer Möbel trennen möchten, sollten Sie die Raumaufteilung natürlich nicht mehr danach ausrichten.

„Von innen nach außen" planen

Damit können Sie in der Ausstattung Geld sparen:

**Einspar-
möglichkeiten**

* Teilunterkellerung: weniger Kubikmeter umbauter Raum reduzieren die Gesamtbaukosten
* niedrige Stockwerkshöhe: bringt ebenfalls weniger Kubikmeter umbauten Raum und damit geringere Gesamtbaukosten
* einfache Treppen: für Treppen zu Schlafräumen genügt eine lichte Breite von 80 bis 85 cm
* Selbsthilfe: je mehr Eigenleistungen Sie erbringen, desto geringer die Kosten
* Verzicht auf ein frei stehendes Haus

Das Ausstattungs-Abc

Im Folgenden machen wir Sie in alphabetischer Reihenfolge mit den wichtigen Ausstattungsmöglichkeiten Ihrer Immobilie vertraut. Sie werden sehen, dass die Ausstattung keineswegs nur mit der Auswahl einer Tapete bzw. eines Teppichbodens zu tun hat: Vielmehr spielen auch technische Ausstattungsfragen eine wesentliche Rolle.

A wie Außenwände

Die Außenwände eines Hauses, das später verputzt wird, werden in Deutschland üblicherweise 30 cm stark aus Gitter-

Gitterziegel und Vollziegel

ziegeln – auch Lochziegel genannt – gemauert. Gitterziegel sind wirtschaftlich, weil sie größer sind und sich deshalb schneller verbauen lassen. Ein Maurer kann in der gleichen Zeit unter gleichem Kraftaufwand mehr vermauern. Ein Drittel des Steins sind Hohlräume, der Rest besteht aus einem Gitterwerk aus Tonstegen. Ein Gitterziegel ist bei gleichem Gewicht größer als ein Vollziegel, der völlig aus Stein besteht. Wenn Sie ungelochte

Vollziegel verwenden, muss die Wand 36,5 cm dick sein, um den gleichen Wärmeschutz wie ein Gitterziegel zu gewährleisten. Für eine Außenmauer aus solchen Vollziegeln müssen Sie mehr bezahlen als für eine zwar dünnere, aber gleich gut dämmende Gitterziegelwand. Außerdem verlieren Sie noch 3 m^2 Wohnfläche – also etwa so viel wie ein kleines Badezimmer.

B wie Baustoffe

Vor der Verwendung „moderner" Baustoffe sollten Sie bedenken, dass mit den herkömmlichen Baustoffen wie Holz, Ziegel und Naturstein über mehrere Jahrhunderte Erfahrungen gesammelt wurden, auf die Sie unbedenklich zurückgreifen können.

Bewährtes nutzen

Herkömmliche, biologisch einwandfreie Baustoffe	Moderne, biologisch bedenkliche Baustoffe
Ziegelwände und -decken	
Kalkputz	Putz aus Industriegips, kann radioaktiv sein
Holzwoll-Leichtbauplatten	Polystyrol-Hartschaumplatten
Kork	Polyurethan-Schaumstoffe
Kokosfasererzeugnisse	Phenolharzschaum
Holz-Weichfaser	Schaumglas
Torfplatten	Mineralfaserplatten
Blähton	Bindemittel z.T. aus Rindenschrot
Mineralfarben	Dispersions- und andere dichte bzw. harte Kunststoffanstriche
Holzspäne	
Riedrohr	
Seegras	
Wellpapier	

D wie Dach

Das Dach gibt einem Haus erst sein prägendes Aussehen. Zwar können Sie das Dach Ihres Hauses durchaus nach eigenem Geschmack gestalten, Sie müssen sich dabei aber in der Regel der gegebenen Struktur eines Gebietes anpassen. Hierbei verweisen wir auf die Abbildung möglicher Dachformen auf der Seite gegenüber.

Ganz allgemein unterscheidet man daneben folgende Dachformen:

Verschiedene Dachformen

* *Flachdach mit innerer Entwässerung:* Diese Dachform hat den besonderen Vorteil geringeren Installationsaufwands. Allerdings hat man hier häufig mit Undichtigkeit zu kämpfen.
* *Flachgeneigtes Dach I:* Der Dachraum wird in den Wohnraum mit einbezogen. Es handelt sich um ein Massivdach oder Platteneindeckung aus Schiefer oder Ziegel.
* *Flachgeneigtes Dach II:* Die Konstruktion erfolgt mit Brettbindern oder mit so genannten „Pfetten", also tragenden Dachelementen. Bei dieser Dachform kann zusätzlicher Wohnraum entstehen.
* *Ebenes Dach:* Diese Dachform erfordert eine absolut dichte Dachhaut. Ausführung mit Bewuchs oder als Kiespressdach. Für Letzteres wird Dachpappe aufgelegt und verschweißt. Anschließend folgt eine 20 cm dicke Kiesschicht, die gepresst wird.
* *Pultdach:* Das ist ein Dach mit Schräge. Diese Dachform findet man nicht nur in ebenen Lagen, sondern auch oft bei Hanghäusern.

Die Dachneigung steht in Abhängigkeit vom Deckmaterial, wie Sie aus der folgenden Tabelle ersehen können.

Dachform	Neigung
einfaches Ziegeldach	ca. 45°
Doppeldach, Pfannendach- und Falzziegeldach	ca. 30°
Schieferdach	ca. 30°
Metalldächer mit Querfalz in der Deckung	ca. 10°
Metalldächer ohne Querfalz in der Deckung	ca. 2°
Kiesklebedächer	ca. 2°

Dachformen

Dachgauben

Satteldach

Walmdach

Krüppelwalm-dach

Mansarddach

Mansard-Krüppel-walmdach

Mansard-Walmdach

Schleppgaube

Walmgaube mit First

Trapezgaube

Walmgaube

Giebelgaube

Spitzgaube

Dacherker

E wie Elektroinstallation

Sobald die Grundrisse fertiggestellt sind, besprechen Sie die Elektroinstallation mit Ihrem Meisterbetrieb. Sie können sich hierbei im Grunde auf die fachmännische Ausführung verlassen. Wichtig sind aber die Ausstattungsfragen. Dazu folgende Empfehlungen:

Eine gut durchdachte Ausstattung

* Denken Sie an eine sparsame und durchdachte Anordnung von Umschaltleitungen. So sollten Räume, die Sie in eine Richtung betreten und in der anderen verlassen, mit Wechselschaltungen versehen werden.

* Verwenden Sie geräuschlose Wippschalter.

* Achten Sie auf eine günstige Höhe der Lichtschalter.

* Sorgen Sie für Kontroll-Lämpchen in allen Schaltern, deren Ausschalten leicht vergessen wird.

* Versehen Sie Lichtschalter, die von mehreren Stellen aus- und eingeschaltet werden sollen, mit einem Druckschalter mit Relais (z. B. im Treppenhaus oder bei Außenleuchten).

* Montieren Sie selbstleuchtende Schalter (z. B. im Bad), die Sie im Dunkeln anlaufen können.

* Steckdosen: Bringen Sie auch in Nebenräumen eine zusätzliche Staubsaugersteckdose in Türnähe an. Versehen Sie Steckdosen zumindest im Kinderzimmer mit Kindersicherungen.

* Lassen Sie in den Nassräumen Fehlerstromschutzschalter einbauen. Hierbei handelt es sich um Schalter, bei denen die Sicherung herausfliegt, wenn sich die Voltzahl ändert.

* Für die Leuchtenanordnung lassen Sie sich durch einen Fachmann einen Plan erstellen und die Installation entsprechend vornehmen.

* Achten Sie auf genügend Telefonsteckdosen und Antennen- bzw. Kabelanschlüsse.

* Lassen Sie sich ausreichend Leerrohre für Lautsprecherkabel, Gartenbeleuchtung und Außenbeleuchtung legen.

F wie Fenster

Die Fenster sind wie die Türen von Beginn an mit in die Planungsüberlegungen einzubeziehen. Die Ansprüche an die Fenstergrößen steigen ständig, weil immer mehr Menschen Wert auf helle, freundliche Wohnungen legen. Ein vernünftiges Maßhalten ist jedoch von Vorteil, denn Ihre Einrichtungsmöglichkeiten sind auch von der Fensterbreite abhängig. Des weiteren sollten Sie mit Rücksicht auf den äußeren Anblick Ihres Hauses einheitliche Scheibenbreiten wählen. Grundsätzlich unterscheidet man folgende Fensterkonstruktionen:

Je größer, desto besser?

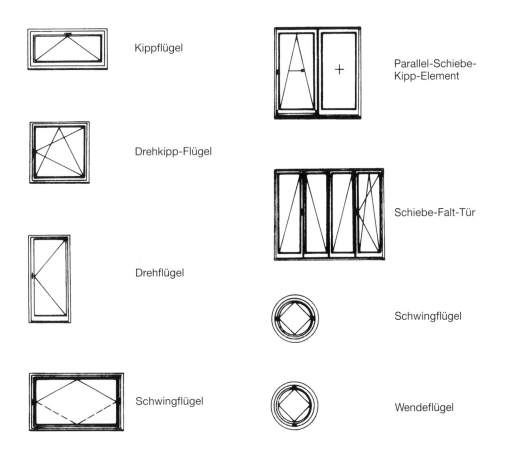

Kippflügel

Parallel-Schiebe-Kipp-Element

Drehkipp-Flügel

Schiebe-Falt-Tür

Drehflügel

Schwingflügel

Schwingflügel

Wendeflügel

F wie Fußböden

Da man gerade beim Fußboden die Qual der Wahl hat, möchten wir Ihnen kurz die wichtigsten Punkte nennen, auf die Sie achten sollten. Ihr Fußboden sollte folgende Eigenschaften haben:

Auswahlkriterien

- fußwarm
- leicht zu reinigen
- abriebfest
- angenehm begehbar
- rutschfest
- eindruckfest
- Wärme isolierend
- Trittschall dämmend
- anti-elektrostatisch

Folgende Fußbodenarten können Sie verwenden:

Arten von Böden

- Holzfußböden: sind zu versiegeln und schwimmend zu verlegen
- Steinböden: angenehm mit Fußbodenheizung und schwimmend zu verlegen
- Böden auf Kunststoffbasis
- Korklinoleum
- Teppichböden

G wie Gäste-WC

Seien Sie hier nicht zu sparsam und gönnen Sie sich neben dem Gäste-WC und Waschbecken auch noch eine Gästedusche. Als Zusatzkosten kommen lediglich etwa 2.000,– DM dazu.

H wie Heizung

Da das Angebot von Heizungssystemen sehr vielfältig ist, sollten Sie die unterschiedlichen technischen Voraussetzungen und die Richtlinien in jedem Fall mit Ihrem Architekten bzw. einem Meisterbetrieb erörtern.

Folgende Heizsysteme eignen sich für Ihr Eigenheim:

Geeignete Heizsysteme

* Wasserheizung: Warmwasserheizungen mit Radiatoren
* Elektrospeicheröfen (Nachtspeicher)
* Strahlungsheizung: offene Kamine, Kachelgrundofen, Fußboden-, Wand- und Deckenheizung (Lesen Sie auch unter „O wie Ofen".)

I wie Isolierung

Hierbei sollten Sie zwischen einer Isolierung gegen Feuchtigkeit und einer Isolierung gegen Kälte und Wärme unterscheiden.

Die Dämmung gegen **Feuchtigkeit** ist eine Voraussetzung für gesunde und wohnliche Räume. Die Isolierungsmaßnahmen beginnen schon am Fundament, das wirksam und dauerhaft von Einflüssen des Baugrundes abgeschottet werden muss. Eine Isolierung gegen aufsteigende Feuchtigkeit erfolgt durch Verlegen einer aus Lava und Kies bestehenden Sperrschicht unter dem zu errichtenden Gebäude auf Höhe des Untergeschoss-Rohbodens aus mindestens einer Lage Bitumenpappe. Neuerdings kommen zum Feuchtigkeitsschutz auch mehrschichtige Spezialfolien infrage. Gegen seitlich drückendes Wasser ist der einzig wirksame Schutz eine Schweißbahn oder mehrere Millimeter dicke elastische, bituminöse Schutzanstriche. Außerdem müssen je nach Baugrundbeschaffenheit rings um die Außenfundamente Drainagerohre verlegt werden.

Feuchteschutz beginnt beim Fundament

Der **Wärmeschutz** ist eng verbunden mit dem Feuchteschutz. Bei der Projektierung Ihres Hauses sollten Sie soweit wie möglich Aspekte des Windschutzes, der Beschattung durch Bäume und der Orientierung hinsichtlich der Himmelsrichtungen berücksichtigen. Grundsätzlich sind kompakte Baukörper

Klimagerechtes Bauen

mit geringen Außenflächen wärmetechnisch am günstigsten. Bei beheizten und unbeheizten Räumen in einem Gebäude sind die beheizten möglichst zusammenzufassen, damit dazwischen liegende unbeheizte Räume nicht zu viel Wärme verbrauchen. Ungehinderter Eintritt von kalter Luft in ein Gebäude sollte durch einen Windfang vermindert werden. Vermeiden Sie Wärmebrücken, wie z. B. das Aufstellen von Heizkörpern vor Glasflächen mit hohem Wärmeverlust. Wählen Sie dicht schließende Fenster und Türen.

K wie Küche

Bei der Ausstattung Ihrer Küche sollten Sie auf ein Optimum an Arbeitserleichterung und Zeitersparnis Wert legen. Beachten Sie daher folgende Tipps:

1. Gebot: Funktionalität

* ✖ Zwischen Wohnung und Küche sollte eine Tür als Geruchverschluss angebracht sein.
* ✖ Achten Sie in besonnten Küchen auf nicht zu große Fenster.
* ✖ Der Lebensmittel-Vorratsraum sollte nach Norden ausgerichtet sein.
* ✖ Küche und Essraum sollten benachbart sein.
* ✖ Fenster und Türen dürfen für die Einrichtung nicht störend sein. Achten Sie daher schon bei der Planung darauf, dass Ihr Architekt die Küchengrobplanung berücksichtigt.

L wie Licht

Neben der den Raum ganz erhellenden Hauptbeleuchtung sollten gerichtete Einzelleuchten vorgesehen werden, die einen bestimmten Bereich (zum Schreiben, Essen oder Lesen) beleuchten. Die Anordnung der Wand-Deckenauslässe und Steckdosen erfolgt nach Ihrer geplanten Möblierung.

Licht kann den Raum optisch verändern. Licht schafft Weite und Schatten und bringt Nähe. Eine niedrige Decke wird durch intensive Beleuchtung höher, eine nahe Wand „rückt ab", eine hohe Decke wird im Schatten liegend tiefer wirken. Eine falsche Plazierung kann eine Leuchte trotz aller Helligkeit untauglich machen. So sollen Leuchten neben Spiegeln angebracht werden, die Esstischleuchte sollte gut abgeschirmt sein, bei den Treppen muss das Licht gegen die Stufen fallen und Arbeitsplätze sollen in direktem Licht liegen. Auf keinen Fall sollten Sie sich selbst im Licht stehen.

Gezielter Einsatz von Leuchten

M wie Malerarbeiten

Innenanstriche dienen neben der farbigen Gestaltung dem Schutz und der Erhaltung der behandelten Flächen. Der Maler soll dabei nicht mangelhafte Arbeiten anderer Gewerke überpinseln.

Der *klare Grundanstrich* oder die Grundierung gleicht die unterschiedliche Saugfähigkeit des Untergrundes aus und gewährleistet für den gesamten Anstrichaufbau eine feste Verankerung im Untergrund. Der *Zwischenanstrich,* auch Grundanstrich genannt, bereitet die letzte Streichung vor und sorgt für eine bessere Deckung des Schlussanstrichs. Der *Schlussanstrich* ergibt die gewünschte Oberflächenstruktur und einen abschließenden Schutzfilm.

Die verschiedenen Anstriche

Die Anzahl der Anstriche ist abhängig von der Beschaffenheit des Untergrundes. Üblicherweise werden nach der Grundierung mit Putzhärter zwei Anstriche – ein Voranstrich und ein Deckanstrich – mit wässrigem Bindemittel für Innenanstriche aufgetragen.

N wie Natursteine

Gängige Bodenbeläge aus Naturstein sind u. a. Solnhofener Platten, Granit, Schiefer, Phylitt, Marmor und Travertin. Die Bodenplatten werden weitgehend industriell vorgefertigt und in quadratische oder rechteckige Formate geschnitten. Sie erhalten eine besonders ebene und saubere Oberfläche, wenn Sie den Boden nach dem Verlegen und Verfugen nass schleifen. Bei der Verwendung von Naturwerksteinen ist zu beachten, dass es sich hierbei um ein natürliches Material handelt und dass Farb- und Musterungsunterschiede auftreten können. Des Weiteren besitzen die Natursteine keine dichte Oberfläche. So können Flüssigkeiten in das Material einziehen und Flecke hinterlassen.

Besonderheiten bei Naturstein

O wie Ofen

Öfen sorgen für behagliche Wärme durch milde Strahlung. Es werden folgende Öfen unterschieden:

Merkmale verschiedener Öfen

* *Grundkachelöfen* sind frei stehende, angebaute oder zwischen Räumen durchgebaute Kachelöfen, die ganz aus keramischem Material erstellt werden. Die Beheizung erfolgt mit festen Brennstoffen.

* *Holzbrandkachelöfen* sind wie die vorgenannten Grundkachelöfen Speicherkachelöfen, die aber speziell auf die Beheizung mit Holz ausgerichtet sind und daher keinen Rost und Ascheraum haben.

* *Steinöfen* sind in ihrer Bauweise wie Kachelöfen angelegt. Der Ofenmantel wird aus Formsteinen bzw. aus Natursteinen hergestellt. Dazu passen sehr gut Simse und Bänke.

* *Verputzte Öfen* sind in die gleiche Kategorie wie Steinöfen einzuordnen. Ihr Mantel besteht aus einer dünnen Putzschicht.

* *Warmluftkachelöfen* sind frei stehende, angebaute oder zwischen Räumen durchgebaute Kachelöfen mit einem Heizeinsatz aus Gusseisen oder Stahl für feste Brennstoffe wie Öl oder Kohle. Der Einsatz wird in einigem Wandabstand in einer Ofenkachelhülle eingebaut. Luftleitungen versorgen weitere Räume mit warmer Luft.

* *Kaminöfen* bestehen aus einem frei stehenden Metallgehäuse mit großer Brennkammer und Feuerungstür. Mit geöffneten Türen sind sie als Kamin, mit geschlossenen Türen als Dauerbrandofen verwendbar.

P wie Putz

Der Außenputz wird in zwei Schichten hergestellt, deren Gesamtdicke 2 cm beträgt. Hierbei ist darauf zu achten, dass die zweite Schicht weicher ist als die erste. Dadurch vermeiden Sie Fleckenbildung. Dauerhafter, aber auch teurer, sind fertig gemischte und gefärbte Putze.

Zwei Putzschichten

Q wie Quertreppe

Die Quertreppe, bei der ein Winkel eingebaut ist, hat gegenüber den üblichen Längstreppen, die gerade nach oben verlaufen, räumliche Vorteile und eignet sich in breit angelegten Räumen.

R wie Regenwasseranlage

Wenn Sie Regenwasser in einer Regenwasserzisterne speichern, erhalten Sie hervorragendes Autowasch- und Gießwasser.

S wie Sanitäreinrichtung

* *Waschbecken* sollten 45 cm tief und 60 bis 65 cm breit sein. Entscheiden Sie sich auch bei erheblichen Preisunterschieden wegen der besseren Haltbarkeit für Waschbecken aus Kristallporzellan. Verwenden Sie nur Ventile mit Strahlsammler, die das Wasser mit Luft mischen. Dadurch fließt das Wasser weich und schaumartig aus dem Rohr und spritzt nicht.

Auf Qualität achten

* *Badewannen* gibt es aus Gusseisen, Stahl, Feuerton oder Kunststoff in den unterschiedlichsten Formen und Größen. Grundsätzlich muss das Material unempfindlich gegen Reinigungsmittel jeder Art sein.

- ✖ *Duschen* sind gut als Zweit- und Kinderbad geeignet, denn sie haben einen geringeren Wasser- und Energiebedarf als Badewannen.
- ✖ *WC-Becken* gibt es aus Porzellan, Kunststoff oder Keramik. Zur Wahl stehen Flachspülklosetts mit größerer Geruchsausbreitung, aber der Möglichkeit zur Überwachung der Stuhlbeschaffenheit, und Tiefspülklosetts oder Absaugklosetts mit geringerer Geruchsbelästigung ohne Ablagerungen.

S wie Schalter und Steckdosen

Für trockene Räume werden Schalter und Steckdosen in Unterputz-Ausführung als Standard- oder Luxusprogramme angeboten. Für Außenanlagen und feuchte Räume müssen feuchtigkeitsgeschützte Schalter und Steckdosen in entsprechender Ausführung gewählt werden.

Feuchtigkeits-schutz

W wie Wandbelag

Im Badezimmer, in der Dusche und im Gäste-WC kann der Wandbelag aus dem gleichen Material wie der Bodenbelag ausgeführt werden. Im Nassbereich – also vor der Badewanne, der Dusche, dem Handwaschbecken und dem WC – ist ein waschbeständiger Wandbelag erforderlich. Im Trockenbereich – also dort, wo kein Spritzwasser anfällt – kann ein anderer Belag gewählt werden. Hinter Duschen und Badewannen sollte die Feuchtigkeitsabdichtung auf der Wand bis zur Oberkante der Duschkabine bzw. bis Schulterhöhe hochgeführt werden.

Nassbereiche und Trocken-bereiche

Z wie Zentrale Wasserversorgung

Die zentrale Wasserversorgung ist durch einen einzigen, möglichst nahe dem Hauptwasseranschluss oder der Hauptzapfstelle montierten Warmwasserbehälter bzw. Heizkessel innerhalb einer Wohnung oder eines Einfamilienhauses möglich.

Die
Baukosten

Reine Baukosten und Gesamtkosten

Die *Gesamt*kosten und nicht allein die *Bau*kosten sind entscheidend, wenn Sie Ihr Bauvorhaben erfolgreich realisieren wollen. Hier kommt es auf Ihren gesunden Menschenverstand, eine realistische Einstellung sowie die richtige Einschätzung Ihrer tatsächlichen Bedürfnisse an. Die Gefahr ist groß, sich bei den Kosten völlig zu verkalkulieren, was dann das Aus Ihres Traumes bedeuten kann. Dies ist schon vielen anderen Familien passiert. Die Verantwortung für nicht mehr rückgängig zu machende Fehler müssen Sie hinterher immer selbst tragen, auch wenn die Ursachen woanders – etwa bei Fehlentscheidungen des Architekten oder der Bauleitung oder in den Verkaufstricks der Ausstattungsverkäufer – liegen. Häufige Gründe für Kostenüberschreitungen sind:

Ursachen von Mehrkosten

* ✱ Baumehrkosten, die bei einer Nachkalkulation wegen ungenauer Ausschreibungen oder schlechter Planung anfallen,
* ✱ Baumehrkosten durch nachträgliche Wünsche Ihrerseits
* ✱ Nachforderungen einzelner Handwerksbetriebe wegen vertraglich nicht abgedeckter Mehraufwendungen.

Glauben Sie nur nicht, Sie könnten einen Dritten problemlos zur Verantwortung ziehen, weil es sich hierbei rechtlich um so genannte „Sowieso"-Kosten handelt. Damit sind die Kosten gemeint, die in jedem Fall zu einer ordnungsgemäßen Ausführung gehören und nur versehentlich von dem einzelnen Leistungserbringer (beispielsweise dem Handwerksbetrieb) nicht aufgeführt wurden.

Damit Ihnen die Kosten nicht über den Kopf wachsen, möchten wir Ihnen mit Tipps dabei helfen, sich im „Dschungel" der Baukosten zurechtzufinden und Ihnen vor allem vergegenwärtigen, dass die „reinen Baukosten" nicht alles sind. Sie müssen sich dazu in erster Linie mit Kostenvoranschlägen vertraut machen und diese auch beurteilen können.

Die erste Schätzung

Unter „Kostenermittlung" versteht man die Vorausberechnung der entstehenden Kosten sowie die spätere Feststellung der tatsächlichen Kosten.

Die **Kostenschätzung** ist eine überschlägige Ermittlung der Kosten. Hierbei sind in jedem Fall nicht nur die reinen Baukosten zu ermitteln, sondern auch die Kosten des Baugrundstückes, die Baunebenkosten (die Architektenkosten, Grunderwerbssteuer (2 %), Notargebühren, Grundbuchamtskosten, Zwischenfinanzierungskosten, Baugenehmigungsgebühren) und die Kosten der Außenanlagen mit einzurechnen. Eine überschlägige Berechnung wird wie folgt angesetzt:

Welche Kosten sind zu berücksichtigen?

1. Berechnung des umbauten Raumes nach DIN 277. Hierfür benötigen Sie die Grundrisse und Schnitte Ihres Hauses. Der auf Seite 91 genannte Erfahrungswert (Wohnfläche x 3,5) gibt Ihnen eine erste grobe Annäherung.
2. Der Raummeterpreis. Hierfür benötigen Sie ein Vergleichshaus, das Ihren Wünschen und Vorstellungen entspricht.

Für das **Schätzungsbeispiel** sollten Sie einen Fachmann befragen, der Ihnen bei der Planungsberatung behilflich und mit den einzelnen Berechnungsformeln vertraut ist. Hierfür bietet sich der zukünftige Architekt oder Ingenieur an. Im Vorfeld der möglichen Auftragserteilung sollten Sie um ein umfassendes Beratungsangebot bitten. Hierbei bekommen Sie schnell einen Eindruck von der Kompetenz Ihres zukünftigen Bauberaters.

Beratung durch einen Architekten

Sie sollten jedoch nicht auf zu viel unentgeltliche Leistung hoffen – auch ein Architekt kann sich schließlich nicht von „Luft und Liebe" ernähren. Es empfiehlt sich, für die Vorberatung ein Honorar z. B. über 500,– DM zu vereinbaren. Dann fühlt sich der Architekt eher dazu verpflichtet, eine ordentliche Arbeit abzuliefern, und Sie haben nicht das Gefühl, nur aus Dankbarkeit wegen der „kostenlosen" Vorberatung mit ihm auch den endgültigen Architektenvertrag abschließen zu müssen. Sie sollten grundsätzlich darauf achten, sich während der Bauzeit eine möglichst große Unabhängigkeit zu bewahren, denn nur dann können Sie sich bei Unzufriedenheit nach Alternativen umsehen und andere Geschäftspartner suchen.

Im Folgenden finden Sie zwei Schätzungsbeispiele zur Ermittlung der Gesamtkosten für ein Haus und den damit verbundenen Finanzierungskosten bis hin zu überschlägigen monatlichen Belastungen. Diese groben Berechnungen stellen eine wichtige Entscheidungshilfe dar.

Mögliche Berechnungsgrundlagen

Die erste Schätzung geht von Kubikmetern umbauten Raumes aus, die zweite von Quadratmetern Wohnfläche. Wie Sie sehen, differiert das Ergebnis um knapp 40.000,– DM, ohne dass man eine der beiden Berechnungsweisen als prinzipiell „sicherer" bezeichnen könnte. Mit 450,– DM Gebäudekosten/m^3 wurde ein Mittelwert – eine durchschnittliche Ausführung angenommen. Bei einer gehobenen Ausführung müsste man 500,– DM/m^3 ansetzen, bei einer unterdurchschnittlichen 400,– DM/m^3.

Für Ihr eigenes Projekt sollten Sie solche Schätzungen möglichst früh aufstellen lassen und objektiv entscheiden, ob Sie sich die Immobilie wirklich leisten können. Erst wenn Sie ganz sicher sind, dass alles klappen wird, gehen Sie mit Ihren Vorstellungen zur Bank.

■ *B e i s p i e l N r. 1 :*

1. Kosten des Baugrundstücks	100.000,– DM
2. Kosten der Gebäude, 700 m^3 umbauter Raum à 450,– DM	315.000,– DM
3. allgemeine Baunebenkosten, 15% von 2.	47.250,– DM
4. Kosten der Außenanlagen, 5% von 2.	15.750,– DM
5. (geschätzte) Kosten der Einrichtung	30.000,– DM
Gesamtkostenschätzung	**508.000,– DM**

■ *B e i s p i e l N r. 2 :*

1. Kosten des Baugrundstücks	100.000,– DM
2. Kosten der Gebäude nach m^2-Wohnfläche ca. 135 m^2 à 2.100,– DM	283.500,– DM
3. allgemeine Baunebenkosten 15% von 2.	42.525,– DM
4. Kosten der Außenanlage 5% von 2.	14.175,– DM
5. (geschätzte) Kosten der Einrichtung	30.000,– DM
Gesamtkostenschätzung	**470.200,– DM**

Hieraus ergibt sich die überschlägige Rechnung:

Gesamtkosten (gerundet)	500.000,– DM
./. Eigenkapital in bar	50.000,– DM
./. Eigenleistung (möglich: Ausführung der Malerarbeiten, Verlegung des Fußbodenbelags, Ausführung Außenanlage)	35.000,– DM
./. Baukostenzuschuss der Bundesregierung bei einer Familie mit 2 Kindern abgezinst 8 Jahre x 6.000,– DM (vgl. Seite 266 f.)	64.000,– DM
Finanzierungsbedarf	**351.000,– DM**

Die monatliche Belastung

Bei einer Finanzierung über 10 Jahre mit einer monatlichen Zinsbelastung von 7,5 Prozent mit 1 Prozent Tilgung bedeutet dies eine monatliche Belastung von etwa 2.500,– DM (Näheres zu diesem Thema finden Sie auf Seite 234 ff.). Solch eine Belastung ist von einem durchschnittlichen Haushalt kaum zu verkraften.

Beachten Sie aber, dass dies nur angenäherte Werte sind. Niedrigere Baukosten führen zu erheblich niedrigeren Finanzierungskosten. Und es ist keine Utopie, ein ordentliches Haus für insgesamt 350.000,– DM zu errichten. Diese Gesamtkosten bedeuten eine monatliche Belastung von etwa 1.400,– DM. Deshalb sollten Sie durchaus erwägen, der traditionellen Bauweise, die heute kaum noch bezahlbar ist, den Rücken zu kehren und so den Traum vom eigenen Heim doch zu verwirklichen.

Kosten der Einzelgewerke

Die Gesamtkosten sind die Grundlage einer jeden realistischen Kalkulation und Finanzierung. Sie setzen sich aus folgenden Kosten zusammen:

Grundstückskosten

Grundstückswert
Darunter versteht man den Wert oder Kaufpreis Ihres Grundstückes.

Grundstücksnebenkosten
Hier werden alle Kosten des Baugrundstücks, die im Zusammenhang mit dem Erwerb stehen, aufgeführt: Notar- und Grundbuchkosten für den Kaufvertrag, Steuern (3,5 Prozent Grunderwerbsteuer), Kosten der Grundpfandrechte, Maklerprovisionen, Kosten für die Wertermittlung, Baugrunduntersuchungskosten usw.

Was zählt dazu?

Herrichtungs- und Erschließungskosten

Herrichtungskosten
Das sind alle Kosten, die für die vorbereitenden Arbeiten für Ihre Baumaßnahme notwendig sind, z. B. Sicherungsmaßnahmen, Abbruchmaßnahmen, Altlastenbeseitigung oder das Herrichten der Geländeoberfläche.

Öffentliche Erschließungskosten

Die Gemeinde legt die anteiligen Kosten für die Ableitung des Abwassers, die Versorgung mit Wasser, Wärme, Gas, Strom und Telekommunikation, den Ausbau von Straßen und Verkehrsflächen usw. auf die Grundstückseigentümer um.

Nicht öffentliche Erschließung

Darunter fallen die Kosten für Verkehrsflächen und technische Anlagen (wie z. B. Straßen oder Straßenbeleuchtung), die ohne rechtliche Verpflichtung mit dem Ziel der späteren Übertragung auf einzelne Grundstückserwerber für den Gebrauch der Allgemeinheit hergestellt oder ergänzt werden.

Ausgleichsabgaben

… sind Kosten, die aufgrund landesrechtlicher Bestimmungen oder einer Ortssatzung aus Anlass des geplanten Bauvorhabens einmalig und zusätzlich zu den Erschließungsbeiträgen entstehen. Hierzu gehören zum Beispiel Stellplatzablösungen oder die Pflanzung eines Ersatzbaumbestandes.

Baukosten

Hierzu zählen alle Kosten von Bauleistungen und Lieferungen zur Herstellung Ihres Hauses. Im Einzelnen kommen Kosten für folgende Arbeiten auf Sie zu:

Erdarbeiten und Baugrubenaushub

Das sind beispielsweise Baugrubenherstellung, Baugrubenumschließung und -sicherung, Wasserversorgung

Gründung

Darunter versteht man die Baugrundverbesserung durch Unterböden, Bodenplatten, Dränagen, Bauwerksabdichtung und Flach- oder Tiefgründungen. Bei einer Flachgründung bewegt man sich auf Kellerniveau und muss nicht tiefer ansetzen. Im Gegensatz dazu ist die Tiefgründung sehr aufwendig. Sie kann notwendig sein, wenn Sie beispielsweise ein Haus auf einer Insel bauen wollen. In solchen Fällen sollten Sie ein Bodengutachten anfertigen lassen, um festzustellen, ob der Boden überhaupt tragfähig ist und wie tief gegebenenfalls gegründet werden müsste.

Rohbau

Dies ist ein Sammelbegriff für sämtliche Maurer- und Betonarbeiten an einem Haus.

Dach

Mit dazu zählen: Dachkonstruktion, Dachfenster, Dachöffnungen, Dachbeläge und Dachhaut.

Kosten für baukonstruktive Einbauten

Darunter fallen Kosten für alle allgemeinen und besonderen Einbauten, sonstige baukonstruktive Einbauten wie Innentreppen, Fenster, Innentüren, Fensterbänke, Sanitärinstallationen, Fliesenarbeiten usw.

Kosten für die technischen Anlagen

Hierzu zählen die Kosten für alle im Bauwerk eingebauten, daran angeschlossenen oder damit fest verbundenen technischen Anlagen oder Anlagenteile wie:

Abwasser-, Wasser- und Gasanlagen
Abwasseranlagen, Wasseranlagen, Gasanlagen, Feuerlöschanlage.

Wärmeversorgungsanlagen
Wärmeerzeugungsanlagen, Raumheizflächen.

Starkstromanlagen
Hoch- und Mittelspannungsanlagen, Beleuchtungsanlagen, Blitzschutz.

Fernmelde- und informationstechnische Anlagen
Telekommunikationsanlagen, Fernsehantennenanlagen, Kabelanschlüsse.

Kosten für Außenanlagen

Kosten für Bauleistungen und Lieferungen zur Herstellung aller Gelände- und Verkehrsflächen, im Einzelnen:

Geländeflächen
Geländebearbeitung, Pflanzen, Rasen, Begrünung, Wasserflächen usw.

Befestigte Flächen

Wege, Straßen, Plätze, Höfe, Stellplätze usw.

Baukonstruktionen in Außenanlagen

Einfriedungen, Mauern, Rampen, Treppen, Überdachungen.

Baunebenkosten

Das sind die Kosten, die bei der Planung und Durchführung auf der Grundlage von Honorarordnung, Gebührenordnungen oder nach weiteren vertraglichen Vereinbarungen entstehen, etwa für Architekten oder Baubetreuer.

Die Festlegung der Baukosten für einzelne Gewerke aufgrund von verschiedenen Kostenangeboten, welche Ihr Architekt Ihnen immer vorlegen sollte, ist für Sie als Bauherr die beste Möglichkeit, das preiswerteste Angebot auszusuchen. Als so genannte „Vergleichswerte" dienen hier prozentuale Festlegungen von der Gesamtsumme. Anhand der folgenden Tabelle können Sie die einzelnen Angebote für Ihre persönliche Kostenplanung umrechnen und erhalten so eine Vergleichsmöglichkeit, inwieweit die Kosten im üblichen Rahmen liegen.

Vergleichsangebote einfordern

Zum besseren Verständnis haben wir danach ein Rechenbeispiel angeführt. Wir gehen dabei von kalkulierten Baukosten für das Haus in Höhe von 320.000,– DM aus.

Einzelgewerke	Kosten	
Erdarbeiten	2,8 %	8.960,– DM
Baustelleneinrichtung (u. a. Kran)	1,7 %	5.440,– DM
Entwässerungskanalarbeiten	1,0 %	3.200,– DM
Maurerarbeiten	15,0 %	48.000,– DM
Beton- und Stahlbetonarbeiten	20,1 %	64.320,– DM
Werksteinarbeiten (Fensterbänke usw.)	1,8 %	5.760,– DM
Zimmererarbeiten	5,3 %	16.960,– DM
Dachdeckerarbeiten	4,8 %	15.360,– DM
Putz- und Stuckarbeiten	8,3 %	26.560,– DM
Gerüstarbeiten	0,5 %	1.600,– DM
Klempnerarbeiten	1,6 %	5.120,– DM
Fliesen- und Plattenarbeiten	3,3 %	10.560,– DM
Estricharbeiten	2,0 %	6.400,– DM
Tischlerarbeiten	8,0 %	25.600,– DM
Rollladenbauarbeiten	1,0 %	3.200,– DM
Metallbauarbeiten	3,8 %	12.160,– DM
Verglasungsarbeiten	0,4 %	1.280,– DM
Maler- und Tapezierarbeiten	3,0 %	9.600,– DM
Bodenbelagsarbeiten	2,0 %	6.400,– DM
Heizungsanlageneinbauarbeiten	5,0 %	16.000,– DM
Sanitärinstallationsarbeiten	5,0 %	16.000,– DM
Elektroinstallationsarbeiten	3,0 %	9.600,– DM
Dämmarbeiten	0,6 %	1.920,– DM
Summe	**100%**	**320.000,– DM**

Die Musterbauberechnung

Damit Sie besser einschätzen können, was Ihr Haus tatsächlich kosten wird, haben wir eine Musterberechnung nach DIN 276 erstellt:

		Einzel-kosten je Posten	Zwischen-summe	Gesamt-kosten je Sparte
1.	**Kosten des Baugrundstücks**			
1.1	Kaufpreis bzw. Wert des Grundstücks 400 m² x 150,– DM	60.000,–	60.000,–	
1.2	Erwerbskosten (Grundstücksnebenkosten)			
1.2.1	Maklerprovision ca. 4% von 1.1	2.400,–		
1.2.2	Notariatsgebühren und Gerichtsgebühren ca. 1,5% von 1.1	900,–		
1.2.3	Grunderwerbssteuer 2% von 1.1	1.200,–		
1.2.4	Vermessungskosten (nach Bedarf)	800,–		
1.2.5	Gebühren für Schätzung (durch Ihre Hausbank) und amtliche Genehmigungen	1.000,–		
1.2.6	Bodenuntersuchung (nach Bedarf)	2.000,–	8.300,–	
1.3	Erschließungskosten			
1.3.1	Abfindungen	500,–		
1.3.2	Baureifmachung, Abräumen, Abholzen	1.000,–		
1.3.3	Anliegerkosten: Straßenkosten, Entwässerung- und Versorgungsleistungen	5.000,–	6.500,–	74.800,–
2.	**Baukosten**			
2.1	Kosten der Gebäude			
2.1.1	Rohbauarbeiten			
2.1.1.1	Erdarbeiten, Verbauarbeiten usw.	17.600,–		
2.1.1.2	Beton- und Stahlbetonarbeiten	64.320,–		

		Einzel-kosten je Posten	Zwischen-summe	Gesamt-kosten je Sparte
2.1.1.3	Maurerarbeiten	53.760,–		
2.1.1.4	Dachdecker- und Zimmererarbeiten	32.320,–		
2.1.1.5	Klempner- und Gerüstarbeiten	6.720,–	174.720,–	
2.1.2	Ausbauarbeiten			
2.1.2.1	Putz- und Putz-Nebenarbeiten	26.560,–		
2.1.2.2	Fliesenlegerarbeiten	10.560,–		
2.1.2.3	Estrich- und Unterbödenarbeiten	6.400,–		
2.1.2.4	Tischlerarbeiten	25.600,–		
2.1.2.5	Schlosserarbeiten	12.160,–		
2.1.2.6	Rollladenbauarbeiten	3.200,–		
2.1.2.7	Verglasungsarbeiten	1.280,–		
2.1.2.8	Maler- und Tapeziererarbeiten	9.600,–		
2.1.2.9	Bodenbelagsarbeiten	6.400,–		
2.1.2.10	Heizungsanlagenarbeiten	16.000,–		
2.1.2.11	Installationsarbeiten	16.000,–		
2.1.2.12	Elektroarbeiten	9.600,–		
2.1.2.13	Sonstige Arbeiten	1.920,–	145.280,–	
2.2	Kosten der Außenanlagen			
2.2.1	Kosten der Entwässerungs- und Versorgungs-leitungen vom Hausanschluss bis zum öffentlichen Netz	6.500,–		
2.2.2	Hofbefestigungsanlagen usw.	8.000,–		
2.2.3	Gartenanlagearbeiten	15.000,–	29.500,–	
2.3	Baunebenkosten			
2.3.1	Honorare für Architekten und Ingenieure, in der Regel 8 % der Baukosten	25.600,–		
2.3.2	Behördenleistungen	2.000,–		
2.3.3	Rohbauversicherung	2.000,–	29.600,–	379.100,–
	Gesamtbaukosten			**453.900,–**

Baukosteneinsparungen

Die hohen Baukosten in Deutschland führen dazu, dass es immer weniger Familien gibt, die sich ihren Traum vom eigenen Haus noch verwirklichen können. Hohe Kosten werden durch die unterschiedlichsten Faktoren verursacht. Einer der Gründe ist der Hang zum Perfektionismus und zu hohes Anspruchsdenken der Bauherren. Die Kosten gewünschter Baumerkmale stehen häufig in keinem Verhältnis zum tatsächlichen Nutzen. Es liegt also in Ihrer Hand, die Widerstände gegen preiswertes Bauen zu überwinden.

Kosten und Nutzen nüchtern abwägen

Wenn Sie sich ganz allgemein über Kosten treibende Details informieren, können Sie im Gespräch mit Ihrem Architekten allen möglichen Verlockungen der aufwendigen Baugestaltung besser widerstehen. Deswegen sollten Sie die zehn Grundregeln des kostengünstigen Bauens ebenso gut kennen wie das kleine Einmaleins:

1. Geben Sie Ihrem Architekten Preisvorgaben, die er einhalten muss, anstatt sich das Traumhaus zeichnen zu lassen (und auf die Traumrechnung zu warten, denn wer bestellt, der bezahlt!).
2. Sparen Sie Fläche! Ein Reihenhaus erfordert ein erheblich kleineres Grundstück als ein frei stehendes Einfamilienhaus. Außerdem sparen weniger Außenwände zuerst Bau- und dann Heizungskosten.
3. Überlegen Sie, ob es nicht sinnvoller ist, ein industriell vorgefertigtes Typenhaus zu kaufen. Sie sparen gewaltige Planungskosten und können auf einen großen Erfahrungsschatz zurückgreifen.
4. Auch ohne sich auf architektonische Einheitslösungen wie beim Typenhaus einzulassen, können Sie bei der Holzbau-

weise wie auch bei der Massivbauweise mit vorgefertigten Bauteilen erheblich Kosten sparen.

5. Ein Keller kostet zwischen 35.000,– und 60.000,– DM zusätzlich. Das heißt, dass Sie im Monat alleine 350,– DM für Ihren Keller abzahlen. Ebenerdige Abstellräume erfüllen oft den gleichen Zweck und sind deutlich günstiger zu bauen.

6. Bei der Entscheidung für eine kompakte Bauform sparen Sie zuerst an den Bau-, dann an den Heizungskosten.

7. Sparen Sie auch bei den verschiedenen technischen Gestaltungsmöglichkeiten (z. B. entfällt ein Kaminzug komplett, wenn Sie die Heiztherme im Dachstuhl unterbringen).

8. Dachgauben und Überhänge sind teurer als so genannte „liegende" Dachfenster, die lediglich ins Dach eingelassen werden.

9. Alle nachträglichen Änderungen kosten Zeit und Geld und verursachen nur Ärger. Planen Sie Ihr Haus von Anfang an sorgfältig. Richten Sie sich nach den Ratschlägen der Fachleute, und hören Sie nicht auf die Tipps der Baulaien im Familien- und Freundeskreis.

10. Planen Sie nicht nur für heute: Denken Sie zum Beispiel an Möglichkeiten, Kinderzimmer später leicht sinnvoll umzufunktionieren.

Die
Finanzierung

Immobilienerwerb ist Vermögensaufbau auf lange Sicht

Erfolgreiches und cleveres Bauen hat auch damit zu tun, dass Sie von Beginn an clever und gekonnt finanzieren. Im Folgenden geht es daher darum, Ihnen auf die Frage „Wie finanziere ich mein Haus am besten?" die passenden und notwendigen Antworten zu geben.

Viele potenzielle Bauherren werden schon im Vorhinein durch die Höhe der Schulden und die Risiken, mit denen ein Hausbau in der Regel zusammenhängt, abgeschreckt. Dabei ist, richtig betrachtet, die Immobilie schon allein als Vermögensanlage interessant. Ein einfaches Beispiel verdeutlicht das.

■ *B e i s p i e l :*

Angenommen, Sie sind verheiratet, haben keine Kinder und verdienen heute netto 3.500,– DM/Monat. Weiterhin angenommen, Sie nehmen im Rahmen einer Baufinanzierung einen Betrag in Höhe von 250.000,– DM auf.

Wenn Sie nun eine Zinsbindung für 15 Jahre sowie einen Zinssatz in Höhe von 8 Prozent bei 1 Prozent Tilgung vereinbart haben, zahlen Sie jedes Jahr insgesamt eine Rate in Höhe von 9 Prozent der aufgenommenen Schulden in Höhe von 250.000,– DM. Die jährliche Rate wird ermittelt, indem man den Kreditbetrag mit dem Prozentsatz, der sich aus Zins- und Tilgungshöhe ergibt, multipliziert. Diese Rate muss dann die vereinbarte Zeit gezahlt werden.

In unserem Beispiel ergibt das:

250.000,– DM x 9% = 22.500,– DM/12 Monate

= 1.875,– DM/Monat

Wie Sie sehen, liegt die monatliche Belastung bei 1.875,– DM. Das entspricht entweder dem Betrag, den Sie sowieso für Ihre Miete aufbringen müssen, oder dürfte nicht weit davon entfernt sein. Der große Vorteil bei einem eigenen Haus ist jedoch, dass Sie diesen Betrag im Gegensatz zur Miete quasi in die eigene Tasche zahlen.

Vermögens-
aufbau statt
Miete

Nun zeigen wir Ihnen, wieso die Aussage stimmt, dass bei Finanzierung einer Immobilie „gutes" Geld mit „schlechter" werdendem Geld zurückgezahlt wird. Unserer Aufstellung liegt die Annahme zugrunde, dass Ihr Nettoeinkommen alle 3 Jahre um geschätzte 15 Prozent ansteigen wird. Dann käme es zur folgenden Entwicklung:

Jahr	Einkommen (netto)
1996	3.500,– DM
1999	4.025,– DM
2002	4.629,– DM
2005	5.324,– DM
2008	6.122,– DM
2011	7.040,– DM

Ihre Zinsbindung endet im Jahre 2010. In diesem Jahr werden Sie gemäß der obigen Schätzung ca. 6.200,– DM/Monat verdienen. Nichtsdestotrotz zahlen Sie weiterhin 1.875,– DM je Monat an Zins- und Tilgungsrate. Verändert hat sich allerdings das prozentuale Verhältnis, in dem Sie Ihr Einkommen zur Schuldenzahlung benutzen müssen. Deutlicher wird dies in der folgenden Aufstellung:

Sinken der
prozentualen
Belastung

Jahr	Einkommen (netto)	Prozentuale Belastung
1996	3.500,– DM	54 %
1999	4.025,– DM	47 %
2002	4.629,– DM	41 %
2005	5.324,– DM	35 %
2008	6.122,– DM	31 %
2011	7.040,– DM	27 %

Schon falls Ihr Einkommen entsprechend dem Inflationsausgleich steigt, nimmt also Ihre Schuldenbelastung prozentual ab. Im Jahre 1996 würde Ihre kaufkraftmäßige Belastung durch den Schuldendienst rund 54 Prozent Ihres verfügbaren Nettoeinkommens ausmachen, im Jahre 2011 dagegen nur noch 27 Prozent. Die Monatsrate von 1.875,– DM wird also immer weniger wert sein. Auf der anderen Seite steigt der Wert Ihrer Immobilie, vorausgesetzt, sie wird gepflegt und befindet sich in einer auch zukünftig attraktiven Lage.

Angenommen, Sie haben die bereits erwähnten 250.000,– DM Schulden aufgenommen und auch eine kurz zuvor erfolgte Erbschaft in Höhe von 150.000,– DM als Eigenkapital in die Finanzierung eingebracht. Ihr Haus hatte somit einen Kaufwert von 400.000,– DM. Weiterhin angenommen, der Wert Ihres Hauses steigt jedes Jahr um realistische 2 Prozent.

Wertsteigerung bei Immobilien

Nach 15 Jahren wäre Ihre ursprünglich für 400.000,– DM gekaufte Immobilie unter diesen durchaus realistischen Voraussetzungen knapp 540.000,– DM wert. Sie lassen die Inflation sozusagen auf zweifache Art für sich arbeiten: Einerseits steigt der Wert Ihrer Immobilie (als „Sachwert") bei zunehmender Inflation und andererseits wird sich der von Ihnen zu zahlende Schuldendienst, bestehend aus Zins- und Tilgungsrate, relativ betrachtet, Jahr für Jahr vermindern.

Im Einzelnen stellt sich dies wie folgt dar:

Jahr	Wert der Immobilie (Angaben gerundet)
1996	400.000,– DM
1997	408.000,– DM
1998	416.160,– DM
1999	424.500,– DM
2000	433.000,– DM
2011	538.400,– DM

Darüber hinaus verdienen Sie sogar an der Inflation, denn Sie profitieren vom Geldwertverlust. Und genau dies ist gemeint, wenn zu Beginn gesagt wurde, dass eine Immobilie zu finanzieren letztlich bedeutet, mit schlechter werdendem Geld gut investiertes Geld zurückzubezahlen. Wenn Sie Glück haben, steigen die Immobilienpreise im Laufe Ihrer Kreditabzahlung, und die Inflation zahlt einen Teil Ihrer Schulden mit.

Der Vollständigkeit halber soll an dieser Stelle erwähnt werden, dass eine Finanzierung wie die obige *immer* voraussetzt, dass Sie

Überschuldung vermeiden

✖ etwa 30 Prozent an Eigenkapital aufbringen und
✖ nicht wesentlich mehr als 50 Prozent Ihres verfügbaren Nettoeinkommens für die Finanzierung (Zins, Tilgung, Bewirtschaftungskosten und Nebenkosten) aufwenden sollten.

Diese beiden Grundregeln sind wichtig, weil es immer wieder vorkommt, dass aufgrund eines zu geringen Eigenkapitalanteils die Kreditaufnahme und der damit verbundene Schuldendienst (Zins- und Tilgungsrate) zu hoch ist. Im Laufe der Zeit kann dies zu finanziellen Engpässen führen, die womöglich eine Zwangsversteigerung nach sich ziehen.

■ *B e i s p i e l :*

Kaufpreis eines Grundstückes	100.000,– DM
Baukosten gesamt	300.000,– DM
Gesamter Finanzierungsbedarf	400.000,– DM
a) davon 25% Eigenkapital	100.000,– DM
b) davon 5% Eigenkapital	20.000,– DM
verbleibender Finanzierungsbedarf	
a) bei 25% Eigenkapital	300.000,– DM
b) bei 5% Eigenkapital	380.000,– DM

Kreditbelastung/Monat bei 8% Zins und 1% Tilgung

a) bei 300.000,– DM	2.250,– DM/Monat
b) bei 380.000,– DM	2.850,– DM/Monat

Naturgemäß steigt die monatliche Belastung durch die Kreditrate mit der Höhe des zu finanzierenden Betrags.

Grundsätzlich handelt es sich bei den genannten Grundregeln um Faustregeln, die Ihnen im Rahmen einer ersten Schätzung helfen zu beurteilen, inwieweit die Finanzierung eines Hauses möglich ist.

Die Kreditwürdigkeitsprüfung

Sind Sie „kreditwürdig"? Diese Frage wird sich jede Bank, mit der Sie verhandeln, stellen. Was das für Sie bedeutet, erfahren Sie hier.

Kreditscoring und Schufa

Durch die großen Immobilienskandale in der Vergangenheit vorsichtig geworden, gehen viele Banken heute nach einem einheitlichen Kreditscoring vor. Bei einem Kreditscoring werden für einzelne Kriterien Punkte verteilt; die Kreditvergabe wird nur bei Erreichen einer Mindestpunktzahl gewährt. Verschiedene in der Person des oder der Kunden liegende Faktoren werden hier gewichtet und am Ende kommt es zu einer Gesamtbeurteilung, mit der eine Bank sich für oder gegen eine Finanzierung entscheidet.

Kreditvergabe nach „Punkten"

Anhand verschiedener Kriterien wie Einkommen und Familienstand wird der Kunde also vergleichbar mit der Notengebung in der Schule beurteilt. Ein Einkommen von beispielsweise 2.000,– DM/Monat bringt naturgemäß weniger Punkte als ein Einkommen von mehr als 5.000,– DM. Wird eine Mindestpunktzahl erreicht, so entscheidet die Höhe der Punktzahl darüber, ob der Antrag des Kunden unmittelbar genehmigt werden kann oder ob zunächst ein Vorgesetzter eingeschaltet werden muss. Wird die erforderliche Mindestpunktzahl unterschritten, aber auch, wenn die so genannte Schufa-Auskunft negativ ist, wird der Antrag abgelehnt.

Rolle der Schufa-Auskunft

Schufa ist die Abkürzung für Schutzgemeinschaft für allgemeine Kreditsicherung. Die Schufa ist eine gemeinschaftliche

Einrichtung der Kredit gebenden Wirtschaft. Neben Sparkassen und Banken gehören der Schufa weitere Kredit gebende Unternehmen an, wie beispielsweise Versandhäuser. Bei der Schufa werden unterschiedliche Daten wie z. B. die Eröffnung eines Girokontos oder die Aufnahme von Ratenkrediten gespeichert.

Welche Daten speichert die Schufa?

Sinn und Zweck ist es unter anderem, dass mögliche Negativeinträge den an der Schufa beteiligten Unternehmen zugänglich gemacht und diese somit davor bewahrt werden, Kreditverträge mit Personen zu schließen oder Geschäfte mit Personen zu tätigen, die bereits negativ aufgefallen sind. Negative Einträge sind: missbräuchliche Nutzung eines Girokontos, Scheckrückgabe mangels Deckung, Zwangsvollstreckungsmaßnahmen, Zahlungsverzug bei Krediten, Abgabe einer eidesstattlichen Versicherung (früher auch Offenbarungseid genannt) oder ein Haftbefehl zur Erzwingung einer eidesstattlichen Versicherung.

WICHTIG

Für Sie als künftigen Kreditnehmer ist es ratsam, eine so genannte Selbstauskunft zu verlangen, deren Einholung Ihnen durch das Bundesdatenschutzgesetz (BDSG) zugesichert ist. Der Grund liegt darin, dass Sie sich selbst vergewissern sollten, dass keine fehlerhaften Daten eingetragen sind, die Ihnen Kreditverhandlungen scheinbar grundlos erschweren würden. Falls Negativmerkmale eingetragen wurden, so werden diese in der Regel 3 Jahre nach Verzeichnung im Schufa-Netz wieder gelöscht. Wichtig ist ebenfalls, dass grundbuchlich abgesicherte Darlehen nicht bei der Schufa eingetragen werden. Ebenso wenig werden Überziehungskredite auf dem laufenden Konto erfasst.

Kredite sind Verhandlungssache

Beachten Sie, dass die Kreditvergabe stets Verhandlungssache ist. Es ist eben nicht so, wie viele Menschen bis heute glauben, dass Bankiers wie Ärzte „Halbgötter" (wenn auch nicht in Weiß) sind. Im Gegenteil: Banken und Sparkassen sind grundsätzlich an der Kreditvergabe interessiert. Verzichtet eine Bank auf einen kreditwürdigen Kunden, verzichtet sie auch auf ein für sie Gewinn bringendes Geschäft. Seien Sie sich also bewusst, dass Sie für eine Bank ein willkommener und erwünschter, letztendlich benötigter und gleichberechtigter Geschäftspartner sind.

Das Eigeninteresse der Bank

Wenn eine Bank allerdings absehen kann, dass eine Finanzierung einem Kunden beispielsweise wegen zu geringen Eigenkapitals schnell über den Kopf wachsen wird, ist sie in der Regel an einem Geschäft nicht interessiert: Der Bank ist nicht an einer baldmöglichen Pfändung, sondern vielmehr an einem längerfristigen Kreditgeschäft gelegen.

Wichtig ist aber, dass Sie bei einer Bank nicht als Bittsteller auftreten, um dankend die Ihnen gewährten Konditionen zur Kenntnis zu nehmen. Wie jedes andere Geschäft ist auch die Kreditverhandlung tatsächlich ein *Verhandlungs*gespräch. Und Verhandlungen bedeuten stets, dass beide Seiten aufeinander zugehen sollten. Selbstverständlich muss ein guter Bankangestellter daran Interesse haben, größtmögliche Sicherheiten für das ausgeliehene Geld zu erhalten und obendrein für seine Firma einen möglichst großen Gewinn zu erzielen. Auf der anderen Seite haben Sie als *gleichwertiger* Geschäftspartner das legitime Ziel, die bestmöglichen Kreditkonditionen für sich herauszuholen.

Verhandlungen nüchtern angehen

Es trägt allerdings zum möglichen Verhandlungserfolg bei, wenn Sie auch den Standpunkt des anderen kennen und verstehen. Ein Kreditsachbearbeiter muss alles ihm Mögliche tun, um

Fehlentscheidungen bei der Kreditvergabe zu vermeiden. Wenn Sie sich vorstellen, dass Ihr Gegenüber in der Bank eventuell wie Sie verheiratet ist und zwei Kinder hat, dann wird verständlich, wieso er Furcht hat, durch falsche Kreditentscheidungen seinen Job zu riskieren.

> ### WICHTIG
>
> Selbst ein noch so günstig gewährtes Darlehen ist keine Gnade – schließlich zahlen Sie nach Unterzeichnung des Vertrages für das geliehene Geld entsprechende Zinsen. Ihr Gegenüber auf Bankenseite muss und wird es verstehen, wenn Sie die Kosten eines Kreditgeschäftes so gering wie möglich halten wollen. Schließlich ist der Zins nichts anderes als der zu zahlende Preis für das Produkt, das Sie kaufen möchten: Geld. Mit diesem (Selbst)Bewusstsein gestärkt, sollten Sie in Ihre Kreditverhandlungen gehen.

Prüfung der Kreditwürdigkeit von Bankenseite

Kredit-beschlüsse
Neben dem geschilderten Kreditscoring sind so genannte „Kreditbeschlüsse" bislang die am weitesten verbreitete Beurteilungsform für Kreditwürdigkeit. Ein Kreditbeschluss umfasst oftmals nicht mehr als eine Seite und kommentiert u. a. folgende Punkte:

1. Bisheriges Kreditengagement, also ob der Kreditnehmer bereits andere Kredite erhalten hat. Dabei differenzieren Banken nach:

✖ Gesamtengagement

✖ Blankoanteil (das ist der Kredit ohne Sicherheit für die Bank)

2. Bonitäts- und Kreditentscheidungsbegründung:

* Ertragslage/verfügbares Einkommen
* Kapital/Vermögenslage
* Liquiditätsverhältnisse
* Kapitaldienstfähigkeit (das heißt: kann die monatliche Belastung wirklich getragen werden?)
* Zukunftsaussichten
* Stärken (z. B. Unternehmensgeist, Flexibilität, neue Ideen)
* Schwächen

3. Entscheidungsbegründung (beispielsweise Bonität, dingliche Absicherung)

Finanzierungskonzepte sorgfältig planen

Ein wichtiger Grundsatz ist trotz allen Feilschens um Konditionen zu beachten: **Erst die Konzeption, dann die Kondition!** Selbst eine bestmöglich ausgehandelte Kreditkondition kann Sie als Kreditnehmer im Endergebnis mehr kosten als ein besseres Finanzierungskonzept zu schlechten Konditionen. Und eine gelungene Konzeption ist stets ein kleiner Pluspunkt bei der Kreditwürdigkeitsprüfung.

Ein gelungenes Finanzierungskonzept zeichnet sich dadurch aus, dass „intelligent" finanziert wird, das heißt: Alle einzusetzenden Bausteine, wie beispielsweise bestehende Bausparverträge und Lebensversicherungen, werden in eine Finanzierung mit eingebaut. Auf die Frage unterschiedlicher Finanzierungsalternativen wird auf Seite 234 ff. noch genau eingegangen. Soviel vorab: Finanzierungsalternativen können die Finanzierung über ein klassisches Annuitätendarlehen (diesen Begriff erklären wir später genau), die Finanzierung in Verbindung mit

Verschiedene Bausteine der Finanzierung

einer bereits vorhandenen oder abzuschließenden Lebensversicherung oder aber die Finanzierung über Bausparverträge sein. Es geht also in erster Linie um die Auswahl der für Sie geeigneten Finanzierungsbausteine.

In vielen Finanzierungs- und Bauherrenratgebern werden lediglich einige Musterrechnungen aufgeführt, die Sie mit Ihrer individuellen Planung alleine lassen. Im Unterschied dazu möchten wir Ihnen zwar die grundsätzlichen Besonderheiten einer sinnvollen Finanzierung erläutern, jedoch ganz bewusst kein pauschales Urteil über einzelne Finanzierungsformen fällen.

So wäre es beispielsweise falsch, grundsätzlich alle Bauspartarife als zu teure Variante der Finanzierung abzulehnen.

Sachkenntnis statt pauschaler Urteile

Hier kommen zur Zeit ständig Angebote mit neuen Tarifen auf den Markt und in dem einen oder anderen Fall kann dann ein Bausparvertrag ein wichtiger Baustein einer Gesamtfinanzierung werden. Am besten, Sie eignen sich selbst Grundkenntnisse auf diesem Gebiet an und wenden sich daneben frühzeitig an einen kompetenten Finanzierungsberater.

Da sich die Suche nach einem kompetenten Finanzierungsberater schwierig gestalten kann und Sie zudem stets Gefahr laufen, an einen nicht ausgebildeten, nebenberuflich tätigen Vermögens- oder Finanzberater zu geraten, möchten wir hier auf einen der zweifelsohne seriösen Verbände von Baufinanzierungsberatern hinweisen – den Bundesverband der Bau-

Seriöse Finanzierungsberater

finanzberater in Taunusstein, Telefon: 0 61 28 / 7 55 20. Vorsitzender dieses Berufsverbandes ist Prof. Heinrich Bockholt, der u. a. auch Leiter des Instituts für Finanzwissenschaften an der Fachhochschule Rheinland-Pfalz, Abteilung Koblenz ist. Die Besonderheit des Verbandes ist, dass er von Beratern, die aufgenommen werden möchten, eine ein- bis fünfjährige Probezeit verlangt. Im Anschluss an diese Probezeit ist eine Prüfung zu absolvieren. Aus diesem Grund, so Prof. Bockholt, „ist für eine Ausbildung auf hohem Niveau ausreichend Sorge getragen".

Angesichts der Tatsache, dass eine gute Konzeption den Vorteil von guten Konditionen erheblich ausweiten und Ihnen helfen kann, kostengünstig zu finanzieren, sollten Sie eine Beratung von kompetenter Stelle durchaus in Erwägung ziehen. Selbst wenn Sie für eine vier- bis fünfstündige Beratung ein Honorar von 1.000,– DM bis 1.500,– DM einplanen müssen, wird dieser Betrag durch eine entsprechend günstige, individuell auf Ihre Situation abgestimmte Finanzierungskonzeption wieder eingespart werden. Und verglichen mit den üblichen Maklerprovisionen, die sich bei Vermittlung von Grundstücken oder Häusern schnell auf etliche Tausende belaufen, ist das Honorar für eine gute Konzeptionsberatung im Vorfeld Ihrer Gespräche mit der Bank mit Sicherheit gut angelegt.

Eine gute Finanzberatung lohnt sich

Unser Tipp: Die Gespräche mit den in Frage kommenden Finanzierungspartnern sollten Sie bereits vor der Kreditwürdigkeitsprüfung durch die finanzierende Bank gut vorbereiten. Hierbei ist es hilfreich, wenn Sie bereits vor den ersten Verhandlungen die von einem Bankmitarbeiter mit Sicherheit erfragten Unterlagen so weit wie möglich zusammenstellen.

Auf den folgenden Seiten finden Sie Muster einer Selbstauskunft sowie eines Baukredit-Beratungsbogens als Grundlage für Kreditgespräche. Damit können Sie bereits vor anstehenden Finanzierungsgesprächen die dort mit Sicherheit verlangten Auskünfte bestmöglich zusammenstellen. Wir danken der Sparkasse Koblenz, die uns diese Unterlagen freundlicherweise zur Verfügung stellte. Andere Kreditinstitute verfahren ähnlich.

Welche Auskünfte erwartet die Bank?

SELBSTAUSKUNFT zur Vorlage bei der Sparkasse Koblenz

1. Persönliche Angaben:

	Darlehensnehmer	Ehegatte
Name, Vorname		
Geburtsdatum		
Straße, Nr.		
PLZ, Wohnort		

Familienstand ☐ ledig ☐ verheiratet ☐ verwitwet ☐ geschieden ☐ getrennt lebend

Güterstand ☐ gesetzlicher Güterstand ☐ Gütertrennung ☐ Gütergemeinschaft

Steuerl. Veranlagung ☐ gemeinsam ☐ getrennt

2. Jährliche Einkünfte *)

(in TDM) aus	Darlehensnehmer		Ehegatte	
	Vorjahr	lfd. Jahr (Prognose)	Vorjahr	lfd. Jahr
☐ Gewerbebetrieb ☐ selbständiger Arbeit ☐ Land- u. Forstwirtsch.				
nicht selbstständiger Arbeit				
Vermietung u. Verpacht.				
Kapitalvermögen				
sonstige Quellen				
GESAMTEINKÜNFTE				
bei Einkünften aus Vermietung u. Verpacht. abgesetzte AfA	( )	( )	( )	( )

3. Jährliche Ausgaben (in TDM) für:

Zinsen **)				
Tilgungen				
Steuern **)				
Sonderausgaben (z. B. Sozial-/LV-Beiträge)				
sonst. regelm. Ausgaben (z. B. Unterhaltszahlungen)				
GESAMTAUSGABEN				

*) Betrieb-/Einnahmen abzüglich Betriebsausgaben/Werbungskosten (z. B. Zinsen, AfA).

**) Soweit nicht bereits bei der Ermittlung der Einkünfte berücksichtigt.

Bitte fügen Sie folgende Unterlagen bei:

• Kopien der beiden letzten Einkommensteuerbescheide; sofern sich der letzte Einkommensteuerbescheid nicht auf das Vorjahr bezieht, Kopie der vom Darlehensnehmer und Steuerberater unterschriebenen Einkommensteuererklärung des Vorjahres nebst Anlagen.

• endgültige Jahresabschlüsse der beiden letzten Jahre, wenn Einnahmen aus Gewerbebetrieb erzielt werden (ersatzweise vorläufige Jahresabschlüsse, DATEV Auswertung o. ä.)

60.68 Blatt 1 01.97 Spk.

4. Vermögensverhältnisse (in TDM) zum Stichtag _____

Vermögenswerte	Darlehensnehmer	Ehegatte
Eigengenutztes Wohnhaus bzw. *) Eigentumswohnung (Verkehrswerte)		
Immob.besitz in Bauherren, Bauträger-*) u. Erwerbermodellen (Verkehrswerte)		
Sonst. Immob.besitz (Verkehrswerte) *)		
Geldvermögen einschl. Sparguthaben		
Wertpapiere (Kurswert)		
Beteiligungen/Betriebsvermögen		
Lebensversich. (Rückkaufswerte)		
Sonstige Vermögenswerte		
Summe der VERMÖGENSWERTE		

Verbindlichkeiten		
Darlehen (Restschuld)		
Sonstige Kredite		
Rentenverpflichtungen		
Sonstige Verbindlichkeiten (z. B. geschuldete Steuern)		
Summe VERBINDLICHKEITEN		

NETTOVERMÖGEN		
Übernommene Bürgschaften/Garantien		

*) Bitte fügen Sie die ausgefüllte <u>Anlage 1 "Immobilienbesitz"</u> oder pro Objekt die Anlage V der letzten Einkommensteuererklärung, jeweils vom Darlehensnehmer/Ehegatten und Steuerberater unterzeichnet, bei.

5. Bestätigung des Darlehensnehmers/Ehegatten:

Ich/Wir bestätige(n), dass

● diese Selbstauskunft alle meine/unsere Vermögen enthält,
● über die angegebenen Verpflichtungen hinaus keine weiteren Verbindlichkeiten bestehen,
● Zahlungsverpflichtungen bisher ordnungsgemäß erfüllt wurden.

_____

Datum   Darlehensnehmer   Ehegatte

Obige Darstellung: erstellt - geprüft (Nichtzutreffendes bitte streichen)

_____

Datum   Stempel und Unterschrift des Steuerberaters/Wirtschaftsprüfers

Sparkasse Koblenz **BAUKREDIT-Beratungsbogen** Ausfertigung für KUNDEN

Name: ....

Bauvorhaben in (Ort/Straße): ....

[ ] Neubau   [ ] Kauf   [ ] Umbau/Modernisierung
[ ] Eigentumswohnung   [ ] Einfamilienhaus   [ ] Mehrfamilienhaus

Wohnfläche eigengenutzt: .... m² fremdgenutzt: .... m²;   Baujahr/Fertigstellung: ....
Nutz-/Gewerbefläche/sonst. (.....................................): ....

		Nichtzutreffendes bitte streichen!
Gesamtkapitalbedarf		
Kaufpreis des erschlossenen Grundstücks	.... m² x DM/EUR	TDM/EUR ....
Baukosten/Kaufpreis	.... m³ x DM/EUR	TDM/EUR ....
Nebenkosten (Grunderwerbsst./Notar-, Eintrag.-, Maklerkosten)		TDM/EUR ....
Sonstige Kosten (Außenanlage etc.)		TDM/EUR ....
Renovierungskosten		TDM/EUR ....
Bauzeitzinsen		TDM/EUR ....
Kosten des Vorhabens		**TDM/EUR** ....

Eigenmittel	
Barmittel/Bankguthaben	TDM/EUR ....
Bausparguthaben (zugeteilter Vertrag)	TDM/EUR ....
Eigenleistung	TDM/EUR ....
Sonstige Eigenmittel	TDM/EUR ....
Finanzierungsbedarf	**TDM/EUR** ....

Finanzierungsvorschläge

Betrag / Währung	Nominalzins %	Festzins bis	Tilgung %	anfängl. eff. Jahreszins %	RATE jährlich	monatlich

Liquiditätsrechnung

a.) bei selbstgenutzten Objekten   jährlich

Darlehensbelastung	+ DM/EUR ....
LV-/Bausparbeiträge	+ DM/EUR ....
Bewirtschaftungskosten	+ DM/EUR ....
Bruttobelastung	= DM/EUR ....
Aufwendungsdarlehen	./. DM/EUR ....
Eigenheimzulage	./. DM/EUR ....
Kinderkomponente	./. DM/EUR ....
Sonst. Einkünfte (lt. Selbstaus.)	./. DM/EUR ....
Nettobelastung	= DM/EUR ....
MONATLICHE Nettobelastung	= DM/EUR ....
Sonst. mtl. regelm. Aufwend.	= DM/EUR ....
Nettoeinkommen	= DM/EUR ....
Verfügbares Einkommen *	**= DM/EUR** ....

b.) bei vermieteten Objekten   jährlich

Zinsaufwand	+ DM/EUR ....
Tilgung/LV-Beiträge	+ DM/EUR ....
Sonstige Aufwendungen	+ DM/EUR ....
Bruttobelastung	= DM/EUR ....
Mieteinkünfte	./. DM/EUR ....
Steuerersparnis	ca. ./. DM/EUR ....
(zu versteuerndes Einkommen = TDM/EUR ....)	
Nettobelastung/Nettoertrag	= DM/EUR ....
MTL. Nettobelastung/-ertrag	= DM/EUR ....

Eine Änderung kann sich nach Ablauf der Zinsfestschreibung und Reduzierung der Steuerersparnis ergeben!

Dieser Finanzierungsvorschlag wurde aufgrund Ihrer Angaben für Sie ausgearbeitet. Bitte haben Sie Verständnis dafür, dass wir eine Haftung für diese unentgeltliche Beratung ausschließen müssen.

Koblenz, den_____ Ihr Berater bei der Sparkasse:_____ Tel.: _____/_____

*) Empfehlung der Sparkasse: <u>Mindestgrenze d. verfügbaren Einkommens</u>: 1) Ein-Pers.-Haushalt: 1.300,-- DM; 3) mit einem Kind: 2.100,-- DM;
2) Zwei-Pers.-Haushalt: 1.700,-- DM; 4) mit zwei Kindern: 2.400,-- DM.
bzw. entsprechender Gegenwert in EUR.

(61 07 5.000 08/2000 (46))

224 *Die Finanzierung*

Die maximale Belastbarkeit

Da die Kreditinstitute an jedem vergebenen Kredit verdienen möchten, wird die Bank zunächst ermitteln, wie hoch die maximale Fremdmittelaufnahme in Ihrem Fall sein sollte, und anschließend vergleichen, ob Ihr Kreditwunsch innerhalb des von der Bank ermittelten Rahmens liegt oder nicht.

Wie viel
Schulden
können Sie
sich leisten?

Es stellen sich also zwei Fragen:

1. Wie hoch sollte die maximale Fremdkapitalaufnahme im Einzelfall sein?
2. Wie hoch sollten die Objektkosten, also die Gesamtkosten der Immobilie, sein?

Richtlinien für die Bonitätsprüfung

Im Allgemeinen erlassen Banken, Versicherungen und Bausparkassen für ihre Bonitätsprüfungen jeweils eigene Richtlinien. Es gibt jedoch generelle Anhaltspunkte, nach denen Sie sich richten können. Dabei handelt es sich um Durchschnittswerte, die von Institut zu Institut leicht variieren können. Eine solche Regel besagt, dass nach dem Bedienen der Schuldenlast (Zins- und Tilgungsrate) Alleinstehenden 1.100,– DM, einem Ehepaar 1.500,– DM plus 350,– DM je Kind netto zum Leben zur Verfügung bleiben sollen. Eine andere Faustregel lautet, dass je Familienmitglied ca. 500,– bis 600,– DM übrig bleiben sollten. Bei einer Familie mit zwei Kindern sind das nach dem ersten Richtwert somit 2.200,– DM, nach dem zweiten 2.000,– bis 2.400,– DM.

Bonität =
Zahlungs-
fähigkeit

Wichtig bei diesen Richtwerten ist jedoch, dass individuelle Besonderheiten berücksichtigt werden. Hierzu zählt beispielsweise ein Zweitwagen, der den für ein Ehepaar angesetzten Wert von 1.500,– DM auf 1.800,– DM erhöht.

Demnach stehen einem Bauherren, der 3.500,– DM netto verdient, nach Abzug der anzusetzenden Lebenshaltungskosten in Höhe von 1.500,– DM lediglich 2.000,– DM für Zinszahlungen und Kredittilgung zur Verfügung.

Ganz bewusst sollten bei dieser ersten Betrachtung steuerliche Besonderheiten außer Acht gelassen werden. Hier gilt die goldene Regel, dass eine gute Finanzierung sich zunächst völlig **Steuervorteile** ohne Steuervorteile rechnen muss, denn Steuervorteile werden **ausklammern** nur für einen bestimmten Zeitraum (bei Eigenheimnutzung zur Zeit 8 Jahre) gewährt. Und nach Ende der steuerlichen Vergünstigungen müssen Sie die Belastung in voller Höhe, sozusagen brutto gleich netto, tragen. Dennoch sollten Sie natürlich die wichtigsten Steuerregeln beim Hausbau kennen: Welche Finanzierungsstrategie für Sie die richtige ist, orientiert sich unter anderem an der Frage, inwieweit Sie als Hausherr beispielsweise Schuldzinsen beim Finanzamt geltend machen können. Fragen Sie dazu Ihren Steuerberater.

In dem oben beschriebenen Fall des Ehepaars mit 3.500,– DM Nettoeinkommen wäre aufgrund der ersten beiden Faustregeln eine Finanzierung durchaus möglich und durchführbar. Hätte **Lebensplanung** das Ehepaar einen Zweitwagen oder würde es eine Familie mit **berücksichtigen** einem oder zwei Kindern planen, so könnte es mit der Finanzierung eng werden. Nicht ohne Grund lautet eine weitere Faustregel, dass das Familiennettoeinkommen möglichst nicht über 50 Prozent für Schuldendienste aufgebraucht werden sollte!

Allerdings könnten Sie zum errechneten Nettoeinkommen noch folgende Einkünfte hinzurechnen:

✖ Kindergeld

✖ Mieteinnahmen

* eventuelle Einkünfte aus Überstunden
* das 13. und gegebenenfalls das 14. Monatsgehalt

Auf der anderen Seite sollten Sie dann, wenn Sie Ihre Finanzierung auf die Berufstätigkeit zweier Partner aufbauen, den Ausfall eines Verdienstes durch Arbeitslosigkeit, Unfall oder Schwangerschaft einkalkulieren.

Tilgungsdauer

Als einfache Faustformel gilt: Spätestens bis zu Ihrer Pensionierung sollten Sie bestehende Kredite getilgt haben. So genannte *„Enkelfinanzierungen"* sollten Sie vermeiden! Hiermit sind jene Finanzierungen gemeint, die sich zunächst günstig anhören, die sich jedoch im Nachhinein nur deswegen als günstig herausstellen, weil die Finanzierungsdauer gestreckt wurde.

Ziel: als Rentner schuldenfrei

Wenn Sie also 35 Jahre alt sind und mit 65 Jahren Ihren Rentenbeginn geplant haben, bleiben Ihnen etwa 30 Jahre zur Tilgung. Sind Sie dagegen 45 Jahre alt, bleiben Ihnen nur noch 20 Jahre. Dies hat eine wichtige Auswirkung: Die meisten Immobilienkäufer rechnen bei Kreditgesprächen die Belastung mit pauschal einem Prozent Tilgung durch und treffen im Anschluss daran die Entscheidung, ob sie die Kosten der Finanzierung tragen können oder nicht. Berechnen Sie dagegen die Tilgungshöhe so, dass Ihre Immobilie zu Beginn Ihrer Rentenzeit schuldenfrei ist, ergeben sich unter Umständen völlig andere Tilgungssätze. Dadurch können sich die Gesamtkosten einer Finanzierung ganz anders – höher wie auch niedriger – darstellen. Den für Sie geeigneten Tilgungssatz sollten Sie daher frühzeitig bestimmen.

Die folgende Tabelle verdeutlicht einerseits den genannten Zusammenhang und erleichtert andererseits auch die Wahl des geeigneten Tilgungssatzes. Die Tabelle reicht von einem Zinsniveau von 5,5 % bis 10 %.

**Zusammen-
hang
Tilgungsdauer –
Tilgungssatz**

	Verbleibende Laufzeit bis zum geplanten Rentenbeginn in Jahren			
	15	20	25	30
Zins in Prozent	Notwendiger Tilgungssatz in Prozent (zusätzlich zum Zinssatz)			
5,5	4,31	2,76	1,87	1,31
6,0	4,13	2,60	1,73	1,20
6,5	3,95	2,45	1,60	1,09
7,0	3,79	2,30	1,48	0,98
7,5	3,62	2,17	1,37	0,89
8,0	3,47	2,04	1,26	0,81
8,5	3,32	1,91	1,16	0,73
9,0	3,17	1,80	1,07	0,66
9,5	3,03	1,69	0,98	0,59
10,0	2,90	1,58	0,90	0,53

Die Anfangstilgungssätze wurden unter der Voraussetzung berechnet, dass die Zins- und Tilgungsverrechnung monatlich erfolgt.

■ *B e i s p i e l :*

Sie finanzieren Ihr Haus mit 300.000 DM und möchten es bis zum geplanten Rentenbeginn in 20 Jahren entschuldet haben. Bei einem angenommenen Zinssatz von 8 Prozent müssten Sie dann nach der obigen Tabelle zusätzlich einen Tilgungsanteil in Höhe von 2,04 Prozent bezahlen. Ihre Gesamtannuität läge somit bei

300.000 DM x (8% + 2,04%)

= 300.000 DM x 10,04%

= 30.120 DM Zins- und Tilgungsrate pro Jahr

Die folgende Grafik zur Zinsentwicklung seit 1971 ermöglicht
Ihnen eine Einschätzung der aktuellen Zinsphase:

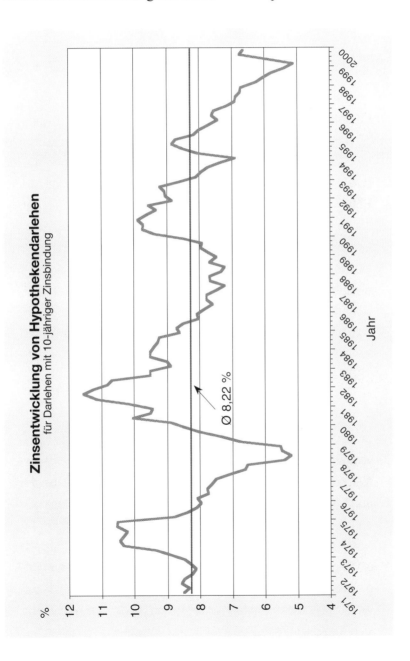

Sie sollten die Höhe der tragbaren monatlichen Zahlungsverpflichtungen sorgfältig abwägen. Entscheidend ist: Wie viel bleibt Ihnen noch von Ihren Nettoeinkünften? Dazu ein weiteres Beispiel.

■ *B e i s p i e l :*

Angenommen, Herr S. ist 45 Jahre alt und beabsichtigt, mit 65 Jahren in Rente zu gehen. Zur Tilgung verbleiben ihm somit 20 Jahre. Statt von dem üblichen Tilgungssatz in Höhe von einem Prozent auszugehen, müsste bei einem Zinssatz von 8 Prozent für die Kreditberechnung nach der obigen Tabelle ein Tilgungssatz in Höhe von 2,04 Prozent angesetzt werden. Da Banken ihre Konditionen in der Regel in Abständen von 0,25 Prozentpunkten anpassen, gehen wir von 2 Prozent aus. (Entsprechend müssen Sie die Tilgungssätze bei Ihrer individuellen Planung auf- bzw. abrunden.)

Durch die höhere Tilgung haben die Eheleute S. einen höheren Schuldendienst zu leisten, also eine höhere monatliche Rate zu zahlen:

$$250.000,- \text{DM} \times 10\% = 25.000,- \text{DM} / 12 \text{ Monate}$$
$$= \text{ca. } 2.100,- \text{DM/Monat}$$

Gehen wir davon aus, dass Herr S. 3.500,– DM netto im Monat verdient. Nach den banküblichen Richtlinien, denen zufolge für die Lebenshaltungskosten bei Ehepaaren 1.500,– DM/Monat übrig bleiben müssen, wird für ihn die gesamte Finanzierung nunmehr eng.

Noch extremer würde sich die Situation für Ehepaar S. darstellen, wenn es bis zur geplanten Rentenzeit nur 15 Jahre wären und gleichzeitig die Finanzierung in einen Zeitraum mit Hochzinsniveau, sagen wir 9 Prozent, fallen würde. In diesem Fall ergäbe sich, um die Immobilie bis zur Rente entschuldet zu haben, nach der Tabelle ein notwendiger Tilgungssatz in Höhe von ca. 3 Prozent. Die monatliche Belastung für das Ehepaar wäre dann noch höher:

$$250.000,- \text{DM} \times 12\% = 30.000,- \text{DM} / 12 \text{ Monate}$$
$$= \text{ca. } 2.500,- \text{DM/Monat}$$

Die einzig realistische Entscheidung wäre in einem solchen Fall, von einer Finanzierung Abstand zu nehmen. Seinen Traum von der eigenen Immobilie könnte sich das Ehepaar S. unter diesen Umständen nicht erfüllen.

Konditionengestaltung

Sobald Ihr Finanzierungskonzept steht, ist der erste Schritt getan. Wenn Sie dann auch noch mithilfe der Faustregel geprüft haben, ob Sie sich die Finanzierung leisten können, geht es an die Konditionengestaltung – die konkreten Verhandlungen mit den Banken.

Mit Finanzierungskonzept zur Bank

Der Einfachheit halber sollte Ihr Finanzierungsberater bereits mit realistischen und marktaktuellen Konditionen gearbeitet haben. Sicherheitshalber können Sie sich dies noch einmal bestätigen lassen. Allerdings wird Ihnen ein guter Finanzberater für konkrete Bankverbindungen in Ihrem Auftrag ein zusätzliches Honorar in Rechnung stellen.

Bevor Sie zur Bank gehen, gilt es, das Gespräch richtig vorzubereiten, um Ihre sorgfältig zusammengestellten Unterlagen im konkreten Gespräch präsentieren zu können. Verhandlungsspielraum haben Sie in zweierlei Hinsicht: Sie können entweder über die grundsätzlichen Kreditkonditionen verhandeln oder über die Höhe der Nebenkosten und Bearbeitungsgebühren.

Verhandlungsspielräume

Ebenso wichtig ist es für Sie, auch über die Möglichkeit der *Sondertilgung* zu verhandeln. Unter „Sondertilgung" versteht man das Recht, ein Darlehen vorzeitig, also vor Ablauf der im Kreditvertrag genannten Laufzeit, ganz oder teilweise tilgen zu können. Wenn Sie keine Sondertilgung vereinbart haben und dennoch Ihren Kredit aus nicht vorhersehbaren Gründen (wie beispielsweise einer Erbschaft) vorzeitig zurückzahlen möchten, kann dies dazu führen, dass die Bank eine so genannte *„Vorfälligkeitsentschädigung"* verlangt. Die Vorfälligkeitsentschädigung dient dazu, mögliche Verluste der Bank abzudecken. Diese können dadurch entstehen, dass die Bank das vorzeitig zurückgezahlte Geld anderen Schuldnern womöglich zu einem aktuell niedrigeren Zinssatz überlassen muss. Die Berechnung der Vorfälligkeitsentschädigung ist zwischenzeitlich vom Bundesgerichtshof festgelegt worden. Zur besseren Verdeutlichung ein Beispiel:

Möglichst Sondertilgung vereinbaren

■ *B e i s p i e l :*

Kunde A. hat einen Kredit über 200.000,– DM zu einem Zinssatz von 9 Prozent für eine Laufzeit von 10 Jahren. Nach 5 Jahren kann A. den Kredit vorzeitig zurückzahlen. Das Zinsniveau für langfristige Kredite ist aber inzwischen auf 5 Prozent gesunken. Die Bank verzichtet also für den Fall, dass A. sein Darlehen vollständig tilgt, für die restlichen 5 Jahre auf den Zinsertrag, den sie nach dem ursprünglichen Vertrag erhalten hätte. Nimmt sie die Sondertilgung an und verleiht im Anschluss das Geld erneut, erzielt sie statt 9 Prozent nur noch einen Zinsertrag von 5 Prozent. Die Bank hat daher kein Interesse, Herrn A. früher aus seinem Vertrag zu lassen, außer wenn er sich dazu bereit erklärt, eine entsprechende Entschädigung für die vor Fälligkeit zurückgezahlten Beträge zu zahlen. Dies ist die so genannte Vorfälligkeitsentschädigung.

Indem Sie sich das Recht zur vorzeitigen Sondertilgung ohne Berechnung dadurch anfallender Gebühren sichern, bleiben Sie bei der Rückzahlung und endgültigen Entschuldung Ihrer Immobilie flexibel.

Ihre Verhandlungsstrategie hängt zudem von Ihrem persönlichen Finanzierungsziel ab: Was steht für Sie im Vordergrund – eine niedrige Belastung, ein möglichst hoher Steuervorteil, ein niedriger Liquiditätsaufwand oder eine schnelle Entschuldung? Dieses Ziel sollten Sie bereits im Vorfeld mit Ihrem Finanzierungsberater festlegen und dann entsprechend Ihre Verhandlungen angehen.

Das eigene Finanzierungsziel

WICHTIG

Bestehen Sie darauf, dass die einzelnen Verhandlungsergebnisse am Ende schriftlich fixiert werden. Akzeptieren Sie es nicht, dass lediglich grobe Zahlen festgehalten werden, sondern beharren Sie auf einer Fixierung der konkreten Zahlen. Fragen Sie nach, wenn Sie Fachausdrücke nicht verstehen, und denken Sie immer wieder daran: Sie sind ein absolut vollwertiger und höchst willkommener Geschäftspartner eines jeden Kreditinstituts. Beachten Sie bei den Verhandlungen mit der Bank auch, dass Ihr Sachbearbeiter Ihnen ab einem gewissen Verhandlungserfolg unter Umständen nicht weiter entgegenkommen darf. Verlangen Sie in solchen Fällen eine leitende Person aus der zuständigen Kreditabteilung.

Vergleich von Finanzierungs-alternativen

Wie bereits erwähnt, ist es für eine möglichst optimale Finanzierung wichtig, dass Sie ein gutes Finanzierungskonzept erarbeiten. Hierzu gehört, dass Sie die Vor- und Nachteile der einzelnen Finanzierungsmöglichkeiten kennen. Im Folgenden möchten wir daher auf die verschiedenen Alternativen näher eingehen.

Das Annuitätendarlehen

Jeder zukünftige Bauherr muss wissen, was sich hinter diesem Begriff verbirgt, wie sinnvoll es ist, eine Immobilie über ein solches Darlehen zu finanzieren, und wie sich ein solches Annuitätendarlehen im Vergleich zu alternativen Finanzierungsformen rechnet.

Merkmale eines Annuitätendarlehens

„Annuität" ist am ehesten zu übersetzen mit „Jahresrate". Wenn Sie also ein Annuitätendarlehen aufnehmen, ist dies nichts anderes als ein Darlehen, das Sie mit einer festen Jahresrate über eine bestimmte Laufzeit zurückzahlen.

Laufzeit und Jahresrate

Damit Sie sich das besser vorstellen können, kommen wir noch einmal auf das Beispiel vom Beginn dieses Kapitels zurück:

■ *B e i s p i e l :*
Sie nehmen im Rahmen einer Baufinanzierung einen Betrag in Höhe von 250.000,– DM auf. Wenn Sie nun eine Zinsbindung für

15 Jahre sowie einen Zinssatz in Höhe von 8 Prozent bei
1 Prozent Tilgung vereinbart haben, zahlen Sie jedes Jahr insgesamt eine Rate in Höhe von 9 Prozent (8+1) der von Ihnen aufgenommenen Kreditsumme:

250.000,– DM x 9% = 22.500,– DM / 12 Monate
= 1.875,– DM/Monat

Da man lediglich 1 Prozent für die Tilgung des Darlehens
ansetzt, liegt die Vermutung nahe, dass 100 Jahre benötigt
werden, um 100 Prozent des Darlehens zu tilgen. Dies ist aber **Zins und**
ein irriger Schluss: Sie zahlen zwar Jahr für Jahr die gleiche **Tilgung**
Rate, aber jedes Jahr steht ein höherer Anteil davon zur Tilgung
zur Verfügung. Der Zinsanteil wird geringer, da Sie einen Teil
der Schuld ja schon beglichen haben. Dazu folgendes Beispiel:

	Schuldsaldo	jährliche Rate	davon Zinsen	davon Tilgung
1. Jahr	250.000,– DM	22.500,– DM	20.000,– DM	2.500,– DM

Mit der ersten Rate tilgen Sie also das aufgenommene Darlehen
mit 2.500,– DM. Der Schuldsaldo im 2. Jahr vermindert sich
somit von 250.000,– DM um 2.500,– DM auf 247.500,– DM.
Betrachten wir das zweite Jahr:

	Schuldsaldo	jährliche Rate	davon Zinsen	davon Tilgung
2. Jahr	247.500,– DM	22.500,– DM	19.800,– DM	2.700,– DM

Von Ihrer fest vereinbarten jährlichen Rate in Höhe von
22.500,– DM entfallen im zweiten Jahr nur noch 19.800,– DM
auf den Zinsanteil (= 8 Prozent der verringerten Schulden von
247.500,– DM). Da die Jahresrate gleich bleibt, erhöht sich der
Tilgungsanteil zwangsläufig auf einen Betrag in Höhe von
2.700,– DM. Die neue Schuld beträgt zu Beginn des dritten

Jahres somit 247.500,– DM minus 2.700,– DM, was einen Betrag in Höhe von 244.800,– DM ergibt. Die Entwicklung der kommenden 2 Jahre sieht so aus:

	Schuldsaldo	jährliche Rate	davon Zinsen	davon Tilgung
3. Jahr	244.800,– DM	22.500,– DM	19.584,– DM	2.916,– DM
4. Jahr	241.884,– DM	22.500,– DM	19.351,– DM	3.149,– DM

Sie sehen, dass sich Ihr Tilgungsanteil Jahr für Jahr erhöht, und zwar dadurch, dass die Schuld Jahr für Jahr abgebaut wird und

Stetiger Anstieg des Tilgungsanteils sich infolgedessen der Zinsanteil der zu zahlenden gleich bleibenden Rate vermindert. So kommt es, dass Sie trotz einer mit einem Prozent berechneten Tilgung bei einem Annuitätendarlehen keine 100 Jahre zur Tilgung der Schuld benötigen, sondern etwa 28 Jahre.

Monatliche Zahlungsweise

Kennzeichen eines Annuitätendarlehens ist wie gesagt die stabile Jahresrate bis zum Ablauf der mit Ihrer Bank vereinbarten Zinsbildung. Der Einfachheit halber wurde oben von einer jährlichen Zahlung ausgegangen, im Folgenden werden wir erläutern, warum Sie besser die heute allgemein übliche monatliche Zahlungsweise wählen sollten.

Wir erachten es als wenig sinnvoll, Ihnen – wie zahlreiche andere Autoren – die finanz-mathematischen Einzelheiten verschiedener Zins- und Tilgungsverrechnungsmodelle vorzustellen, denn seit einem Bundesgerichtshofurteil vom 24.11.1988 stellt die sofortige, monatliche Zins- und Tilgungsverrechnung die Regel dar. Genau dieser Punkt ist bei einem Annuitätendarlehen sehr wichtig. Vereinbaren Sie daher sofortige Zins- und Tilgungsverrechnung Ihrer monatlich zu zahlenden Annuität!

Zur Erklärung, was das bedeutet und warum diese Zahlungs-modalität günstiger ist, wollen wir auf unser o. g. Beispiel zurückgreifen. Sie erinnern sich: Die Jahresrate betrug 22.500,– DM, wobei im ersten Jahr 20.000,– DM auf den Zins-anteil entfielen und 2.500,– DM auf den Tilgungsanteil. Am Ende des Jahres wurde also die Schuld einmalig um den Til-gungsanteil reduziert.

Warum ist die monatliche Zahlungsweise günstiger?

Wenn Sie nun die Jahresrate monatlich zahlen würden, ent-spräche das 22.500,– DM dividiert durch 12 Monate, also einem Betrag in Höhe von 1.875,– DM. Von diesem Betrag würden 1.666,67 DM auf den Zinsanteil (= Zinsbetrag von 20.000,– DM dividiert durch 12 Monate) entfallen, die Diffe-renz in Höhe von 208,33 DM zu der gesamten Monatsrate von 1.875,– DM würde sofort im ersten Monat zur Schuldentilgung verwandt. Im Folgenden nun die Betrachtung der ersten Monate:

	Schuldsaldo	jährliche Rate	davon Zinsen	davon Tilgung
1. Monat	250.000,– DM	1.875,– DM	1.666,67 DM	208,33 DM

Wie in unserer Jahresbetrachtung vermindert sich durch die sofortige Zins- und Tilgungsverrechnung der Schuldsaldo unmittelbar mit der ersten Monatsrate um den in der Rate ent-haltenen Tilgungsanteil von 208,33 DM. Der verbleibende Schuldsaldo zu Beginn des zweiten Monats beträgt noch 249.791,67 DM.

	Schuldsaldo	jährliche Rate	davon Zinsen	davon Tilgung
2. Monat	249.791,67 DM	1.875,– DM	1.665,28 DM	209,72 DM
3. Monat	249.581,95 DM	1.875,– DM	1.663,88 DM	211,12 DM

Wenn Sie nun die Höhe der anteiligen Tilgung betrachten, wird deutlich, wieso die sofortige Zins- und Tilgungsverrechnung für

Sie als Kreditnehmer günstig ist: Würden Sie den Tilgungsanteil des ersten Monats in Höhe von 208,33 DM auf ein Jahr hochrechnen, also mit 12 multiplizieren, kämen Sie auf den Tilgungsbetrag, der auch in der ersten Jahresrate enthalten war, nämlich 2.500,– DM (exakt: 2.499,96 DM). Dadurch, dass bei sofortiger Zins- und Tilgungsverrechnung der Schuldsaldo Monat für Monat um den jeweils gezahlten Tilgungsanteil vermindert wird, steigt gleichzeitig der von der Rate für den Tilgungsanteil verbleibende Betrag von Monat zu Monat; in unserem Beispiel: 1. Monat 208,33 DM, 2. Monat 209,72 DM, 3. Monat 211,12 DM und so weiter. Ihre Schuld wird somit schneller getilgt als mit jährlicher Tilgung und der Kredit letztlich für Sie günstiger!

Der Effektivzins

Bei Aufnahme eines Kredites ist der Vergleich des so genannten „anfänglichen effektiven Jahreszinses“ gemäß der Preisangabenverordnung (PAngV) eine Möglichkeit, die tatsächlichen Belastungen bei verschiedenen Angeboten miteinander zu vergleichen.

Der Effektivzins als Vergleichsgröße

Der Gesetzgeber wollte mit der Verpflichtung der Banken zur Angabe des effektiven Jahreszinses eine Vergleichsmöglichkeit für den Verbraucher schaffen: Dieser sollte die Gesamtbelastung verschiedener Kreditalternativen einfacher abwägen können.

Allerdings ist hierbei Vorsicht angebracht, denn oft bleiben verschiedene Kosten und Aspekte bei der Berechnung des anfänglichen effektiven Jahreszinses unberücksichtigt, sodass Ihnen bei bestimmten Darlehenskombinationen zwar ein optisch günstigerer effektiver Jahreszins präsentiert werden kann, die Finanzierung sich beim Nachrechnen jedoch als teurer erweist als andere Angebote mit vermeintlich höherem effektiven Jahreszins. Deshalb hier eine kurze Aufstellung jener Angaben, die im Effektivzins enthalten sind sowie solcher, die es nicht sind.

Angaben, die im Effektivzins enthalten sind:

* Auszahlung des Darlehens
* Auszahlungskurs (Disagio)
* Vermittlungs/Bearbeitungsgebühr
* Nominalzins
* Zins- und Tilgungsverrechnung
* Restschuld
* Kosten der vorgeschriebenen Restschuldversicherung
* Ratenhöhe (nur Zins)

Was ist im Effektivzins enthalten?

Angaben, die nicht im Effektivzins enthalten sind:

* Notargebühren, Grundbuchkosten, Schätzkosten
* Prämien zu einer Lebensversicherung bei Abschluss eines Vertrages mit Tilgungsaussetzung über LV (Festdarlehen)
* Kosten für andere mögliche Tilgungsvarianten (bspw. Investmentfonds)
* Ansparleistungen zu Bausparverträgen

Bei Vergleichen unterschiedlicher Finanzierungsformen (z. B. Bank kontra Finanzierung mit Tilgungsaussetzung über eine Lebensversicherung) sollten Sie darauf achten, dass insbesondere bei den Tilgungsaussetzungsmodellen die zu zahlenden Prämien (für eine Lebensversicherung, Investmentfonds …) im Effektivzins enthalten sind, somit ein „ehrlicher" Effektivzins angegeben ist, der die tatsächlichen Kosten berücksichtigt. Ohne Berücksichtigung zumindest dieser Kosten ist ein Vergleich Bank kontra Tilgungsaussetzung über eine Lebensversicherung lediglich Makulatur!

Kritisch nachprüfen

In Bezug auf den „Effektivzins" kommt es selbst von höherer Stelle immer wieder zu missverständlichen Aussagen. So schreibt beispielsweise das Bundesbauministerium in seiner Broschüre *„Der Weg zur eigenen Wohnung – Tipps und staatliche Hilfen für Bauherren und Käufer":*

„Zur Beschaffung von Fremdmitteln können Sie sich an alle Kreditinstitute und Versicherungen wenden. Es lohnt sich in jedem Fall, mehrere Angebote zu vergleichen, um das günstigste auswählen zu können. Bei gleicher Laufzeit ist das Angebot mit dem niedrigsten ‚Effektivzins' das preisgünstigste. "

**Vergleichs-
größe
Tilgungsdauer**

Wie oben erläutert wurde, stimmt dies nicht in jedem Fall. Beim Angebotsvergleich sollten Sie oder Ihr Finanzberater daher immer gleiche Einzahlungsbeträge annehmen und dann ausrechnen, bei welcher Finanzierungsalternative das Darlehen früher getilgt ist.

Risikoabsicherung

Da es für Finanzlaien schwer zu beurteilen ist, ob der vor Ihnen sitzende Finanzberater seinen Job wirklich beherrscht, sollten Sie sich von ihm sozusagen die Verantwortung für die Beratung abnehmen lassen. Dies dient Ihnen als Risikoabsicherung, falls Sie eines Tages nachweisen müssen, dass Ihr Vertrag unzweckmäßig abgeschlossen wurde.

**Schutz vor
ungünstigen
Verträgen**

Da es jedoch einfach unmöglich ist, Sie anhand eines Buches zu einem mit allen Wassern gewaschenen Finanzexperten auszubilden, sollten Sie sich frei nach dem Motto: „Verantwortlich sind Berater nicht nur für das, was sie sagen, sondern auch für das, was sie ihren Kunden *nicht* sagen" nach einem Finanzierungsgespräch von Ihrem Kundenberater eine Bestätigung unterschreiben lassen, die Sie zu Ihren Akten nehmen – auch wenn er in den seltensten Fällen begeistert davon sein wird, dass Sie ihn im wahrsten Sinne des Wortes zwingen, seine Aussagen zu unterschreiben. Solch eine Bestätigung könnte wie folgt lauten:

Bestätigung

Hiermit bestätige ich _____ (Name des Beraters), von der Firma _____ (Name der Bank), dass ich mit dem beiliegenden Vorschlag Frau/Herrn/Firma _____ (Name des Kunden) das mir bestmögliche Angebot unterbreitet habe.

Insbesondere habe ich bei Angabe der Gesamtbelastung und Angabe des möglichen anfänglich effektiven Jahreszinses den Kunden auf alle zu beachtenden Besonderheiten hingewiesen. Der von mir errechnete und im Anhang beigefügte Finanzierungs-vorschlag bringt die tatsächliche Gesamtbelastung des Kunden zum Ausdruck. Für den Fall, dass Angaben bezüglich des anfäng-lich effektiven Jahreszinses aufgrund bestimmter Darlehensbeson-derheiten und/oder Darlehenskombinationen fehlen und/oder sich im Nachhinein herausstellt, dass mir bekannte, jedoch von mir bei Berechnung des Finanzierungsvorschlages nicht berücksichtigte Angaben die Finanzierung für den Kunden vorteilhafter haben erscheinen lassen, als diese tatsächlich bei finanzmathematisch korrekter Berücksichtigung aller vom Kunden zu zahlenden Be-lastungen ist, verpflichte ich mich, den nachzuweisenden entstan-denen Schaden zu ersetzen.

_____ _____
Ort/Datum   Unterschrift des Beraters/der Beraterin

Vor- und Nachteile des Annuitätendarlehens

Im Folgenden haben wir die Vor- und Nachteile eines Annuitätendarlehens in einer Übersicht zusammengestellt:

Vorteile:

Kontinuierliche Tilgung
Durch den Tilgungsanteil wird die Restschuld kontinuierlich reduziert (im Unterschied zur Finanzierung mit Tilgungsaussetzung, vgl. Seite 253 ff.). Durch die so verminderte Kreditsumme verringert sich das Zinsrisiko bei Anschlussfinanzierungen.

Nachteile:

Zinsänderungsrisiko
1. Die Zinsfestschreibungsdauer vereinbaren Sie individuell mit Ihrer Hausbank. Da die Zinsentwicklung über Jahre kaum sicher prognostizierbar ist, besteht besonders nach Ablauf der ersten Zinsfestschreibungsperiode, wenn sich der Tilgungsanteil in der Regel noch in Grenzen hält, anders als etwa beim Bausparen, ein erhöhtes Zinsänderungsrisiko: Ihre Rate steigt unter Umständen kräftig.

Kein Todesfallschutz
2. Anders als bei der Finanzierung über eine Kapitallebensversicherung (vgl. Seite 253 ff.) muss ein (von der Bank eventuell erwünschter) Todesfallschutz extra vereinbart werden.

Bausparen

Was ist nun wirklich dran am Bausparen? Worauf müssen Sie achten und was sollten Sie über dieses Thema wissen? Auf die unterschiedlichen Tarifbedingungen verschiedener Bausparkassen wird im Folgenden weniger eingegangen – hierzu gibt es bereits umfangreiche Literatur. Darüber hinaus erhalten Sie heute preiswerte Computer-Vergleichsprogramme zum Thema Bausparen, mit denen Sie in Sekundenschnelle ausrechnen können, welche Bausparkasse für Ihren individuellen Bedarf den richtigen Tarif anbietet.

Wichtiger als eine Aufzählung dieser sich fast täglich wandelnden Tarifbesonderheiten erscheint uns, Ihnen Grundsätzliches zum Thema Bausparen und Bausparfinanzierung zu vermitteln.

Die drei Phasen

Zunächst zur Technik des Bausparens: Bausparen gliedert sich in drei Phasen. In der ersten Phase, der **Sparphase,** vereinbaren Sie als Kunde mit einer Bausparkasse eine feste Bausparsumme. Diese Summe wird dann durch regelmäßige Zahlungen (oder auch Sonderzahlungen) angespart. Der Zinssatz für diese Sparbeiträge liegt in der Regel zwischen 2 und 4 Prozent und ist normalerweise festgeschrieben. Zusätzlich erhält der Bausparer staatliche Prämien.

Zinssätze
+ Prämien

In der zweiten Phase, der **Zuteilungsphase,** können Sie als Bausparer über die zu Beginn vertraglich festgeschriebene Bausparsumme verfügen. Das bedeutet: Sobald ein gewisser Betrag angespart wurde (je nach Tarif 40, 50 oder x Prozent der ursprünglich vereinbarten Bausparsumme), eine Mindestvertragsdauer und eine bestimmte Zielbewertungszahl erreicht sind, wird Ihnen die Differenz zwischen dem angesparten Guthaben und der vereinbarten Bausparsumme als fest und niedrig verzinsliches Darlehen ausbezahlt. Die Zielbewertungszahl gibt an, welche Leistung der einzelne Bausparer bislang im Verhältnis zum gesamten Bausparkollektiv erbracht hat. In der Branche spricht man auch von dem „Zeit x Geld-System". Das bedeutet, dass die Zielbewertungszahl umso höher wird, je mehr Geld der Bausparer und je länger er es auf seinem Konto hatte.

Kriterien für die
Zuteilung

Ist die Zuteilung erfolgt, beginnt die dritte Phase, die **Darlehensphase.** Dann zahlen Sie als Bausparer das gewährte

Darlehen in monatlichen Raten (Zins und Tilgung) ab. Die Tilgung beträgt in der Regel zwischen 2,5 und 8 Prozent pro Monat. Bei Festlegung der Tilgungsmodalitäten wird üblicherweise ein einfaches Prinzip angewandt: Wer schnell eingezahlt, also rasch die Zuteilung seines Bausparvertrages erreicht hatte, muss auch schnell zurückzahlen. Wer langsam ansparte, der kann sich meist auch mit der Rückzahlung Zeit lassen.

Niedrige Darlehenszinsen

In der Regel ist der Darlehenszins eines Bausparvertrages – verglichen mit anderen Kreditarten – niedrig. Durch diese niedrige Zinsbelastung ergeben sich hohe Tilgungsbeiträge, sodass Bausparer gewährte Darlehen vergleichsweise schnell tilgen und eher schuldenfrei sind.

Wohnungsbauprämie und Arbeitnehmersparzulage

In der Vergangenheit galten bei der im Zusammenhang mit Bausparverträgen gezahlten **Wohnungsbauprämie** Einkommensgrenzen in Höhe von 27.000,– DM für Ledige bzw. 54.000,– DM für Verheiratete. Diese Grenzen wurden mit Beginn des Jahres 1996 auf 50.000,– DM bzw. 100.000,– DM fast verdoppelt. Die Höchstbeträge der Förderung wurden für Ledige von 800,– DM auf 1.000,– DM und für Verheiratete von 1.600,– DM auf 2.000,– DM jährliche Sparleistung angehoben. Die zehnprozentige Wohnungsbauprämie liegt somit bei 100,– DM bei Ledigen bzw. 200,– DM bei Verheirateten. Bei der Berechnung sind die steuerlich absetzbaren Pauschalbeträge zu berücksichtigen. Im Einzelnen sind dies Positionen wie:

Erhöhung der Einkommensgrenzen

* Kinderfreibetrag
* Arbeitnehmerpauschbetrag
* Sonderausgabenpauschbetrag
* Vorsorgepauschale
* Haushaltsfreibetrag
* Kinderbetreuungs-Pauschbetrag

Welche Positionen Sie im Einzelnen von Ihrem Bruttoarbeitslohn abziehen können, klären Sie bitte mit Ihrem Steuerberater.

Nicht geändert haben sich vorerst die Einkommensgrenzen für die ebenfalls zehnprozentige Sparzulage auf vermögenswirksame Leistungen. Wenn vermögenswirksame Leistungen in einen Bausparvertrag angespart werden, gibt es hier vom Staat ein „Geschenk" in Höhe der staatlichen **Arbeitnehmersparzulage.** Diese beträgt ebenfalls jährlich maximal 10 Prozent der gesparten vermögenswirksamen Leistung (also bei 78,– DM/Monat 10 Prozent von 936,– DM). Die Einkommensgrenzen liegen bei 27.000,– DM für Ledige bzw. 54.000,– DM für Verheiratete. Kinder ab 16 Jahren erhalten ab 1996 für Einzahlungen auf einen eigenen Bausparvertrag für bis zu 1.000,– DM jährlich bis zu 100,– DM Prämie, und zwar unabhängig vom Einkommen ihrer Eltern.

Lassen Sie sich durch die geänderte Bausparförderung nicht blenden. Nicht selten erweist sich bei genauem Nachrechnen durch einen Fachmann eine vermeintlich günstige Bausparalternative im Vergleich zu einem herkömmlichen Annuitätendarlehen als teurer (vgl. Tipp Seite 246 f.).

Genau rechnen (lassen)

Zuteilungspraxis

Vor Zuteilung der Bausparsumme muss jeder Bausparer einen bestimmten Anteil mit Eigenkapital angespart haben. Manche Tarife verlangen eine so genannte **Mindestansparung** in Höhe von 40 Prozent, andere bis zu 50 Prozent. Falls Sie diese Voraussetzung der Mindestansparung erfüllt haben, kommt die nächste Hürde: Der Vertrag muss eine bestimmte, von Bausparkasse zu Bausparkasse wechselnde so genannte **„Bewertungszahl"** erfüllen, bevor dann im Anschluss das Bauspardarlehen endgültig zugeteilt wird. Die Bewertungszahl kann von jeder Bausparkasse frei bestimmt werden.

Da nun aber das Prinzip der Bausparkassen darin besteht, dass neue Sparer die inzwischen zuteilungsreifen Verträge finanzieren, kann es zu Situationen kommen, in denen die Nachfrage (das heißt die Anzahl zuteilungsreifer Bausparverträge) größer ist als das zur Verfügung stehende Darlehensvolumen. In einer solchen Situation ist die betroffene Bausparkasse gezwungen, die Zuteilungszeiten zu verlängern bzw. die Bewertungszahlen hoch zu setzen. Dies alles sind Unwägbarkeiten, die Sie als Bauherr unter Umständen eine Menge Geld kosten können.

Unsicherer Zuteilungstermin

Selbst nach Erreichen einer von der Bausparkasse (im Grunde genommen willkürlich) festgelegten Bewertungszahl folgt in der Regel erst die so genannte **Zuteilungsperiode.** Das bedeutet, dass die Auszahlung erst ein bis drei Monate später erfolgt und sich zusätzlich über 3 bis 6 Monate verteilt. In jedem Fall sollten Sie sich erkundigen, welche Zuteilungsfristen bei verschiedenen Bausparkassen in der Vergangenheit galten.

Vergleich Bausparen – Annuitätendarlehen

Unser Tipp: Lassen Sie sich von Ihrem Bausparexperten vor Vertragsabschluss schriftlich einen so genannten „Zahlungsstrom" erstellen. Unter einem Zahlungsstrom versteht man eine zeitgenaue Auflistung sämtlicher Ein- und Auszahlungen. In diesem Zahlungsstrom sollten *alle* Zahlungen enthalten sein, die Ihnen aus der Tasche „herausfließen". Dann lassen Sie sich das Datum nennen, wann Ihr Bauspardarlehen abbezahlt wäre. Anschließend legen Sie den vollständigen Zahlungsplan des Bauspardarlehens Ihrer Bank vor und bitten um Aufstellung eines Finanzierungsplanes, in dem exakt alle Einzahlungen, die Sie bei der Bausparkasse leisten müssen, berücksichtigt werden. Für den Fall, dass Ihre Bank ausrechnet, dass Sie mit der Tilgung des Annuitätendarlehens früher fertig wären als mit der Tilgung des vergleichbaren Bauspardarlehens, ist das Annuitätendarlehen mit großer Wahrscheinlichkeit günstiger. Sollte Ihnen Ihre Bank keine solche Vergleichsrechnung bieten können, dürfen Sie zu

Recht an der Qualifikation Ihres Beraters zweifeln. Als Alternative bleibt Ihnen neben Ihrem Gang zur Bank stets, einen unabhängigen Finanzierungsfachmann gegen entsprechende Honorarzahlung mit einem Vergleich verschiedener Finanzierungsformen zu beauftragen.

Risikoabsicherung

Speziell beim Bausparen gibt es einige Fallen, in die Sie als Laie schnell hereintappen. Daher sollte Ihr Bausparkassenmitarbeiter

---

Bestätigung

Hiermit bestätige ich _____ (Name des Beraters) von der Firma _____ (Name der Bausparkasse), dass ich mit dem beiliegenden Vorschlag Frau/Herrn/Firma _____ (Name des Kunden) das mir bestmögliche Angebot unterbreitet habe. Insbesondere habe ich bei Angabe der Gesamtbelastung und Angabe des möglichen anfänglich effektiven Jahreszinses den Kunden auf alle zu beachtenden Besonderheiten hingewiesen. Der von mir errechnete, im Anhang beigefügte Finanzierungsvorschlag bringt die tatsächliche Gesamtbelastung inklusive einer unter Umständen erwünschten und/oder empfohlenen Zwischenfinanzierung zum Ausdruck. Insbesondere habe ich darauf geachtet, dass der Regelsparbeitrag berücksichtigt wurde. Ich bestätige ferner für den Fall, dass ein Kunde mit den gleichen wie bei dem vorliegenden Bausparvertrag zu leistenden Zahlungen ein Annuitätendarlehen bei Berücksichtigung aller Kosten nicht günstiger wäre als der von mir empfohlene Bausparvertrag.

_____   _____
Ort/Datum   Unterschrift des Beraters/der Beraterin

---

beim nächsten Besuch die vorstehende Bestätigung unterzeichnen. Seien Sie bei Finanzgeschäften grundsätzlich vorsichtig und glauben auch Ratschlägen guter Bekannter, die eventuell seit Jahren bei der xy-Bausparkasse beschäftigt sind, nicht zu schnell, denn ein schlechter Tipp kostet unter Umständen nur einen Geld, nämlich Sie. Mit diesen Vorschlägen zu möglichen Bestätigungen wird kein Rundumschlag gegen alle Bausparkassen und deren Mitarbeiter geführt, sondern Ihnen vielmehr ein Hilfsmittel an die Hand gegeben, das Sie einsetzen können, um Ihre Position zu stärken.

Der letzte Satz der Bestätigung, mit dem Sie sich versichern lassen, dass die Alternative Annuitätendarlehen bei Einsatz der gleichen Zahlungen nicht günstiger ist, dient dazu, Sie abzusichern, da es für Sie geradezu unmöglich ist, die zahlreichen Finanzierungsalternativen auseinanderzuhalten bzw. zu bewerten. Wichtig ist es allerdings, dass Sie die wesentlichen Vor- und Nachteile der verschiedenen Finanzierungsformen kennen und wissen, worauf Sie zu achten haben.

Unser Tipp: Um unterschiedliche Finanzierungsangebote zumindest ansatzweise vergleichen zu können, sollten Sie sich immer fragen: Was fließt mir aus der Tasche raus und was erhalte ich zurück? Diese Frage können Sie grundsätzlich bei allen Vorgängen stellen, die mit der Geldvergabe, der Geldanlage oder der Geldleihe zu tun haben.

Die Bestätigung auf Seite 247 – insbesondere bezüglich des Regelsparbeitrages – hat noch einen ganz besonderen Grund: Trotz zahlreicher Presseveröffentlichungen zu diesem Thema kommt es immer wieder vor, dass Mitarbeiter von Bausparkassen beim Abschluss von Verträgen mehr an das eigene Wohl denken als an das Wohl der Kunden. Bausparkassenmitarbeiter einerseits und Kunden andererseits verfolgen nicht dasselbe Ziel, denn je höher der Bausparvertrag abgeschlossen wurde (also je höher die Bausparsumme ist), desto höher wird die Provision des Mitarbeiters ausfallen. Und daher kommt es immer wieder zu Bausparverträgen, bei denen mit 78,– DM vermögenswirksamer Leistung Bausparverträge mit utopisch hohen Bausparsummen vereinbart werden. Eine solche Praxis lässt sich nur als Betrug zulasten des Kunden bezeichnen.

Provisionen und Bausparsumme

■ *B e i s p i e l :*

Bausparvertrag mit Bausparsumme	80.000,– DM
Zuteilung bei 50%, somit	40.000,– DM

Angenommen, ein solcher Vertrag würde mit 3 Prozent verzinst und es würden keine Kosten anfallen, die 78,– DM monatlich kämen also voll zur Anlage. Bei diesem Sparbeitrag wäre die Mindestbausparsumme erst nach über 27 Jahren angespart bzw. der Bausparvertrag grundsätzlich zuteilungsreif!

Ein zusätzliches Problem stellt sich bei der obigen Rechnung bei folgender Betrachtung: Angenommen, die 100.000,– DM Bausparsumme wären 1996 ein Drittel der Finanzierungskosten einer Eigentumswohnung (das heißt des Verkaufspreises abzüglich Eigenkapital). Ferner angenommen, Eigentumswohnungen würden in den nächsten 27 Jahren jährlich durchschnittlich 2 Prozent im Wert steigen, dann müssten Sie, um eine vergleichbare Wohnung nach 27 Jahren erwerben zu können, eigentlich einen Vertrag über 170.000,– DM statt 100.000,– DM Bausparsumme abschließen. In unserem Fall würde der Bausparkunde sein Ziel entweder nie erreichen oder aber seinem Ziel immer hinterherlaufen.

Laufzeit und Preisentwicklung

Fazit

Die Angebote der Bausparkassen sollten Sie wie die jedes anderen Finanzierungspartners sehr kritisch prüfen. Die von einzelnen Gesellschaften angebotenen Tarife verändern sich derart rasant, dass ein pauschales Urteil – egal, ob gut oder schlecht – kaum möglich ist.

Kernfrage: Wo tilgen Sie schneller?

Allerdings: Wenn Sie die gleiche monatliche Belastung wie beim Bausparen alternativ in ein Annuitätendarlehen investieren, werden Sie in vielen Fällen Geld sparen bzw. bei gleichem Aufwand Ihr Darlehen früher abbezahlt haben. Wenn Ihr Bausparkassenmitarbeiter behauptet, sein Angebot sei günstiger und Sie könnten Ihr Geld nicht sinnvoller anlegen, sollte er keine Probleme haben, Ihnen eine entsprechende Bestätigung zu unterschreiben.

Um es noch einmal deutlich zu sagen: Es geht in keinster Weise darum, Bausparen als Möglichkeit der Finanzierung pauschal zu verunglimpfen. Es geht einfach nur um Zahlen und nachprüfbare Ergebnisse, denn: Mathematik ist unbestechlich! Bei gleichen Voraussetzungen und gleichen Einzahlungen zu gleichen Zeitpunkten ist ohne wenn und aber die Finanzierung die für Sie günstigere, bei der Sie schneller Ihre Schuld getilgt haben.

Vor- und Nachteile des Bausparens

Im Folgenden haben wir Ihnen die Vor- und Nachteile des Bausparens in einer Übersicht zusammengestellt:

Vorteile

1. Sie können mit einem festen Darlehenszinssatz bis zum Darlehensende rechnen.
2. Durch den hohen Tilgungssatz erfolgt eine schnelle Entschuldung.

3. Bausparkassen lassen im Gegensatz zu anderen Kreditgebern wie Banken und Versicherungen Darlehen auch an zweiter Stelle im Grundbuch absichern (vgl. Seite 252).

Nachteile

1. Der genaue Zeitpunkt der Zuteilung eines Bausparvertrages ist ungewiss.
2. Eine gegebenenfalls benötigte Zwischenfinanzierung bis zur Zuteilung des Bauspardarlehens ist in der Regel teuer und außerdem in ihrer Dauer unsicher.
3. Je länger die Zuteilungszeit, desto teurer das Bausparen.
4. Ihr einzubringendes Eigenkapital wird sehr schlecht verzinst.
5. In der Darlehenszeit kommt es aufgrund der hohen Tilgungssätze zu hohen Belastungen.
6. Bauspartarife sind (durch Abschlussgebühren, Kontoführungsgebühren) oftmals gebührenintensiv.

Im Zusammenhang mit Vorteil 3 kurz eine Erläuterung zum Thema **Beleihungsgrenzen bei Immobilien:** Generell beleihen Kreditinstitute die Immobilien Ihrer Kunden nur bis zu gewissen Grenzen, dem so genannten *„Beleihungswert"*, der bei ca. 40 bis 80 Prozent der angemessenen Gesamtkosten einer Immobilie liegt. Entweder wird diese Höhe im Hypothekenbankgesetz festgelegt, oder aber die Kreditwirtschaft trifft entsprechende Entscheidungen. Kredite bis zu angemessenen Gesamtkosten von ca. 50 Prozent (bei Versicherungen oftmals bis lediglich 45 Prozent, bei Banken bis 60 Prozent) werden als *1a Darlehen* bezeichnet, Kredite über die in 1a Darlehen festgelegte Beleihungshöhe hinaus bis zu 80 Prozent der angemessenen Gesamtkosten werden dagegen als *1b Darlehen* bezeichnet. Was als angemessen anzusehen ist, bestimmt die Bank in der Regel durch eigene Gutachten/Bewertungsverfahren.

„1a und 1b Darlehen"

Erstrangige Kreditvergabe bedeutet für jedes finanzierende Institut die größte Sicherheit, da der erste Rang im Grundbuch im Falle einer Verwertung (Zwangsversteigerung) entsprechend erstrangig bedient wird. Aus diesem Grund ist es wichtig, dass Sie auch Finanzierungspartner für den zweitrangigen Teil finden. Hier kommen wieder die Bausparkassen ins Spiel, da diese, wie zuvor erwähnt, auf eine grundbuchmäßige Eintragung entweder völlig verzichten oder aber die von ihnen gewährten Darlehen auch zweitrangig (als so genannte 1b Darlehen) absichern lassen.

Auch wenn wir im Vergleich Bausparkasse zu Annuitätendarlehen grundsätzlich für das Annuitätendarlehen gestimmt haben, besteht bei Letzterem die Gefahr, dass nach Ende der ersten Zinsbindungsperiode die Zinsen gestiegen sind und die Finanzierung plötzlich teurer werden könnte, als für Sie bezahlbar ist. Die fest garantierten Darlehenszinsen bis zum Darlehensende sind somit auch der wesentliche Vorteil eines Bauspardarlehens.

Abschließend kann man daher in zwei Fällen grundsätzlich für die Variante Bausparfinanzierung sprechen: Erstens, wenn Sie als künftiger Bauherr kein Zinsänderungsrisiko eingehen wollen, und zweitens, wenn Sie nicht bereit sind, die nötige Zeit zu investieren, um sich eine zinsgünstige Anlagealternative für Ihre Spargelder zu suchen.

WICHTIG

Zahlen Sie einen zugeteilten Bausparvertrag grundsätzlich, trotz der Möglichkeit der schnellen Tilgung, nur langsam ab, denn der zugeteilte Bausparvertrag stellt den zinsgünstigsten Teil der gesamten Bausparfinanzierung dar.

Finanzierung mit Tilgungsaussetzung (Kapitallebensversicherungen)

Tilgungsaussetzung und Festhypothek

Bei einem Annuitätendarlehen besteht die Annuität, die jährliche oder auch monatliche Rate, aus einem Zins- und einem Tilgungsanteil. Wenn sich nun eine Annuität aus 8 Prozent Zinsen
und einem Prozent Tilgung zusammensetzt, ergibt dies bei
einem Kredit in Höhe von 100.000,– DM eine Belastung von
9 Prozent (8 % + 1 %). Multipliziert mit 100.000,– DM macht
das 9.000,– DM. Würde in einem solchen Fall ein Modell mit
Tilgungsaussetzung gewährt, betrüge die Annuität vorerst nur
8.000,– DM (8 % von 100.000,– DM). Das bedeutet: Der Darlehensgeber rechnet keine Tilgung in die Kreditrate ein. In diesem
Fall spricht man von der so genannten Tilgungsaussetzung; diese
Finanzierungsform bezeichnet man auch als Festhypothek.

Kreditraten ohne Tilgungsanteil

Auf der anderen Seite müssen Sie Ihr Darlehen jedoch zu
irgendeinem Zeitpunkt tilgen. Also müssen Sie Ihre Tilgungsrate
anderweitig ansparen und die Ansparbeiträge natürlich beim
Vergleich mit anderen Finanzierungsformen berücksichtigen.
Die gängigste Möglichkeit dazu, auf die wir uns im Rahmen
dieses Bauherrenratgebers beschränken möchten, ist der Einbau
einer Kapital bildenden Lebensversicherung in die Finanzierung.

Ansparen der Kreditsumme

Dabei sollten Sie zwei grundsätzliche Punkte beachten:
1. ob sich der Abschluss einer neuen Lebensversicherung für
   Ihre geplante Finanzierung lohnt,
2. ob sich das Einbinden einer bestehenden Versicherung in eine
   geplante Finanzierung rechnet.

Für eine Finanzierung ist eine Lebensversicherung eigentlich
nicht erforderlich. Sie sollten sie daher nur dann in Erwägung
ziehen, wenn die Vorteile für Sie auf der Hand liegen.

Kapitallebensversicherungen

Was ist nun dran an der Finanzierungsalternative Lebensversicherung, die von Verbraucherzeitschriften nicht selten als „Mogelpackung" dargestellt wird?

Das größte Problem bei einer Finanzierung über eine Kapitallebensversicherung ist die Ungewissheit, ob die Versicherungsgesellschaft am Ende der vereinbarten Laufzeit den Überschuss erzielt hat, der zu Beginn des Vertrages vom Versicherungsvertreter in Aussicht gestellt wurde, denn von der versprochenen Ablaufleistung ist nur etwa die Hälfte garantiert. Die andere Hälfte ist ein nicht garantierter, sondern lediglich prognostizierter Überschuss. Dieser prognostizierte Anteil kann – je nach Kapitalmarktentwicklung – am Ende einer geplanten Laufzeit also höher oder niedriger als ursprünglich angegeben ausfallen.

Größtes Risiko bei jeglicher Form der Tilgungsaussetzung ist, dass nach Ablauf einer ersten Zinsfestschreibungsperiode die zu 100 Prozent verbliebene Restschuld mit einem höheren Zins bezahlt werden muss. Somit kann es Ihnen passieren, dass nach 8 Jahren die staatliche Förderung endet und nach 10 Jahren die erneute Zinsfestschreibung nur zu einem höheren Zinssatz möglich ist. Dann gerät Ihre gesamte Finanzierung ins Wackeln.

Wegen der fehlenden Tilgung (Tilgungsaussetzung!) zahlen Sie zudem hohe Zinsen, die Sie steuerlich als Eigennutzer nicht absetzen können. (Kapitalanleger dagegen können Kreditzinsen steuerlich geltend machen.)

Versicherungsgesellschaften führen als Verkaufsargumente für Lebensversicherungen zur Tilgungaussetzung in der Regel an, dass erstens der Sonderausgabenabzug bei der Steuer diese Finanzierungsvariante begünstigt und zweitens Versicherungsgesellschaften günstigere Konditionen als Banken bieten. Diese Argumente sind jedoch mit Vorsicht zu genießen, denn zum einen ist der Sonderausgabenabzug durch anderweitige Versi-

Unsicherheit der Überschussanteile

Erhöhtes Zinsänderungsrisiko

Sonderausgabenabzug als Argument?

cherungen, z.B. durch Beiträge zu Sozialversicherungen, schnell ausgeschöpft, sodass eine zusätzliche steuerliche Vergünstigung nicht selten entfällt. Zum anderen vergeben Versicherungsgesellschaften oftmals nur 45 Prozent des Beleihungswertes (vgl. Seite 251 f.) einer Immobilie zu den als Verkaufsargument verwendeten günstigen erstrangigen Konditionen. Banken sind in diesem erstrangigen Bereich um etwa 0,5 Prozent teurer, sichern dagegen aber bis zu 60 Prozent des Beleihungswertes erstrangig ab.

Günstigere Konditionen?

Hier ein Berechnungsbeispiel für eine Immobilie, deren Wert bei 1.000.000,– DM liegt und die mit maximal 80 Prozent (= 800.000,– DM) beliehen werden soll:

Finanzierungs- konditonen	Versicherung		Bank	
	%	DM	%	DM
erstrangige Beleihung	45% / 6%	450.000,–	60% / 6,5%	600.000,–
zweitrangige Beleihung	35% / 7%	350.000,–	20% / 6,9%	200.000,–

Vor- und Nachteile der Kapitallebensversicherung

Im Folgenden die Vor- und Nachteile der Tilgungsaussetzung über Lebensversicherung auf einen Blick:

Vorteile

1. Eine Lebensversicherung garantiert eine Risikoabsicherung im Todesfall.
2. Je nach Wahl der Gesellschaft, der Höhe der prognostizierten Überschüsse und dem gebotenen Zins kann die Finanzierung im Vergleich mit einem herkömmlichen Annuitätendarlehen geringfügig günstiger sein.

3. Eine Lebensversicherung bietet Kreditnehmern günstige erstrangige Konditionen.

Nachteile

1. Die Ablaufleistung der Lebensversicherung, mit der Sie Ihre Kreditschuld am Ende der ursprünglichen Laufzeit auf einmal tilgen wollen, ist nur zu einem Teil garantiert, kann es gegen Ende der Laufzeit zu Liquiditätslücken kommen.

2. Für den Fall, dass Sie umfinanzieren wollen, ist dies mit größeren Schwierigkeiten verbunden als bei einem Annuitätendarlehen.

3. Wenn Sie in der nach der ersten Zinsfestschreibungsfrist folgenden Darlehensphase in eine Hochzinsphase geraten, kann die reale Belastung derart steigen, dass die Gesamtfinanzierung zu wackeln beginnt.

4. Die Beleihungshöhe des erstrangigen Darlehens ist geringer.

Fazit:
mehr Nach-
als Vorteile

Die Risiken bei einer Festhypothek mit Tilgungsaussetzung über eine Kapitallebensversicherung überwiegen also die Vorteile. Sie sollten die Finanzierung über ein Annuitätendarlehen vorziehen.

Unser Tipp: **1.** Erfragen Sie bei einer Lebensversicherung zuerst, bis zu welcher Beleihungsgrenze der erstrangige günstigere Zinssatz eines Versicherungsdarlehens gilt.

2. Erkundigen Sie sich, um wie viel teurer es wird, wenn diese erste Beleihungsgrenze überschritten ist. Gibt es in solchen Fällen überhaupt Geld von der Versicherung oder muss man sich um eine zusätzliche Bankfinanzierung kümmern?

3. Informieren Sie sich darüber, wie das Darlehen ausbezahlt wird, wenn Sie sich für eine Versicherungsgesellschaft als Darlehensgeber entschieden haben (in diesem Fall stammen die Darlehen aus der großen Schüssel der Versichertengemeinschaft, also aus den Prämieneinnahmen). Manche Versicherungsunternehmen praktizieren eine starre Darlehensauszahlung, sodass die Beträge eben nicht je nach Baufortschritt, sondern in einer Summe ausbezahlt werden. Ersteres ist aber vorzuziehen.

Was Sie in jedem Fall prüfen sollten

4. Im Rahmen der neuen steuerlichen Regelungen ist es wichtig, darauf zu achten, dass möglichst nur der Todesfallschutz (also die Höhe der auszuzahlenden Versicherungssumme im Todesfall) an den Geldgeber abgetreten wird.

5. Verlassen Sie sich bei einer ins Auge gefassten Finanzierung nicht ausschließlich auf die Angaben Ihres Versicherungsvertreters. Erkundigen Sie sich zur Sicherheit auch bei der betreffenden Versicherungsgesellschaft und vergewissern Sie sich, dass die Ihnen gegenüber getroffenen Aussagen stimmen.

Was Sie sonst zur Finanzierung wissen sollten

In diesem Kapitel möchten wir Ihnen noch einige weitere zentrale Begriffe im Zusammenhang mit der Finanzierung Ihres Hauses erläutern – unter anderem der Sicherheiten. Wir beginnen jedoch mit einem Begriff, der den meisten Laien Schwierigkeiten macht.

Disagio

Banken und Sparkassen bezeichnen mit dem Fachbegriff *„Disagio"* (auch *„Damnum"* genannt, was wörtlich übersetzt „Schaden" bedeutet) den Umstand, dass Sie einen Teilbetrag des gewährten Darlehens als Vorschusszins einbehalten und Ihnen dafür einen günstigeren Nominalzins berechnen. Je höher das Disagio ist, desto geringer ist der ausgewiesene Zinssatz. Ein Disagio kann daher unter Umständen als letzte Lösung angesehen werden, wenn der Kreditnehmer zu Beginn der Finanzierung nur wenig finanziellen Spielraum hat. Allerdings werden Banken einer solchen knappen Finanzierung nur selten zustimmen. Auch sollte sich der Kreditnehmer im Klaren sein, dass die von ihm zu tilgende Restschuld nach Ende der Zinsbindungsfrist höher sein kann als das ihm zu Beginn ausgezahlte Darlehen.

Ein Teil des Darlehens wird einbehalten

Den Betrag, den eine Bank als Disagio einbehält, müssen Sie natürlich ebenfalls zurückbezahlen. Wenn Sie beispielsweise 300.000,– DM benötigen, so nehmen Sie bei einem Disagio von 10 Prozent tatsächlich 333.333,– DM auf, erhalten jedoch nur 300.000,– DM (= 90 Prozent von 333.333,– DM) ausbezahlt.

Lohnt sich ein Disagio?

Durch die neue Eigenheimförderung bringt ein Disagio keine Steuervorteile mehr und ist daher für Eigennutzer bzw. Eigenheimfinanzierer nicht mehr empfehlenswert.

Nach der alten Eigenheimförderung konnte ein Schuldner diesen Auszahlungsverlust (Schaden bzw. Disagio) über den so genannten Vorkostenabzug steuerlich geltend machen. Die neuen Eigenheimförderregeln begrenzen diesen Vorkostenabzug auf einen Pauschalbetrag in Höhe von 3.500,– DM. Da dieser Pauschalbetrag in der Regel schon durch die Notar- und Amtsgerichtskosten aufgebraucht wird, ist die Inanspruchnahme eines Disagios steuerlich nicht mehr interessant.

Steuerliche Vorteile entfallen

Entsprechend Ihrer eigenen Einkommenssituation sollten Sie ein Disagio nur dann im Rahmen einer Finanzierung einsetzen, wenn Sie Ihre finanzielle Belastung in der ersten Zinsfestschreibungszeit niedrig halten wollen oder müssen.

Allerdings gibt es dann einiges zu beachten, wie das folgende Beispiel illustriert.

■ *B e i s p i e l :*

Wenn Sie 300.000,– DM zu 100 Prozent ausbezahlt bekommen und 8 Prozent Zinsen sowie 1 Prozent Tilgung bezahlen, dann entspricht dies einer Monatsrate in Höhe von 2.250,– DM.

$$300.000,\!- \text{ DM} \times 9\% = 27.000,\!- \text{ DM}/12 \text{ Monate}$$
$$= 2.250,\!- \text{ DM/Monat}$$

Vergleichen wir die 100-Prozent-Auszahlung mit einer möglichen Disagiovariante:

	ohne Disagio	mit Disagio
Kreditsumme	300.000,– DM	333.000,– DM
Auszahlung	100 %	90 %
Auszahlungsbetrag	300.000,– DM	300.000,– DM
Zinssatz	8 %	6,5 %
Tilgung	1 %	1 %
Festschreibung	5 Jahre	5 Jahre
Belastung/Monat	2.250,– DM	2.083,– DM

Geringere anfängliche Belastung ...

Wie Sie sehen, sinkt durch ein Disagio die monatliche Belastung. Der vermeintliche Vorteil eines Disagios kann sich jedoch schnell ins Gegenteil verkehren, wenn wesentliche Punkte nicht beachtet werden. Bei Errechnung der Anschlussrate (also der Rate im Anschluss an die erste Zinsfestschreibungszeit – in unserem Beispiel 5 Jahre) wurde davon ausgegangen, dass das Darlehen nach der ersten Zinsfestschreibung innerhalb von 20 Jahren

... aber höhere Anschlussraten

getilgt sein soll. Dann ergibt sich Folgendes (bei den finanzmathematischen Modalitäten wie der Zins- und Tilgungsverrechnung wurde von einheitlichen Voraussetzungen ausgegangen):

	ohne Disagio	mit Disagio
Monatsrate	2.250,– DM	2.083,– DM
Restschuld nach 5 Jahren	281.631,– DM	313.702,– DM
Anschlussrate	2.356,– DM	2.624,– DM
Gesamtaufwand	700.303,– DM	754.676,– DM

Die Disagiovariante, die sich zu Beginn als günstiger dargestellt hat, erweist sich bei genauem Nachrechnen als teurer als das herkömmliche Annuitätendarlehen. Insgesamt zahlen Sie einen Mehraufwand in Höhe von 54.373,– DM.

Nur wenn Sie sich durch die anfänglich vermeintlich günstige Rate nicht blenden lassen und den gleichen Betrag zur Tilgung einsetzen, den Sie bei der 100-Prozent-Variante ansetzen, könnte sich ein Disagio nun doch noch lohnen. Doch damit wird die gesamte Disagiovariante im Grunde genommen hinfällig.

Disagioerstattung bei frühzeitiger Darlehensrückzahlung

Wenn Sie eine Zinsfestschreibung von fünf Jahren vereinbart haben und aus unvorhersehbaren Gründen Ihr Darlehen bereits nach drei Jahren zurückbezahlen können, haben Sie Anspruch auf eine Disagiorückerstattung. Wie hoch diese ausfällt, können Sie mit folgender Formel berechnen:

$$\frac{\text{Höhe des Disagios}}{\text{Zinsbindungsdauer}} \text{ x Anzahl der Restjahre}$$

In unserem obigen Beispiel würde die Rückerstattung somit 13.333,20 DM betragen:

$$\frac{33.333,- \text{ DM}}{5 \text{ Jahre}} \text{ x 2 Jahre} = 13.333,20 \text{ DM}$$

Wenn Sie ein Disagio in Anspruch nehmen möchten, berücksichtigen Sie bitte folgende Punkte:

Was Sie beachten sollten

* Treffen Sie sämtliche Vereinbarungen, auch über die Zurückzahlung möglicher Vorauszahlungen, schriftlich.
* Entscheiden Sie sich nur dann für ein Disagio, wenn Sie sich zuvor vergewissert haben, dass Ihnen auf die Gesamtlaufzeit und vom Gesamtaufwand her keine wirtschaftlichen Nachteile entstehen.

Sicherheiten und Bürgschaften

Jede Bank oder Bausparkasse möchte für den Fall gerüstet sein, dass der Kreditnehmer seine Schulden nicht mehr bezahlen kann. Sie wird daher nach Sicherheiten verlangen.

Was gilt als Sicherheit? Grundsätzlich können Sie alles an Sicherheiten anbringen, was einen Wert besitzt. Hierbei kann es sich um Vermögensgegenstände wie Gold, Münzen, Gemälde, Schmuck, Möbel oder Sammlungen handeln oder auch um angespartes Vermögen auf Sparkonten, in Investmentsparplänen, in Form von festverzinslichen Wertpapieren. Je nachdem, was Sie der Bank an Sicherheiten anbieten, wird diese Sicherheitsabschläge vom aktuellen Wert vornehmen. So wird keine Bank im Wertpapierdepot gehaltene Aktien zu deren aktuellem Börsenkurs bewerten, sondern unter Umständen einen erheblichen Abschlag abziehen.

Eine weitere Möglichkeit ist, dass Sie der finanzierenden Bank Außenstände (Forderungen an Dritte), die zur Rückzahlung fällig werden oder die von Ihnen zur Rückzahlung gekündigt werden, als Sicherheit anbieten. Zu solchen Forderungen können beispielsweise auch erwartete Schadensersatzzahlungen aus einem Unfall zählen.

Bürgschaften Des Weiteren können Sie als zusätzliche Sicherheiten Bürgschaften Dritter anbringen. Vergewissern Sie sich jedoch, dass Ihr Bürge sein Risiko kennt: In der Regel verlangen Banken so genannte „selbstschuldnerische" Bürgschaften. Das bedeutet, der Bürge kann im Falle einer Zahlungsverzögerung unmittelbar in Anspruch genommen werden, die Bank muss also nicht erst gegen den Hauptschuldner auf Zahlungserfüllung klagen.

Hypotheken, Grundschulden Hypotheken und Grundschulden schließlich sind die üblichen Sicherheiten im Zusammenhang mit einer Immobilienfinanzierung. Hierauf sind wir an anderer Stelle bereits eingegangen (vgl. Seite 23 f., Seite 251 f.). Und dann bleibt Ihnen noch die Möglichkeit, bewegliche Wertgegenstände wie Fahrzeuge, Maschinen usw. als Sicherheit zu übereignen. Damit übertragen Sie Ihr Eigentum bis zur Kreditrückführung auf andere, sprich: die Bank.

WICHTIG

Für alle oben genannten Sicherheiten gelten gewisse Richtwerte für die Beleihungsgrenze. Bei Aktien akzeptieren die Banken eine Beleihungsgrenze von ca. 50 Prozent des aktuellen Wertes, festverzinsliche Wertpapiere (also Pfandbriefe, Finanzierungsschätze, Bundesschatzbriefe) werden in der Regel mit ca. 80 Prozent, teils bis zu 90 Prozent ihres Kurswertes beliehen. Beim Bürgen spielt dessen Bonität eine erhebliche Rolle.

Beim richtigen Einsatz von Sicherheiten helfen Ihnen auch unsere Checklisten am Kapitelende (Seite 270 f.).

Kreditzusage und Kreditannahme

Wenn Sie sich mit einer Bank über alle Konditionen konkret geeinigt haben, verlangen Sie höflich, aber bestimmt eine vorläufige schriftliche Kreditzusage. Wenn der Sie bis zu diesem Zeitpunkt betreuende Sachbearbeiter keine Entscheidungsbefugnis zur Unterzeichnung einer solchen Kreditzusage hat, bestehen Sie ruhig darauf, dass der entsprechende Entscheidungsträger die Kreditzusage anfertigt.

Wichtig: die schriftliche Bestätigung

Auf der nächsten Seite finden Sie einen Mustertext, wie er von Banken und Sparkassen für solche vorläufigen Kreditzusagen häufig verwendet wird.

> Unter Bezugnahme auf die persönliche Unterredung in unserem
> Hause teilen wir Ihnen mit, dass wir vorbehaltlich der endgültigen
> Bewilligung nach abschließender Prüfung bereit sind, Ihnen ein
> Darlehen bis zu _____ DM zu gewähren. Für das
> Darlehen bieten wir Ihnen freibleibend folgende Konditionen an ...

Vorausgesetzt, Ihre Bank verwendet keine besonderen Vor-
drucke, können Sie das Kreditangebot wie folgt annehmen:

> Annahme Ihres Darlehensangebotes
>
> Sehr geehrte Damen und Herren,
> hiermit nehme ich Ihr Darlehensangebot gemäß Ihres Schreibens
> vom _____ , bei mir eingegangen am _____ ,
> zu den darin genannten Bedingungen an.
>
> Mit freundlichen Grüßen
>
> (Unterschrift)

Auch bei Kreditverträgen gilt: Nehmen Sie sich Zeit und
prüfen Sie die Verträge auch persönlich. Nur dann ist gewähr-

Bei Unklar-
heiten nach-
fragen

leistet, dass Sie die richtigen Fragen stellen sowie Probleme,
Unklarheiten und Detailfragen noch vor der Unterzeichnung
klären können. Für Sie ist wichtig, dass alle im Vorfeld einer Ver-
tragsanfertigung gemachten mündlichen Zusagen schriftlich
festgehalten werden. Wenn Sie es bei Ihrer Bank im Vorfeld mit
einem anderen Kundenberater zu tun gehabt haben als mit
demjenigen, der schließlich die Verträge unterschrieben hat,
sollten Sie sich unbedingt vergewissern, ob alle zwischen Ihnen

und dem ersten Kundenberater mündlich besprochenen Punkte als Vertragsgegenstand aufgenommen wurden. Reklamieren Sie sofort Verträge, die anders lauten, als im Vorfeld mündlich besprochen worden ist! Listen Sie in solch einem Fall alle Abweichungen auf, und widersprechen Sie schriftlich per Einschreiben *mit Rückschein!*

> ### WICHTIG
>
> Grundsätzlich sollten Sie bei jeder Finanzierung darauf achten, dass folgende Zahlen in den Kreditvertrag aufgenommen werden:
>
> ✱ Angabe des anfänglich effektiven Jahreszinses für die Zeit der ersten Zinsbindungsdauer,
> ✱ Angabe der Restschuld nach der ersten Zinsbindungsdauer und
> ✱ Angabe der Gesamteinzahlungen für die Zeit der ersten Zinsbindungsdauer.

Handbuch für
BAUHERREN
Planen · Finanzieren · Bauen

Finanzierungshilfen des Staates

Mit dem Jahreswechsel 1995/1996 traten erhebliche Änderungen bei der staatlichen Förderung von Wohneigentum in Kraft. Bislang war die Förderung des selbst genutzten Wohneigentums an die Steuerprogression gekoppelt. Das bedeutete, je höher das Einkommen war, desto höher fiel auch die prozentuale Förderung aus.

Seit 1996 gilt nunmehr das **Eigenheimzulagengesetz.** Hierbei handelt es sich um ein System gleichmäßiger Zahlungen. Die Einkommensgrenzen, innerhalb derer die Förderung gewährt wird, liegen bei 80.000,– DM für Ledige bzw. 160.000,– DM für Verheiratete. Ziel der neuen Eigenheimzulage ist es, insbesondere Familien mit einem Jahreseinkommen zwischen 50.000,– DM und 90.000,– DM zu fördern. Ebenfalls verbessert wurde die Bausparförderung. Im Einzelnen ergaben sich folgende Änderungen:

Neu: gleichmäßige Förderung

Grundförderung

Eigenheimzulage

Künftig erhält jeder Bürger für selbst genutzte **Neubauten** einmal im Leben eine Zulage in Höhe von 5 Prozent der Anschaffungs- und Herstellungskosten. Diese Förderung ist jedoch auf einen Höchstbetrag von 5.000,– DM pro Jahr begrenzt und auf 8 Jahre befristet. Insgesamt werden also 40.000,– DM gefördert.

Bei **Altbauten** sieht die Sache anders aus, wobei als Altbauten alle Immobilien gelten, die nicht im Jahr der Fertigstellung oder in den beiden Folgejahren gekauft wurden. Hier beträgt die Förderung nur die Hälfte, also 2,5 Prozent. Somit werden maximal 2.500,– DM pro Jahr, also in 8 Jahren insgesamt 20.000,– DM gefördert. Wie auch in der Vergangenheit dürfen Verheiratete die Förderung nicht auf ein Objekt konzentrieren.

Baukindergeld

Das Baukindergeld, die Zulage für jedes Kind im Haushalt des Immobilieneigentümers, wurde 1996 von 1.000,– DM auf 1.500,– DM erhöht. Innerhalb von acht Jahren ergeben sich somit weitere 12.000,– DM an Fördermitteln.

Einkommensgrenzen

Zur Gewährung der Zulage müssen die Einkünfte im Bezugs-jahr und im Jahr davor zusammen unterhalb einer Grenze von 160.000,– DM (für Ledige) bzw. 320.000,– DM (für Verheira-tete) gelegen haben, zuzüglich 60.000,– DM für jedes zum Haushalt gehörende Kind.

Maßgeblich: die letzten beiden Jahre

Unser Tipp: **1.** Selbst gut Verdienende haben die Möglichkeit, die Eigenheimzulage zu erhalten, wenn sie am Anfang unter die Einkommensgrenzen (160.000,– DM für Ledige und 320.000,– DM für Verheiratete) fallen. Diese Grenzen beziehen sich wie erwähnt auf die Einkommenssumme aus dem Jahr des Immobilienerwerbs sowie dem Vorjahr. Werden zu Beginn (Erwerb oder Fertigstellung) die Voraussetzungen erfüllt, greifen die steuerlichen Vergünstigungen auch dann 8 Jahre lang, wenn das Einkommen in den Folgejahren höher ist. Die Eigenheimzulage kann in solchen Fällen nicht mehr aberkannt werden.
2. Im umgekehrten Fall, also dann, wenn Sie zu Beginn über den Einkommensprüfgrenzen liegen, diese jedoch in den Folgejahren innerhalb der ersten 8 Jahre der Finanzierung unterschreiten, können Sie für die verbleibenden Jahre die Förderung von dem Jahr an beantragen, in dem die Förderungsgrenze unterschritten wird.

Antragstellung und Auszahlung

Die Eigenheimzulage muss beim Finanzamt am Wohnsitz beantragt werden. Sie wird im Jahr der Antragstellung binnen eines Monats nach Erhalt des Bescheids und in den Folgejahren jeweils am 15. März ausgezahlt.

Zulagen für ökologisches Bauen

Nur bei Neubauten

„Ökozulagen" gibt es nur bei Neubauten. Es handelt sich dabei um zwei spezielle Zulagen:

1. Für den Einbau von Wärmepumpen, Solaranlagen und Wärmerückgewinnungsanlagen erhalten Sie bis zu 500,– DM jährlich. Wenn im Anschaffungspreis Kosten für Energiesparmaßnahmen ausgewiesen sind, können Sie diese Zulage auch beim Kauf eines Hauses in Anspruch nehmen.

2. Der Bau eines „Niedrigenergiehauses" wird mit weiteren 400,– DM jährlich gefördert. Von einem Niedrigenergiehaus spricht man, wenn der Jahresheizwärmebedarf einer Immobilie den Wert um mindestens 25 Prozent unterschreitet, der nach der Wärmeschutzverordnung für den Gebäudetyp gefordert wird.

Für beide Ökozulagen gilt, dass die Immobilie vor dem 1. Januar 2001 fertig gestellt wurde oder vor diesem Zeitpunkt bis zum Ende des Jahres der Fertigstellung angeschafft worden sein muss.

> **WICHTIG**
>
> Die zweite Ökozulage gilt
>
> * unabhängig von der Höhe der tatsächlich aufgewandten Kosten und
> * nicht für Erweiterungen Ihrer Immobilie oder Ausbauten.

Denken Sie daran: Stichtag ist der Jahreswechsel! Wenn Sie Ihr Eigenheim beispielsweise im November/Dezember eines Jahres fertig stellen oder kaufen, jedoch erst im Folgejahr einziehen, gehen Ihnen die Zulagen für ein Jahr verloren. Verhindern können Sie das nur, indem Sie den Termin für die Schlussarbeiten hinauszögern oder aber Ihren Einzug vorziehen. Da zum Zeitpunkt der Neuauflage dieses Buches keine aktuelleren Informationen zur Ökozulage über den 1. Januar 2001 hinaus vorlagen, sollten Sie sich im Zweifelsfall an Ihre Bank wenden.

Achtung: Stichtag Silvester

Genossenschaftsanteile

Der Erwerb von Genossenschaftsanteilen wird 8 Jahre lang mit 3 Prozent des Kaufpreises gefördert (höchstens mit 2.500,– DM) sowie mit einer Kinderzulage in Höhe von 500,– DM. Voraussetzung dafür ist allerdings, dass Genossenschaftsanteile in Höhe von mindestens 10.000,– DM erworben wurden und dass den Genossenschaftsmitgliedern ein unwiderrufliches Recht auf Wohneigentum gewährt wird. Vermietergenossenschaften, die ihren Mitgliedern lediglich die Nutzung der Wohnungen gestatten, werden nicht gefördert.

Keine Förderung von Vermietergenossenschaften

Checkliste Finanzierung Nr. 1: Vorbereitung auf das Kreditgespräch

1. Holen Sie grundsätzlich im Vorfeld drei Angebote ein, bevor Sie zu einem Bankgespräch gehen.
2. Stellen Sie Ihrem Finanzberater vorab aussagefähige Unterlagen über Ihr Vorhaben sowie vollständige Nachweise Ihrer persönlichen und wirtschaftlichen Verhältnisse zur Verfügung. Im Einzelnen zählen hierzu:
   * Grundbuchauszug
   * Genehmigter Bauplan mit Lageplan/Katasterauszug über bereits erfolgte Bebauung und Lage der Immobilie
   * Baukostenvoranschlag
   * Einkommensnachweis durch die beiden letzten Einkommensteuerbescheide
   * Nachweis der Eigenmittel, hier: Bankguthaben, Wertpapiere, Investmentfonds, Ersparnisse, Bargeld
   * Darstellung der möglichen Eigenleistung (sog. „Muskelhypothek").
3. Listen Sie die Sicherheiten im Vorfeld auf, z. B.:
   * Hypotheken und Grundschulden
   * Bürgschaften
   * Verpfändung von Wertpapieren und Vermögensgegenständen
   * Sicherungsübereignung von beweglichen Sachen (Maschinen, Fahrzeuge …)
   * Abtretung von Forderungen und Rechten (Forderungen gegen Dritte aus Lieferverträgen oder Ansprüche aus laufenden Lebensversicherungen)
4. Handeln Sie bei Gestaltung der Kreditkonditionen.
5. Achten Sie darauf, dass möglichst geringe Kreditnebenkosten (z. B. Bearbeitungsgebühren) anfallen.

Checkliste Finanzierung Nr. 2: Einsatz möglicher Sicherheiten

1. Prüfen Sie den Verkehrswert Ihrer Immobilie, den die Bank zur Festlegung des Beleihungswertes heranzieht.
2. Ordnen Sie Ihre Sicherheiten immer einem bestimmten Kredit zu, damit sie nach Rückzahlung des Kredits automatisch frei werden.
3. Achten Sie darauf, dass Sie über freie Sicherheiten eigene Verfügungsgewalt haben.
4. Bieten Sie zusätzliche Sicherheiten nur an, wenn sie wirklich benötigt werden.
5. Achten Sie darauf, dass Sie noch über Sicherheitsreserven verfügen.

Checkliste Finanzierung Nr. 3: Finanzierungsvergleich

Folgende Angaben sollten Sie bei Abgabe eines Angebotes von Ihrer Bank mindestens verlangen:
* Darlehenssumme
* Nominalzins
* Auszahlungskurs
* Anfangstilgung
* Zinsfestschreibung (z. B. erste Zinsbindungsdauer 5 Jahre)
* Restschuld nach Zinsfestschreibung
* Gesamtaufwand der ersten Zinsfestschreibung
* Zahlungsweise der Raten (monatlich, vierteljährlich …)
* Art der Zins- und Tilgungsverrechnung (monatlich …)
* Anfänglich effektiver Jahreszins
  (nach PangV = Preisangabenverordnung)

Öffentliche
Förderung

Jeder Bauherr sollte bestens darüber informiert sein, welche staatlichen Fördermittel es gibt und unter welchen Voraussetzungen er vom Staat als Finanzierungshelfer profitieren kann. Warum, liegt auf der Hand: Öffentliche Fördermittel tragen dazu bei, dass Familien, die sich aufgrund ihres Einkommens kaum eine eigene Immobilie leisten könnten, doch den Traum vom Eigenheim verwirklichen können. Oft hört man im Zusammenhang mit der öffentlichen Förderung Äußerungen wie „Das ist mir zu kompliziert" oder „Das verstehe ich sowieso nicht".

Hinzu kommt, dass die einzelnen Bundesländer die Durchführung der Wohnungsbauförderung im Rahmen ihrer im Grundgesetz verankerten Gesetzgebungs- und Regelungsbefugnis sehr unterschiedlich regeln. Darüber hinaus gibt es Fördermodelle, die sich je nach Haushaltslage von Jahr zu Jahr ändern.

Unterschiedliche Regelungen

Aus diesen Gründen haben wir darauf verzichtet, Ihnen die Vielzahl aktueller, im nächsten Jahr zum Teil vielleicht schon veralteter Förderungsmöglichkeiten tabellarisch darzustellen. Außerdem müssen Sie als Bauherr sich ohnehin in jedem Einzelfall frühzeitig durch die für Sie zuständige örtliche oder regionale Bewilligungsbehörde beraten lassen. Am Ende des Kapitels (Seite 294 f.) finden Sie daher eine Adressenliste der in den jeweiligen Bundesländern zuständigen Institutionen.

Individuelle Beratung

Wesentlich ist, dass Sie sich rechtzeitig kümmern: Die Finanzierungshilfen können oftmals nur vor Baubeginn beantragt werden. Einen allgemeinen Überblick über die Fördermaßnahmen gibt das folgende Kapitel.

Die Förderwege

Grundsätzlich gibt es im Bund wie in den einzelnen Bundesländern drei Fördermöglichkeiten, die wir Ihnen im Folgenden vorstellen möchten.

1. Öffentliche Baudarlehen (Erster Förderungsweg),
2. Aufwendungsdarlehen (Zweiter Förderungsweg) und
3. Familienzusatzdarlehen (Dritter Förderungsweg).

Die öffentliche Hand verteilt dabei Fördermittel unterschiedlicher Art: Über den ersten Förderweg werden öffentliche Mittel und über den zweiten und dritten Förderweg werden nichtöffentliche Mittel vergeben.

Weise und Höhe der Förderung unterscheiden sich je nachdem, welchen der drei Wege Sie nehmen können. Im zweiten Wohnungsbauförderungsgesetz (II. WBauG) sind Einkommens- und Wohnflächengrenzen festgelegt, die bundesweit gelten.

WICHTIG

Ein Anspruch auf die Fördermittel besteht nur so lange, wie noch Fördermittel vorhanden sind bzw. der „Topf" noch nicht ausgeschöpft ist. In diesem Fall gilt also das gute alte Sprichwort „Wer zuerst kommt, mahlt zuerst."

Fördermittel rechtzeitig beantragen

Da nach Antragstellung in der Regel einige Monate Wartezeit verstreichen, stellen Sie Ihren Antrag am besten, *bevor* Sie Ihre Baumaßnahme einleiten bzw. bevor Sie einen entsprechenden Kaufvertrag unterschreiben. Klären Sie frühzeitig und schriftlich, welche Baumaßnahmen Sie bereits *vor* der Bewilligung, jedoch *nach* erfolgter Antragstellung durchführen dürfen. Je früher Sie die notwendigen Anträge einreichen, desto günstiger ist es für Sie und Ihren Geldbeutel. Jede ungeplante oder geplante Zwischenfinanzierung – wenn Sie bereits Baumaßnahmen durchführen können und bezahlen müssen, jedoch noch keine Fördermittel bewilligt bekommen haben – verteuert die gesamte Finanzierung in der Regel unnötig.

Zwischen-finanzierungen vermeiden

Unser Tipp: Vorsicht: Besonders, wenn die Finanzierung sehr knapp ist, rechnen einige Berater für Sie die Möglichkeiten einer Förderung durch, meist mit positivem Ergebnis. Die Fördermittel werden dann einfach in die Finanzierung mit eingerechnet und die ganze Finanzierung sieht dann schnell viel rosiger aus. Leicht wird man dazu verlockt, einen Vertrag abzuschließen. Wenn man dann später keine Fördermittel erhält, muss man den Unterschiedsbetrag nachfinanzieren. Ob man dazu in der Lage ist oder nicht, stört den unseriösen Berater zum Zeitpunkt der Berechnung wenig, denn er sieht vor allem seine Provision schon auf sein Konto fließen. Lassen Sie sich daher die Lage nicht schönreden.

In der Regel erhalten Sie die Förderung ausschließlich für Neubauten. Der Erwerb von Immobilien aus zweiter Hand, so genannter „Gebrauchtimmobilien", wird dagegen nur ganz selten gefördert.

Fördermittel u. a. für Neubauten

Einkommensgrenzen

Ebenfalls werden nur Familien gefördert, deren gesamtes Jahreseinkommen innerhalb bestimmter, vom jeweiligen Förderungsweg abhängiger Grenzen liegt. Maßgebend ist das Jahr vor Antragstellung.

Zur Ermittlung des angerechneten Jahreseinkommens lässt sich das folgende Schema anwenden:

Bruttoeinkünfte aller Familienmitglieder
./. Unterhaltszahlungen
./. Arbeitnehmerpauschalbetrag in Höhe von 2.000,– DM je Arbeitnehmer
= Restbetrag
./. 10 Prozent vom obigen Restbetrag
= Jahreseinkommen

Weitere Abzugsbeträge Zusätzlich können 1.200,– DM für jedes Kind unter zwölf Jahren abgezogen werden, für das Kindergeld oder eine Leistung im Sinne des Bundeskindergeldgesetzes gewährt wird.

Schwerbehinderte mit einem Behinderungsgrad zwischen 80 und 100 Prozent können 9.000,– DM als weiteren Abzugsbetrag geltend machen. Liegt der Behinderungsgrad unter 80 Prozent, werden 4.200,– DM als zusätzlicher Abzugsbetrag akzeptiert. Diese Beträge können jedoch nur abgezogen werden, wenn die Schwerbehinderten auch häuslich pflegebedürftig sind.

Vorteile für junge Ehepaare Junge Ehepaare, die nach dem Jahr der Eheschließung nicht länger als fünf Kalenderjahre verheiratet sind, können zusätzlich einen Betrag in Höhe von 8.000,– DM in Abzug bringen. Allerdings gilt dies nur, wenn keiner der Ehegatten über 40 Jahre alt ist.

■ *Beispiel:*
Heirat im August 1991.
1. Kalenderjahr = 1992
2. Kalenderjahr = 1993
usw. bis 31.12.1996

Sind Unterhaltszahlungen zu leisten, so können diese ebenfalls abgezogen werden. Das so errechnete Jahreseinkommen aller Arbeitnehmer in der wohnungssuchenden Familie darf beim ersten Förderweg folgende Grenzen nicht überschreiten:

Einkommen/Grundbetrag	23.000,– DM	**Einkommens-grenzen beim 1. Förderweg**
+ Einkommen für den 2. Angehörigen	10.400,– DM	
+ Einkommen für den 3. Angehörigen	8.000,– DM	
= anrechenbares Gesamteinkommen	41.400,– DM	

(Für jedes weitere Familienmitglied erhöht sich diese Einkommensgrenze um weitere 8.000,– DM.)

Für eine vierköpfige Familie liegt die Einkommensgrenze laut Wohnungsbauförderungsgesetz demnach zurzeit bei 49.400,– DM jährlich.

Zum besseren Verständnis ein Beispiel für die Berechnung des für die Förderung *anrechenbaren* Familiengesamteinkommens. Bei einem Ehepaar, das 1993 geheiratet, inzwischen zwei Kinder hat und über ein gemeinsames Bruttojahreseinkommen in Höhe von 68.000,– DM verfügt, stellt sich das so dar:

Bruttojahreseinkommen	68.000,– DM	**Berechnung des anrechen-baren Einkommens**
./. Heiratspauschale	8.000,– DM	
./. Arbeitnehmerpauschbetrag	4.000,– DM	
./. Kinderfreibeträge	2.400,– DM	
=	53.600,– DM	
./. 10 %	5.360,– DM	
=	48.240,– DM	

Selbst diese Familie mit vergleichsweise gutem Einkommen würde also noch unter die derzeitige Fördergrenze von 49.400,– DM fallen.

Diese Zahlen machen deutlich, dass Sie sich beim Hausbau in jedem Fall um staatliche Unterstützung bemühen sollten. Selbst wenn (wie in unserem Beispiel) auf den ersten Blick ein durchaus gutes Einkommen erzielt wird, können Sie möglicherweise öffentliche Fördermittel in Anspruch nehmen. Unabhängig davon ist jegliche Scheu, die notwendigen Anträge zu stellen und sich in gewisser Hinsicht als Geringverdiener zu offenbaren, fehl am Platze.

Höhere Einkommensgrenzen beim 2. und 3. Förderweg

Dies sind wie gesagt die Voraussetzungen für eine Förderung nach dem **ersten Förderweg.** Bei der Inanspruchnahme des **zweiten Förderweges** dürfen die Grenzen des ersten Förderweges je nach Bundesland um 40 bis 60 Prozent überschritten werden. Liegen Sie auch über diesen Einkommensgrenzen, sollten Sie die Voraussetzungen für den **dritten Förderweg** erfragen, den es in einigen Bundesländern gibt und für den jeweils wieder individuelle Regelungen gelten. Ihre Ansprechpartner hierfür wie auch für die aktuell gültigen übrigen Fördermaßnahmen finden Sie in der Adressliste am Ende dieses Kapitels. Auf eine genaue Darstellung der einzelnen Förderwege verzichten wir hier, da sich die Bedingungen je nach dem finanziellen Spielraum der Länder ändern.

Sonstige Voraussetzungen

Um die staatliche Förderung in Anspruch nehmen zu können, gelten noch einige wichtige Voraussetzungen:

* Sie müssen entweder Eigentümer des Grundstückes sein, ein gesichertes Erbbaurecht an einem Grundstück haben oder der Erwerb eines Grundstückes muss gesichert sein.
* Sie müssen finanzielle Eigenleistungen in ausreichender Höhe nachweisen (siehe Seite 280).

* Die Größe des Hauses bzw. der Wohnung ist beschränkt (siehe unten).

Was wird gefördert?

Grundsätzlich werden folgende Baumaßnahmen gefördert:

* der Neubau selbst genutzter Wohnungen
* die Neuschaffung von Wohnraum
* der Ersterwerb von Eigenheimen in Kleinsiedlungen
* Eigentumswohnungen

Unter „Neuschaffung von Wohnraum" ist zu verstehen, dass Sie bestehenden Wohnraum ausbauen oder aber bestehende Gebäude erweitern.

Haus- bzw. Wohnungsgröße

Es soll nur der Bau angemessen großer Wohnungen bzw. Häuser durch öffentliche Mittel gefördert werden. Die maximale Größe beträgt dabei

* für eine eigengenutzte Eigentumswohnung   120 m²
* für eine Kaufeigentumswohnung   120 m²
* für ein Einfamilienhaus   130 m²
* für ein Zweifamilienhaus   200 m²
  Keine Einzelwohnung darf größer als 130 m² sein.

Die o. g. Wohnflächen gelten für Familien bis maximal vier Personen. Eine Überschreitung der genannten Größen ist nur zulässig, wenn die größere Wohnfläche der Unterbringung weiterer Personen dient. Auch hier gilt, dass je nach Bundesland von den genannten Grenzen abgewichen werden kann oder dass es für bestimmte Fallgruppen Ausnahmen gibt. Sprechen Sie im Einzelfall Ihren Architekten bzw. die für Sie zuständige Baubehörde an.

Eigenleistung

Sie haben als Bauherr eines mit öffentlichen Mitteln geförderten Hauses oder einer Wohnung eine finanzielle Eigenleistung zu erbringen, die mindestens die Höhe der Kosten des Baugrundstücks ohne Erschließungskosten deckt. Doch auch hier gibt es Einschränkungen. So werden Eigenleistungen, die etwa 10 Prozent der Gesamtkosten betragen, bei kinderreichen Familien oder jungen Ehepaaren als ausreichend angesehen.

Eigenkapital ist erforderlich

Bei den Eigenleistungen wird auch die so genannte „Selbsthilfe" berücksichtigt, also Arbeitsleistungen, die Sie, Ihre Angehörigen oder Freunde unentgeltlich zur Durchführung des Bauvorhabens erbringen. Diese Eigenleistungen werden mit dem Wert angerechnet, der den üblichen Kosten einer Unternehmerleistung entsprechen würde.

Selbsthilfe wird angerechnet

Besondere Formen der öffentlichen Förderung

Zusätzlich zur öffentlichen Förderung, wie sie oben beschrieben wurde, gibt es spezielle Förderungen, die im Folgenden näher erläutert werden.

KfW-Wohnraum-Modernisierungsprogramm

KfW steht für Kreditanstalt für Wiederaufbau. Das KfW-Wohnraum-Modernisierungsprogramm dient der Finanzierung von Investitionen in den Wohnungsbau der neuen Länder und Ost-Berlin. Es handelt sich dabei um eine zinsgünstige, langfristige Finanzierung von Modernisierungsmaßnahmen bzw. der Schaffung von Wohnraum. Der Zinssatz wird in den ersten 10 Jahren aus Mitteln des Bundes verbilligt. Eine Förderung durch die KfW kann nur erfolgen, wenn sonst keine öffentlichen Fördermittel in Anspruch genommen werden.

„Kreditanstalt für Wiederaufbau"

Ausnahmen hierzu sind Förderungen im Rahmen des Denkmalschutzes und der Stadt- bzw. Dorferneuerung. Baumaßnahmen dürfen sich jedoch ausschließlich auf das Dach bzw. die Fassade beziehen. Außerdem sind Sonderförderungen durch Landesprogramme zur Modernisierung von so genannten „Plattenbauten" ausgenommen, die ebenfalls die KfW-Förderung ergänzen können.

Was wird gefördert?

Durch das KfW-Programm wird die Modernisierung und die Instandsetzung von vermieteten und eigengenutzten Wohnraum gefördert.

Im Einzelnen können Mittel in Anspruch genommen werden für:

Maßnahmen, die gefördert werden

1. bauliche Modernisierungen, die den Gebrauchswert der Wohnung verbessern (z. B. der Einbau eines Bades),
2. bauliche Maßnahmen zur Verbesserung der allgemeinen Wohnverhältnisse (z. B. ein Ausbau),
3. Maßnahmen zur Energieeinsparung,
4. Maßnahmen, die der SO_2- bzw. CO_2-Minderung dienen,
5. Instandsetzung von Häusern oder Wohnungen,
6. Behebung von baulichen Mängeln durch Reparatur oder Erneuerung,
7. Ausbau von bestehenden Gebäuden durch Umwandlung von Räumen, die bisher nicht zu Wohnzwecken dienten (z. B. eine Scheune),
8. Ausbau von Dachgeschossen,
9. Erweiterung durch Aufstockung eines Wohnhauses oder durch einen Anbau und
10. Aufteilung von selbst genutzten Wohnungen in Eigenheimen oder Eigentumswohnungen.

Die ersten sechs Punkte gelten auch für die Modernisierung von industriell gefertigten Mietwohnungsbauten (beispielsweise Plattenbauten).

Wie wird gefördert?

Darlehenshöhe

Der Kreditbetrag, der durch die KfW gewährt wird, beträgt maximal 800,– DM/m².

Zinssatz

Der Zinssatz für das KfW-Wohnraum-Modernisierungsprogramm liegt zur Zeit bei 4,6 Prozent jährlich, fest für 10 Jahre (Stand Ende April 1999). Danach richten sich die Zinsen nach dem freien Markt und der Zinssatz kann sich abhängig von den aktuellen Kapitalmarktzinsen ändern. Die Auszahlung beträgt 100 Prozent des maximal genehmigten Förderbetrages. Die Laufzeit des Darlehens beträgt etwa 30 Jahre bei 5 tilgungsfreien Jahren. Das bedeutet also: 5 Jahre zahlt man nichts zurück, 10 Jahre bezahlt man günstige Zinsen und 20 Jahre wird der Kredit frei finanziert.

Die Antragstellung für das KfW-Wohnraum-Modernisierungsprogramm erfolgt über Ihr Kreditinstitut, z. B. Ihre Bank oder Bausparkasse, über die Sie die baulichen Maßnahmen finanzieren möchten. Eine Antragstellung direkt bei der KfW ist für Privatpersonen nicht möglich. Ihr Kreditinstitut wird Ihnen gerne beim Ausfüllen des Antrages behilflich sein. *Achtung:* Die Antragstellung muss *vor* Beginn des Bauvorhabens erfolgen! **Antragstellung**

Es werden bei Privatpersonen die banküblichen Sicherheiten erhoben, das heißt erstrangige Absicherungen für die Bank im Grundbuch und Bürgschaften seitens des Kreditnehmers. **Sicherheiten**

Das Darlehen wird bei der KfW in Halbjahresraten getilgt. Ein Vorteil des KfW-Darlehens ist, dass man jederzeit ohne zusätzliche Kosten das Darlehen ganz oder teilweise tilgen kann. **Rückzahlung**

KfW-Programm zur Finanzierung von Investitionen zur CO_2-Minderung

Das Programm zur CO_2-Minderung wurde für die alten Bundesländer einschließlich West-Berlin am 1. Januar 1996 eingeführt. Einen Antrag zur Teilnahme an diesem Programm können nur Privatpersonen stellen.

Was wird gefördert?
Gefördert werden Maßnahmen zur Verbesserung des Wärmeschutzes an der Gebäudeaußenhülle, einschließlich des Einbaus

Wärmeschutz von Wärmeschutzfenstern. Hierfür muss der Bauantrag für das betreffende Gebäude vor Inkrafttreten der ersten Wärmeschutzverordnung (1.11.1977) gestellt worden sein.

Heizung Weiterhin wird der Einbau von neuen Brennkesseln gefördert, wenn die bisherige Heizungsanlage vor mindestens 10 Jahren eingebaut worden ist. Die Anforderungen an die Heizungsanlage wurden in der Heizungsanlagenverordnung vom 22.3.1994 festgelegt. Nähere Informationen können Sie bei Ihrem Heizungsbauer oder beim Bezirksschornsteinfegermeister erhalten.

Wie wird gefördert?

Darlehenshöhe Entsprechend den entstandenen Aufwendungen beträgt der Darlehenshöchstbetrag je Quadratmeter Wohnfläche 300,– DM.

Zinssatz Der Zinssatz beträgt 3,20 Prozent jährlich (der anfänglich effektive Jahreszins 3,80 Prozent) und bleibt die ersten 10 Jahre stabil. Nach Ablauf von 10 Jahren gelten Kapitalmarktkonditionen. Das Darlehen ist in den ersten 3 Jahren tilgungsfrei, danach erfolgt die Tilgung halbjährlich.

Das Solarstrom-Energieprogramm

Was es bedeutet

Das Energieprogramm soll dazu beitragen, die Klimaerwärmung und ihre Folgen, wie vermehrte Überschwemmungen, Stürme, Hitzeperioden und Lawinenkatastrophen einzudämmen. Außerdem soll es internationalen Konflikten entgegnen, die infolge der Verknappung fossiler und kerntechnischer Ressourcen in den kommenden Jahrzehnten zu befürchten sind.

Das Solarstrom-Energieprogramm beschleunigt den Aufbau einer Energieversorgung auf der Basis erneuerbarer Energien.

In Kombination mit bestehenden Förderprogrammen, vor allem dem 100.000-Dächer-Programm, wird in zahlreichen Fällen ein wirtschaftlicher Betrieb der Anlagen möglich.

Das Bundeswirtschaftsministerium hat ab dem 6.7.2000 die Weiterbewilligung der vorliegenden Anträge im Rahmen des 100.000-Dächer-Solarstrom-Programms zugesagt. Die Kreditanstalt für Wiederaufbau konnte in den ersten drei Monaten dieses Jahres bereits Anträge mit einer Gesamtleistung von 30 Megawatt bewilligen. Das Wirtschaftsministerium sagte auf diese enorme Nachfrage eine Bearbeitung von einer Marge von 50 Megawatt zu.

Weiterbewilligung vorliegender Anträge

Definition Fotovoltaik

Fotovoltaikanlagen wandeln Sonnenenergie in elektrischen Strom um. Die Umwandlung erfolgt zurzeit bei den marktüblichen Modulen mit einem Wirkungsgrad von 10 bis 12 %. Aus diesem relativ geringen Wirkungsgrad ergeben sich recht große Dachflächen. Um ein Einfamilienhaus übers Jahr etwa zur Hälfte mit elektrischer Energie versorgen zu können, wird eine etwa 20 m^2 große 2 kW-Fotovoltaikanlage benötigt. Es gibt im privaten Anwendungsbereich hauptsächlich zwei Betriebsarten:

Größe der Anlage

Definition Inselbetrieb

Die Anlagen werden im Inselbetrieb betrieben, wenn kein Anschluss an das öffentliche Stromnetz möglich ist und der Strom daher ausschließlich vor Ort selbst produziert wird. Dies kann auf einer schlecht versorgten Insel ebenso sinnvoll sein wie in einem Gartenhäuschen. In diesem Fall gibt es die Möglichkeit, den erzeugten Gleichstrom mit Wechselrichter in Wechselstrom umzuwandeln.

Stromproduktion ausschließlich vor Ort

Netzparalleler Betrieb

Bei einem normalen Einfamilienhaus mit herkömmlichem Stromanschluss ist der netzparallele Betrieb zu empfehlen. Bei dieser Betriebsart ist das Haus gleichzeitig am Netz und an der Fotovoltaikanlage angeschlossen. In der Regel wird der von der Anlage erzeugte Strom selbst verbraucht. Falls die Anlage mehr Strom als benötigt produziert, wird der Überschuss ins Netz gespeist. Die Energieversorgungsunternehmen vergüten diese Einspeisung mit 17 Pf/kWh.

Stromein-speisung ins Netz möglich

Förderungshöhen

Die Bundesregierung fördert seit dem 1.9.1999 u. a. thermische Solaranlagen. Flachkollektoranlagen erhalten einen staatlichen Zuschuss von 250,– DM und Vakuumkollektoranlagen von 325,– DM pro m^2 installierte Kollektorfläche. Darüber hinaus wird ein geeignetes Funktionskontrollgerät mit 150,– DM oder ein solarer Wärmemengenzähler mit 300,– DM zusätzlich gefördert. Die Förderung erfolgt als Zuschuss oder als Darlehen. Mit der Installation der Solaranlage darf nach Eingang des Förderantrages bei der Bewilligungsbehörde, dem Bundesamt für Wirtschaft, begonnen werden. Förderrichtlinien können beantragt werden per Faxabruf beim BAW oder im Internet unter www.bawi.de.

Verschiedene Kollektor-anlagen

Ökokomponente

Diese Förderung gibt es für den Einbau von Solaranlagen, Wärmepumpen und Anlagen zur Wärmerückgewinnung und den Bau von Niedrigenergiehäusern. Die Förderung läuft 8 Jahre lang. Sie erhalten 2 % der Herstellungskosten, maximal 500,– DM jährlich. Für den Neubau eines Niedrigenergiehauses gibt es zusätzlich 8 Jahre lang jährlich 400,– DM. Ein Anspruch besteht nur bei Gewährung der Eigenheimzulage.

KfW-Programm zur Förderung des Wohneigentums junger Familien

Was wird gefördert?

Es werden Neubau und Kauf von selbst genutzten Eigenheimen und Eigentumswohnungen in den alten und neuen Bundesländern mit bis zu 20 Prozent der Gesamtkosten, maximal 100.000 Euro (195.583 DM), gefördert.

Darlehenshöhe

Wer wird gefördert?

Antragsberechtigt für dieses Programm sind junge Ehepaare ohne Kinder, wenn keiner der Ehegatten älter als 40 Jahre ist, sowie Alleinstehende oder Familien mit mindestens einem minderjährigen Kind.

Wie wird gefördert?

Die KfW bietet zinsvergünstigte Darlehen mit einer Maximallaufzeit von 30 Jahren an. Die Darlehen sind mindestens ein und maximal 5 Jahre tilgungsfrei. Die Zinsen können für 5 oder 10 Jahre fest vereinbart werden. Der Zins für eine 5jährige Zinsfestschreibung beträgt zur Zeit (Stand: April 1999) 3,85 Prozent nominal (3,91 Prozent anfänglicher effektiver Jahreszins) und für die zehnjährige Zinsfestschreibung 4,6 Prozent nominal (4,68 Prozent anfänglicher effektiver Jahreszins). Nach den ersten tilgungsfreien Jahren wird das Darlehen in vierteljährlichen Raten zurückgezahlt.

Zinszuschüsse

Wie bekommt man das Darlehen?

Der Darlehensantrag muss über die Hausbank gestellt werden. Auch die Abwicklung des Kredites erfolgt über die Hausbank. Der Bauherr/Käufer selbst kann die Förderung nicht direkt bei der KfW beantragen.

WICHTIG

Der Antrag auf Gewährung des Förderdarlehens muss vor Beginn des Bauvorhabens, spätestens unmittelbar nach Abschluss des Kaufvertrages, gestellt werden.

Fördermöglichkeiten von Wohneigentum mit Bundes- und Landesmitteln

Wohneigentum

Abhängig von der Einkommenshöhe

Dieses Programm gliedert sich wie bereits in den vorherigen Jahren in insgesamt drei nach Einkommenshöhe der Bauherren gestaffelte Bereiche. Des Weiteren wurden Zusatzprogramme verabschiedet, die der Förderung des Erwerbes vorhandener Wohnung zur Eigennutzung dienen.

Sozialprogramm

In diesem Programm werden Bauherren gefördert, deren Einkommen die Einkommensgrenze (§ 25 II. WoBauG) um mehr als 20 % unterschreitet. Auf diesem Weg werden Familien mit mindestens 3 Kindern, bzw. 5 Jahre nach Eheschließung mit 2 Kindern (die Eltern dürfen aber nicht älter als 40 Jahre sein), allein stehende Elternteile mit mindestens 2 Kindern, Familien mit einem Schwerbehinderten und Familien, die eine Sozialwohnung frei machen, gefördert. Hier beträgt das Grunddarlehen 38.000,– DM, zuzüglich verschiedener Zuschläge für Kinder, Einwohner größerer Kommunen, für Kleinsiedlungen und Schwerbehinderte. Gehören der Familie weniger oder mehr als vier Personen an, verringert oder erhöht sich das Darlehen um 8.000,– DM/Person. Es können ferner zusätzlich ein Familienzusatzdarlehen und ein Aufwendungsdarlehen gewährt werden.

Normalprogramm

Im Normalprogramm werden Bauherren gefördert, deren Einkommen die Einkommensgrenze (§ 25 II. WoBauG) um nicht mehr als 10 % überschreitet. Im Rahmen des Programmes werden Familien mit mindestens 2 Kindern, in den ersten 5 Jahren nach Eheschließung mit einem Kind (auch darf kein Elternteil älter als 40 Jahre sein), allein stehende Elternteile mit einem Kind, Familien mit Schwerbehinderten und Familien, die eine Sozialwohnung frei machen, gefördert. Im Rahmen des Normalprogramms beträgt die Grundförderung 28.000,– DM als Darlehen, zuzüglich verschiedener Zuschläge für Kinder, Einwohner größerer Kommunen, für Kleinsiedlungen und Schwerbehinderte. Gehören der Familie weniger oder mehr als vier Personen an, verringert oder erhöht sich das Darlehen um 8.000,– DM/Person. Es können ferner zusätzlich ein Familienzusatzdarlehen und ein Aufwendungsdarlehen gewährt werden.

Grundförderung + Zuschläge

Ergänzungsprogramm

Im so genannten Ergänzungsdarlehen (bis zu 40 % Familieneinkommen über der Einkommensgrenze auch § 25 II.WoBauG) werden Familien ausschließlich mit einem Aufwendungsdarlehen gefördert.

Aufwendungsdarlehen

Gefördert werden Neubaumaßnahmen, der Ausbau und die Erweiterung vorhandener Gebäude. Die Höhe eines Aufwendungsdarlehens beträgt für eine Familie mit vier Personen 40.320,– DM

Förderung des Erwerbs vorhandener Wohnungen zur Selbstnutzung

Im Programm werden Familien gefördert, die den Kriterien der ersten drei Programme genügen. So genannte „Ankaufsdarlehen" werden Familien im Sozial- und im Normalprogramm gewährt

Ankaufsdarlehen

(40.000,– DM bzw. 30.000,– DM für 4 Personen zu- bzw. abzüglichen je 8.000,– DM für jede Person. Zusätzliche Baudarlehen stehen nur den Familien des Sozialprogramms zu. Für den Personenkreis des Ergänzungsprogramms steht nur das Aufwendungsdarlehen in Höhe von 19.200,– DM bei einem Vier-Personen-Haushalt zur Verfügung.

Zusätzliche Baudarlehen nur für Familien des Sozialprogramms

Förderung des Erwerbs vorhandener Mietwohnungen durch Mieter

In diesem Programm werden diejenigen gefördert, deren Einkommen die Grenzen des Ergänzungsprogramms nicht überschreitet. Die Höhe der Förderung entspricht der Beträgen des Programms für die Förderung des Erwerbs vorhandener Wohnungen zur Selbstnutzung.

zuständige Behörde:
Ministerium der Finanzen
Kaiser-Friedrich-Straße 5
D-5516 Mainz
Tel: 0 61 31/16 42 35
Fax: 0 61 31/16 43 31

So erhalten Sie die Förderung

Die Eigenheimförderung muss nur am Anfang und nur einmal beantragt werden. Die Beantragung erfolgt getrennt von der Steuererklärung. Die Fördervoraussetzungen werden vom Finanzamt geprüft. Die erste Förderung erfolgt bei positivem Bescheid innerhalb der ersten 6 Monate. In den folgenden Jahren wird die Förderung regelmäßig zum 15. März überwiesen. Eine Antragsänderung bzw. Neubeantragung ist dann notwendig, wenn z. B. ein Kind geboren wird und sich dadurch die Berechnungsgrundlage ändert.

Finanzamt prüft Fördervoraussetzungen

Förderung auf Länderebene

Niedersachsen Öffentliche Baudarlehen für Familien mit mindestens 4 Kindern oder für Schwerbehinderte auf dem ersten Förderweg, die vorerst zinslos sind und für Neubau und Außenbaumaßnahmen gelten.
Höhe des Darlehens: bis zu 110.000,– DM

Bremen Baudarlehen für Alleinerziehende oder Schwangere auf dem zweiten Förderweg; die ersten 10 Jahre sind zinsfrei.
Höhe des Darlehens: einkommensabhängig bis zu 60.000,– DM

Hamburg Baudarlehen ohne Eingrenzung des Personenkreises auf dem ersten und zweiten Förderweg. Die ersten 10 Jahre sind zinsfrei.
Höhe des Darlehens: je m² förderungsfähiger Baufläche 1530,– DM. Die Einkommensgrenzen können je nach Art des Darlehns bis zu 60 % über den Höchstbeträgen liegen.

Schleswig-Holstein Nichtöffentliche Baudarlehen auf dem ersten und zweiten Förderweg zu 1,5 % Zinsen für Haushalte mit einem Kind.
Höhe des Darlehens: Festbetrag zwischen 40.000,– DM bis 60.000,– DM; es kommt eventuell ein Ergänzungsbetrag von weiteren 40.000,– DM hinzu. Die Höhe des Einkommens kann je nach Art des Darlehens 40 % über den Höchstgrenzen liegen.

Mecklenburg-Vorpommern Baudarlehen auf dem zweiten und dritten Förderweg, die teilweise bis zu 16 Jahre zinsfrei sind und an alle Grundstückseigentümer vergeben werden.
Höhe des Darlehens: Bis zu 64.000,– DM für einen Haushalt mit vier Personen. Die Einkommensgrenze darf zwischen 30 und 60 % über den Höchstgrenzen liegen.

Familienheimdarlehen für Bundesbedienstete

Wenn Sie im unmittelbaren Bundesdienst beschäftigt sind, ist es möglich, zur Errichtung oder zum Erwerb eines Eigenheimes oder einer Eigentumswohnung ein Familienheimdarlehen des Bundes zu erhalten.

Bei der Gewährung dieser Darlehensform wird zwischen zwei Gruppen unterschieden: Die erste verfügt über ein Gesamteinkommen, das innerhalb der o. a. maximalen Grenze von 49.400,– DM liegt, das der zweiten Gruppe übersteigt diese Einkommensgrenze.

Wenn zu der Familie auch Kinder gehören oder wenn bei Schwerbehinderten besondere bauliche Maßnahmen erforderlich sind, ist die Gewährung von Zusatzdarlehen möglich. Auskünfte erteilt die zuständige Oberfinanzdirektion.

Wohngeld

Wohngeld wird nicht nur für Mieter bezahlt – auch der Eigentümer eines Hauses kann für Zins- und Tilgungsleistungen Wohngeld in Form eines Lastenzuschusses empfangen. Die Höhe des Wohngeldes bei Eigentümern ist von verschiedenen Kriterien abhängig:

* der Zugehörigkeit zu den Wohngeld-Berechtigten, wenn Sie Mieter wären
* der Zahl der zum Haushalt zählenden Familienmitglieder
* der Höhe des Familieneinkommens
* der Höhe der zuschussfähigen Belastung
* dem örtlichen Vergleichsmietniveau
* der Ausstattung der Wohnung

Im Allgemeinen wird das Wohngeld für einen Zeitraum von zwölf Monaten bewilligt. Die Auszahlung erfolgt monatlich oder für zwei Monate im Voraus und bleibt über den gesamten Bewilligungszeitraum unverändert. Wollen Sie das Wohngeld nach Ablauf des Bewilligungszeitraumes weiter in Anspruch nehmen, bedarf dies einer neuen Antragstellung.

Der Antrag auf Wohngeld ist bei den zuständigen örtlichen Behörden zu stellen. Fragen Sie Ihre Gemeinde- oder Stadtverwaltung.

Wichtige Adressen

Abschließend eine Liste der Institutionen, an die Sie sich in den verschiedenen Bundesländern für Informationen über die öffentliche Förderung von Baumaßnahmen wenden können. Hier erfahren Sie auch die aktuellen Förderbedingungen. Förderstellen der Länder und des Bundes, die den Einsatz regenerativer Energien fördern, finden Sie im Internet unter www.energieaktuell.de/content/foerder/foerder200.html. Informationen ausschließlich zu Solarförderprogrammen erhalten Sie unter www.solarfoerderung.de.

Baden-Württemberg:
Stadt- oder Gemeinde-
verwaltungen

Bayern:
Kreisverwaltungsbehörden

Berlin:
Investitionsbank Berlin
Beratungszentrum
Lützowstr. 37
10785 Berlin
Tel.: 0 30/26 49 83-0

Brandenburg:
Investitionsbank des
Landes Brandenburg
Steinstr. 104–106
14480 Potsdam
Tel.: 03 31/64 57-0

Bremen:
Amt für Wohnungs- und
Städtebauförderung
Breitenweg 24–26
28195 Bremen
Tel.: 04 21/36 14 01/2

Hamburg:
Hamburgische Wohnungs-
baukreditanstalt
Besenbinderhof 31
20097 Hamburg
Tel.: 0 40/24 84 6-0

Hessen:
Wohnungsbauförderungsstelle
der Kreisausschüsse und
Magistrate

Mecklenburg-Vorpommern:
Landesbauförderungsamt
Wuppertaler Str. 12
19061 Schwerin
Tel.: 03 85/63 63-0

Niedersachsen:
Wohnungsbauförderungs-
stellen der Landkreise und
kreisfreien Städte

Nordrhein-Westfalen:
Gemeinde- und Stadt-
verwaltungen

Rheinland-Pfalz:
Gemeinde, Kreis- oder
Stadtverwaltungen

Saarland:
Saar LB
Ursulinenstr. 2
66111 Saarbrücken
Tel.: 06 81/30 06 00

Sachsen:
Wohnungsbauförderungs-
stellen der Bürgermeister
und Landratsämter

Sachsen-Anhalt:
Kreis- und Stadt-
verwaltungen

Schleswig-Holstein:
Investitionsbank
Schleswig-Holstein
Fleethörn 29–31
24103 Kiel
Tel.: 04 31/9 00 03

Thüringen:
Baudezernate der Landratsämter und kreisfreien Städte

Die
Realisierung

Inzwischen sind Sie in Fragen der Planung und Vorbereitung bereits Fachmann (oder Fachfrau). Im folgenden Kapitel wird es nun ernst für Sie: Wir kommen sozusagen zur praktischen Prüfung. Sie müssen sich auf dem Bau behaupten und Ihre theoretischen Kenntnisse und Planungen bis zum Ende gegenüber bzw. mit allen Beteiligten durchsetzen. Hier ist die beste Hilfe noch immer: die „Ärmel hochkrempeln und anpacken".

Damit alle Möglichkeiten zur optimalen Realisierung ausgeschöpft und nicht mehr Kosten verursacht werden, als unbedingt erforderlich sind, nehmen Sie den folgenden „Check" vor:

Sämtliche Aufgaben, Verantwortlichkeiten und Ziele für die Realisierung werden nochmals definiert und Ihren einzelnen Baupartnern (Handwerksbetriebe, Bauleiter, Architekten) zugeordnet. Dabei achten Sie insbesondere auf Qualitätskontrolle und Terminvereinbarungen. Besprechen Sie mit Ihrem Planer gründlich den festgelegten Ausführungsstandard sowie die Möglichkeiten zum Einbau von vorgefertigten Bauteilen und Bauelementen, um so zu einer rationelleren und wirtschaftlicheren Bauweise zu gelangen. Nutzen Sie die folgende Checkliste für Ihre Planung. Sie reduzieren damit den Planungsaufwand und vermeiden Mehr- und Doppelbearbeitung.

Den Gesamtablauf durchchecken

Wichtig ist daneben vor allem, dass Sie sich für die Auswahl Ihrer Partner genügend Zeit nehmen: Sie müssen sicher sein, dass Ihnen für die Realisierung ein leistungsfähiges Team aus Architekt, Ingenieuren und Unternehmer zur Verfügung steht.

Die Partner sorgfältig wählen

Vor Baubeginn

Nach dem ersten Schritt, der sorgfältigen Vorplanung Ihres Bauvorhabens, folgte als zweites die Sicherstellung seiner Finanzierung. Damit Sie im Bauherrendschungel den Überblick
bewahren und auf einen Blick wissen, woran Sie noch denken
müssen, haben wir eine Checkliste mit den chronologisch aufeinander folgenden Schritten des Bauvorhabens erstellt. Es ist
sinnvoll, diese Liste bereits in der „Halbzeit" Ihrer Vorberei-
tungen zu Ihrem Bauvorhaben das erste Mal auszufüllen.

Checkliste:
Abwicklung des Bauvorhabens

	Erledigt	Nicht erledigt
Finanzierung		
Finanzplanung aufgestellt (Gesamtkostenermittlung usw.)?	☐	☐
Informationen über die aktuellen Förderprogramme von Bund, Ländern und Gemeinden eingeholt?	☐	☐
Grundstück		
Grundstückssuche beendet?	☐	☐
Grundstücksbewertung anhand Checkliste Seite 43 durchgeführt?	☐	☐
Kaufvertrag geschlossen?	☐	☐

	Erledigt	Nicht erledigt

Architekt

Architektensuche beendet? ☐ ☐

Architektenvertrag geschlossen? ☐ ☐

Vorentwurf des Architekten geprüft? ☐ ☐

Änderungswünsche eingeplant? ☐ ☐

Alle Kosten senkenden Vorschläge
vom Architekten berücksichtigt bzw.
ausgeschöpft? ☐ ☐

Ausschreibungsunterlagen vom
Architekten verschickt? ☐ ☐

Preisvergleich nach Eingang der
Angebote vom Architekten erstellt? ☐ ☐

Auftragsvergabe abgeschlossen? ☐ ☐

Bauzeitenplan vom Architekten
erhalten? ☐ ☐

Finanzierung

Bürgschaften überprüft und
Kriterien eingehalten? ☐ ☐

Finanzierungsalternativen eingeholt
und verglichen bzw. vergleichen lassen? ☐ ☐

Baufirma/Allgemeines

Informative Baubeschreibung erhalten? ☐ ☐

Gesamteindruck von Musterimmobilie
verschafft? ☐ ☐

Bauzeitregelung abgestimmt? ☐ ☐

Geschäftslage der Baufirma geprüft? ☐ ☐

	Erledigt	Nicht erledigt
Baufirma/Verträge		
Alle mündlichen Vereinbarungen schriftlich festgehalten?	☐	☐
Alle Preisangaben konkret benannt?	☐	☐
Preisänderungsrisiken ausgeschlossen oder zumindest deutlich kalkuliert?	☐	☐
Leistungsabnahmen vereinbart?	☐	☐
Kaufpreis/Erstellungszahlungen an die Abnahmen gebunden?	☐	☐
Zahlungsbedingungen gemäß der Makler- und Bauträgerverordnung vereinbart?	☐	☐
Gewährleistungsfristen (möglichst 5 Jahre) vereinbart?	☐	☐
Inanspruchnahme der mit der Herstellung beauftragten Baufirma bei Gewährleistungen und Nachbesserungen vereinbart?	☐	☐
Mögliche Gewährleistungsansprüche gegen die Baufirma nicht begrenzt?	☐	☐
Wegen der Bauleistung die VOB vereinbart?	☐	☐
Alle zugesagten technischen Standards schriftlich festgehalten?	☐	☐
Unbeschränktes Betreten der Baustelle für Sie selbst und von Ihnen berechtigte Personen vereinbart?	☐	☐

Die Bauleitung

Sie als Bauherr haben zu Beginn der Realisierungsphase drei wichtige Ziele, die Sie während des gesamten Baus immer im Auge behalten sollten.

1. Baukosteneinhaltung – statt Mehrkosten
2. Einhalten des Bauzeitenplans – statt weiterer Mietzahlungen
3. Vermeidung von Baumängeln – statt späterer gerichtlicher Auseinandersetzungen.

Für das alles muss Ihr Architekt, soweit Sie ihn für alle Leistungsphasen beauftragt haben, sorgen.

Pflichten des Architekten

Grundsätzlich garantiert der Architekt oder Ihr Planungsbüro Ihnen auch den Planungserfolg. In den vorangegangenen Kapiteln haben wir intensiv die ersten Planungsphasen behandelt. Jetzt beschreiben wir die Grundleistungen, zu denen Ihr Architekt während der Realisierung verpflichtet ist.

Garantie des Planungserfolgs

Leistungsphase V: Ausführungsplanung

In dieser Phase werden zunächst die Ergebnisse der Leistungsphasen III und IV (vgl. Seite 85 ff.) durchgearbeitet, die Lösungen stufenweise erarbeitet und Ihnen dargestellt. Dabei werden alle fachspezifischen Anforderungen berücksichtigt. Der Architekt plant unter Mithilfe anderer fachlich Beteiligter wie Statiker und Haustechniker (das sind Fachingenieure, die die Dimension der Heizungs- und Sanitäranlage planen) eine ausführungsreife Lösung.

Dann wird eine zeichnerische und rechnerische Darstellung Ihres Hauses mit allen für die Ausführung notwendigen Einzelangaben einschließlich Detailzeichnung in den erforderlichen Maßstäben erstellt. Ferner erarbeitet Ihr Architekt die Grundlagen für die anderen an der Planung Beteiligten und integriert ihre Beiträge bis zur ausführungsreifen Lösung. Weiter schreibt er die Ausführungsplanung während der Objektausführung fort.

Rechnerische Grundlagen, Detailzeichnung

Als Honorar werden hierfür 25 Prozent des Gesamthonorars nach HOAI in Rechnung gestellt.

Leistungsphase VI: Vorbereitung der Vergabe

In dieser Planungsphase fallen folgende Punkte an:

✳ Die Mengenermittlung und Aufgliederung nach Einzelpositionen unter Verwendung der Beiträge anderer, an der Planung fachlich Beteiligter.

Vertragsbedingungen und Leistungsbeschreibung

✳ Das Aufstellen der Verdingungsunterlagen – das sind technische Normensammlungen, denen man beispielsweise die Zusammensetzung eines Bimssteines oder einer Bodenfliese entnehmen kann –; insbesondere das Anfertigen der besonderen Vertragsbedingungen sowie der Leistungsbeschreibung, die Qualität, Ausstattung, Quantität usw. der vereinbarten Leistung als Auftragsgrundlage festhält.

✳ Das Abstimmen und Koordinieren der Verdingungsunterlagen der an der Planung fachlich Beteiligten.

✳ Die Festlegung der wesentlichen Ausführungsphasen.

Das Architektenhonorar beträgt hier 10 Prozent.

Leistungsphase VII: Mitwirkung bei der Vergabe

In dieser Phase fallen folgende Arbeiten an:

✳ Das Zusammenstellen der Verdingungsunterlagen für alle Leistungsbereiche.

- ✳ Das Einholen von Angeboten.
- ✳ Das Prüfen und Werten der Angebote einschließlich des Aufstellens eines Preisspiegels.
- ✳ Das Abstimmen und Zusammenstellen der Leistungen der fachlich Beteiligten, die an der Vergabe mitwirken.
- ✳ Die Mitwirkung bei den Verhandlungen mit Bietern.
- ✳ Das Fortschreiben der Kostenberechnung.
- ✳ Die Kostenkontrolle laut vorliegender Angebote der Handwerksbetriebe.

Einholen von Angeboten

Fälliges Honorar: 4 Prozent.

Leistungsphase VIII: Bauoberleitung

Jetzt müssen folgende Arbeiten erledigt werden:
- ✳ Die Aufsicht über die örtliche Bauüberwachung sowie die getrennte Vergabe der Bauoberleitung und der örtlichen Bauüberwachung.
- ✳ Die Koordinierung der an der Objektüberwachung fachlich Beteiligten, insbesondere das Prüfen auf Übereinstimmung und Freigeben von Plänen Dritter.
- ✳ Das Aufstellen und Überwachen eines Zeitplans mithilfe eines Balkendiagramms.
- ✳ Das Inverzugsetzen der ausführenden Unternehmen.
- ✳ Die Abnahme von Leistungen und Lieferungen fachlich Beteiligter unter Mitwirkung der örtlichen Bauüberwachung sowie die Fertigung einer Niederschrift über das Ergebnis der Abnahme.
- ✳ Das Stellen des Antrags auf behördliche Abnahmen und die Teilnahme an den Abnahmen.
- ✳ Die Übergabe des Objekts einschließlich einer Zusammenstellung und Übergabe der erforderlichen Unterlagen (zum Beispiel Abnahmeniederschriften und Prüfungsprotokolle).

Zeitplanung, Koordinierung, Abnahme

* Das Zusammenstellen von Wartungsvorschriften für das Objekt.
* Das Überwachen der Prüfungen der Anlagenteile und der Gesamtanlage auf Funktionsfähigkeit.
* Das Auflisten der Verjährungsfristen der Gewährleistungsansprüche.
* Die Kostenfeststellung, das heißt die Kostenkontrolle durch Überprüfung der Leistungsabrechnung der bauausführenden Unternehmen im Vergleich zu den Vertragspreisen und der fortgeschriebenen Kostenberechnung.

Hierfür erhält der Architekt ein Honorar von 31 Prozent.

Leistungsphase IX: Objektbetreuung und Dokumentation

* Die Objektbegehung zur Mängelfeststellung. Geschehen muss dies vor Ablauf der Verjährungsfristen der Gewährleistungsansprüche gegenüber den ausführenden Unternehmen.

Gewährleistung und Mängel

* Die Überwachung der Beseitigung von Mängeln, die innerhalb der Verjährungsfristen der Gewährleistungsansprüche, längstens jedoch bis zum Ablauf von 5 Jahren ab Abnahme der Leistungen auftreten.
* Das Mitwirken bei der Freigabe von Sicherheitsleistungen. (Sie haben bei Zusammenarbeit mit Handwerkern das Recht, etwa 5 Prozent Sicherheitsabschlag der Rechnungsbeträge einzubehalten. Wenn alle Leistungen erbracht sind und Ihr Architekt die ordnungsgemäße Ausführung bestätigt, hat der Handwerker Anspruch auf vollständige Bezahlung.)
* Die systematische Zusammenstellung der zeichnerischen Darstellung und rechnerischen Ergebnisse des Objekts.

Das Honorar für diese Arbeiten beträgt 9 Prozent.

Diese Leistungsfestschreibung ist im üblichen Architektenvertrag gemäß § 15 HOAI festgehalten. Gemäß § 631 BGB ist der Architektenvertrag ein Werkvertrag. Der Architekt hat deshalb für den Erfolg, das heißt für ein einwandfreies Haus, einzustehen. Ihn trifft eine verschuldungsunabhängige Pflicht zur Gewährleistung.

Haftung des Architekten

Die höchstrichterliche Rechtsprechung unterscheidet dabei streng zwischen dem *„Bauwerk"* und dem *„Architektenwerk"*. Im Gegensatz zum Bauunternehmer wird vom Architekten nicht das Bauwerk als reales Gebäude geschuldet, sondern der zur Herstellung des Bauwerks notwendige, geistige Leistungsbeitrag. Dieser Beitrag kann in einer planenden, beratenden, koordinierenden oder überwachenden Tätigkeit bestehen. Am Bauwerk auftretende Mängel sind deshalb nicht ohne weiteres als Mängel des „Architektenwerkes" zu verstehen, sondern nur dann, wenn sie auf eine Verletzung der Sorgfaltspflicht des Architekten zurückzuführen sind. Andererseits ist die Leistung des Planers mängelfrei, wenn sie zwar die ihm übertragenen Aufgaben nicht im vollen Umfang erfüllt, dies aber nicht zu einem Mangel des Bauwerkes führt. Erbringt etwa ein Architekt nicht alle Grundleistungen der ihm übertragenen Leistungsphase, so führt dies nicht zu einem Anspruch des Bauherrn, sofern sich kein Mangel am Bauwerk einstellt.

Kernfrage: Mangel am Bauwerk?

Wir erläutern diese recht komplizierten juristischen Fragen nicht, um Sie vom Bauen abzuschrecken – Sie sollten jedoch in groben Umrissen darüber informiert sein, welche Gefahren im Paragraphendschungel auf Sie lauern können. Aus diesem Grunde führen wir im Folgenden einige der häufigsten Unstimmigkeiten zwischen Architekten und Bauherr auf.

Nicht genehmigungsfähige Entwürfe

Eine Planung ist fehlerhaft, wenn sie nicht genehmigungsfähig ist, nicht den Regeln der Baukunst oder Technik entspricht, wenn sie lückenhaft ist oder in technischer bzw. wirtschaftlicher Hinsicht nicht mit den vertraglichen Vereinbarungen übereinstimmt. Bestehen Zweifel an der Genehmigungsfähigkeit, ist der Architekt verpflichtet, diese durch Stellen einer Bauvoranfrage auszuräumen.

Im Zweifel: Bauvoranfrage

Planungsfehler

Der Umfang der vom Architekten zu erbringenden Planung ergibt sich aus dem zwischen Bauherrn und Architekten abgeschlossenen Architektenvertrag (vgl. Muster Seite 349 ff.). Die Planungstätigkeit ist dann mangelhaft, wenn sie Fehler aufweist, die den Wert mindern (z. B. entsprechen die Kinderzimmer nicht der Größennorm für die Inanspruchnahme öffentlicher Förderdarlehen) oder die Tauglichkeit zu dem gewöhnlichen oder vertraglich vorausgesetzten Gebrauch unmöglich machen (z. B. wird in Ihrem Haus die Küche vergessen).

Wertminderung

Auch für technische Planungsfehler haftet Ihr Architekt. Beispiele sind: mangelhafte Isolierung, unzureichende Bodenuntersuchung, unwirksame Schall- und Wärmedämmung, fehlerhafte Ausschreibung, Wahl ungeeigneter Baustoffe, zu geringe Dachneigung oder unzureichende Dehnungsfugen.

Technische Fehler

Koordinierungsmängel

Der Architekt muss das Bauvorhaben koordinieren, das heißt, er muss in technischer, wirtschaftlicher, kostenmäßiger und zeitlicher Hinsicht für einen reibungslosen Ablauf des Bauvorhabens sorgen. Deshalb muss er das harmonische Zusammenwirken der verschiedenen Unternehmer und den zeitlich richtigen Ablauf der Baumaßnahmen sicherstellen.

Reibungsloser Ablauf

Im Einzelfall kann es dabei zu *Abgrenzungsschwierigkeiten* mit Planungsfehlern kommen. Ein solcher Fehler liegt etwa dann vor, wenn der Architekt die Dachdeckerarbeiten so ungünstig terminiert, dass die auf das Flachdach aufgebrachte Dachhaut vom Bauunternehmer wieder zerstört werden muss, damit dieser notwendige Arbeiten durchführen kann.

Mangelhafte Bauüberwachung

Ist der Architekt auch mit der Bauüberwachung beauftragt worden, umfasst dies nach den anerkannten Regeln der Baukunst und Technik und den einschlägigen Vorschriften zum einen das Überwachen der Bauausführung auf Übereinstimmung mit der Baugenehmigung, den Ausführungsplänen und der Leistungsbeschreibung, zum anderen das bereits erwähnte Koordinieren der an dem Baugeschehen fachlich Beteiligten.

Die Anforderungen an die Objektüberwachung richten sich grundsätzlich nach den Erfordernissen des Einzelfalls. Der Architekt ist *nicht* zu einer *lückenlosen* Überwachung der Bauarbeiten verpflichtet; Art und Umfang seiner Überwachungstätigkeit orientieren sich vielmehr an der jeweiligen Bauleistung und an der Qualifikation und Zuverlässigkeit des ausführenden Unternehmers.

Keine lückenlose Überwachung

Handwerker, die der Architekt für ungeeignet hält, die aber durch einen Subunternehmer am Bau beschäftigt sind, muss der Architekt genauer überwachen. Dies gilt insbesondere, wenn bereits während der Bauausführung aufgetretene Mängel Misstrauen gegenüber der Arbeitsweise des Unternehmers entstehen lassen. Dagegen braucht er Arbeiten einer Spezialfirma auf ihrem Spezialgebiet meist nicht zu überwachen.

Kontrolle der Handwerker?

Auch einfache und gängige Arbeiten wie Putz- und Malerarbeiten, Verlegung von Platten bedürfen keiner Überwachung durch den Architekten. Dagegen ist die Anwesenheit Ihres

Architekten auf der Baustelle stets dann erforderlich, wenn *wichtige Bauabschnitte* anstehen, von denen die Erhaltung und Funktionstüchtigkeit des Bauwerks abhängen. Zu nennen sind hier beispielsweise Betonarbeiten, Auflegung von Stahlträgern, Ausschachtungsarbeiten, Anbringungen von Dehnungsfugen usw.

Baukostenüberschreitung

Ein besonderer Punkt ist die Haftung des Architekten im Kostenbereich. Er hat grundsätzlich auf die Wirtschaftlichkeit der geplanten Bauausführung zu achten. Probleme ergeben sich in der Regel dann, wenn der Kostenrahmen überschritten wird. Dabei sind folgende Fälle denkbar:

1. Bausummengarantie:

Die Ausnahme: Preisgarantie

Hat der Architekt eine solche Garantie abgegeben – was selten vorkommt, da seine Berufshaftpflicht hierfür keine Deckung gibt –, so liegt der Fall rechtlich einfach, denn dann gibt es einen Erfüllungsanspruch des Bauherrn auf Bauwerkserrichtung zu dem genannten Preis.

2. Kostenberechnung nach DIN 276:

Nach § 15 HOAI hat der Architekt, wie im Kapitel „Die richtigen Partner" (Seite 83 ff.) schon dargelegt, die Kosten nach dem jeweiligen Leistungsstand zu ermitteln. Übersteigen die tatsächlichen Herstellungskosten die Kostenschätzung, die Kostenberechnung oder den Kostenanschlag, haftet der Architekt nicht in jedem Fall. Die Rechtsprechung billigt ihm vielmehr einen gewissen Spielraum zu. Dabei ist jeder Fall der Kostenüberschreitung anders gelagert. Jedoch gibt es Faustformeln für den Toleranzrahmen: Die Kostenschätzung darf um 30 Prozent von der endgültigen Kostenfeststellung abweichen. Wenn beispielsweise Ihr Architekt Ihnen zu Beginn Ihrer Planung Entwurfspläne vorlegt und erklärt, ein Haus in dieser Größenordnung

Toleranzrahmen für DIN-Berechnungen

würde Sie ca. 300.000,– DM kosten, sollten nach ca. 15 Monaten, wenn Sie in Ihr Haus eingezogen sind und die letzte Rechnung vorliegt, 400.000,– DM nicht überschritten sein.

Bei der präziseren Kostenberechnung wird immer noch ein Toleranzrahmen von 20 bis 25 Prozent gewährt; der Kostenanschlag schließlich darf durch die tatsächlichen Baukosten um 10 bis 15 Prozent überschritten werden.

Unser Tipp: Fertigen Sie von Beginn an über jedes wichtige Gespräch eine Aktennotiz an, insbesondere dann, wenn es um Kosten geht. Im Ernstfall, das heißt vor Gericht, müssen Sie Ihre Version des Bauablaufs beweisen können. Übergeben Sie auch Ihrem Architekten oder Baupartner immer eine Kopie zur Kenntnisnahme.

Haftungsdauer

Nach Werkvertragsrecht (§ 638 BGB) verjähren die Ansprüche gegen Ihren Architekten für die Hausplanung in der Regel nach 5 Jahren. Ein Muster für einen Einheits-Architektenvertrag finden Sie im Anhang des Buches (Seite 349 ff.).

Verjährungs-frist: 5 Jahre

So viel zu den Pflichten des Architekten. Worauf Sie bei der Zusammenarbeit mit einem **Baubetreuer** achten sollten, der zu den reinen Architektenaufgaben weitere, vor allem wirtschaftliche Leistungen übernimmt, können Sie im Kapitel „Die richtigen Partner" ab Seite 97 nachlesen.

Aufgaben des Bauträgers

In den vorangegangenen Kapiteln sind wir bereits auf die Rechte und Pflichten des Bauträgers vor Baubeginn eingegangen. Nun gilt es, die sachgemäße Umsetzung der vertraglichen Bestimmungen zu kontrollieren. Beachten Sie bitte die folgen-

den Schritte für die erfolgreiche Realisierung mithilfe eines
Bauträgers:

1. Schritt: Die Baubeschreibung

Der Bauträger hat Ihnen die genehmigten Baupläne vorzulegen.
Maklerprospekte reichen hier nicht aus. Verlangen Sie eine
detaillierte Baubeschreibung, die Bestandteil des späteren

Auf genauer Beschreibung bestehen

Kaufvertrags wird. Das verwendete Baumaterial soll hier genau
spezifiziert werden; Angaben der DIN-Normen, Details zur Isolierung, Wärmedämmung und eine ausführliche Ausstattungs-
beschreibung müssen Ihnen in Schriftform vorgelegt werden.
Um die vielfältigen Ausstattungen im Detail nachvollziehen zu
können, lassen Sie sich die Preise nennen.

Im Anhang finden Sie als Beispiel eine Musterbaubeschrei-
bung für ein Reihenhausprojekt (Seite 342 ff.).

2. Schritt: Die Musterhausbesichtigung

Wenn das Haus, das Sie kaufen wollen, noch nicht gebaut ist,
sollten Sie den Bauträger fragen, ob es ein ähnliches Objekt
schon irgendwo in der näheren Umgebung gibt. Dann können
Sie sich von der Qualität überzeugen und mit den Bewohnern

Von Erfahrungen anderer profitieren

eventuell über deren Erfahrungen sprechen. Hierbei geht es
darum, möglichst ein Musterhaus zu besichtigen, damit Sie sich
allgemein von der Leistungsfähigkeit des Bauträgers überzeugen können.

3. Schritt: Die Bonitätsprüfung

Vor Vertragsabschluss sollten Sie sich über Zuverlässigkeit und
Bonität des Bauträgers erkundigen. Fragen Sie Ihre Bank, die
IHK, Architekten oder auch eine Auskunftei.

4. Schritt: Die Preisverhandlung

Beim Kauf eines Hauses geht es um hohe Beträge. Zu jedem Geschäft gehört, dass Sie über den Preis verhandeln. Dafür ist es aber erforderlich, den Markt zu kennen. Das bedeutet, dass Sie andere Angebote einholen und feststellen sollten, wie gut Ihre Verhandlungsposition ist: Ist das Objekt, für das Sie sich interessieren, schon lange auf dem Markt? Gibt es außer Ihnen noch andere ernsthafte Interessenten? Geben Sie Ihrem Bauträger die Sicherheit, dass Sie der ideale Käufer sind und ohne Schwierigkeit den Kaufpreis zahlen können. Wenn der Bauträger mit dem Preis nicht heruntergehen will, versuchen Sie, für denselben Preis ein besser ausgestattetes Haus zu bekommen.

5. Schritt: Schließen eines Notarvertrages

Vor Abschluss eines Vertrages ist es unbedingt erforderlich, dass Sie alle wichtigen Daten von einem Anwalt, Notar oder auch Ihrer Bank prüfen lassen, denn der Notartermin ist der krönende Abschluß Ihrer Immobiliensuche. Grundsätzlich werden im Vertrag alle entscheidenden Punkte über Objekt, Preis und Modalitäten festgehalten. Grundlage ist ein Standardvertrag, wie ihn alle Notare einsetzen. Im Anhang finden Sie ein Muster für einen gängigen Notarvertrag. Beim Vertrag mit einem Bauträger sollten Sie zusätzlich die in der folgenden Checkliste genannten Punkte berücksichtigen.

Checkliste:
Notarvertrag über Immobilienkauf
beim Bauträger

Mit dieser Checkliste können Sie den Vertrag mit dem Bauträger „auf Herz und Nieren" prüfen:

* Haben Sie eine komplette Kopie des Vertrages mit genehmigter Baubeschreibung, Lageplan und Grundriss?
* Haben Sie den Vertrag von einem Notar überprüfen lassen?
* Entspricht der Vertrag in Bezug auf Grundstücksgröße, Wohnfläche, Nutzfläche, Zahl der Wohnungen und Räume, Ausstattung, Garage/Abstellplatz und Gemeinschaftseinrichtungen den Ankündigungen und Prospekten des Verkäufers?
* Stimmt die Flur- und Grundstücksbezeichnung im Vertrag mit der im Kataster überein?
* Enthält der Vertrag bei lastenfreier Übergabe des Grundstücks eine entsprechende Zusage?
* Ist im Vertrag festgehalten, welche etwaigen Erschließungskosten noch anfallen werden und noch zu zahlen sind?
* Enthält der Vertrag eine Klausel, dass Sie erst zahlen, wenn eine Auflassungsvormerkung zu Ihren Gunsten in das Grundbuch eingetragen ist?
* Haben Sie für den Fall Sorge getragen, dass Grundpfandrechte Dritter im Grundbuch eingetragen sind? Nehmen Sie dann in den Vertrag auf, dass Zahlungen bis zur Löschung dieser noch eingetragenen Rechte auf ein Notaranderkonto gehen oder dass die Gläubiger aus dem Kaufpreis direkt befriedigt werden. Dieses Konto ist ein treuhänderisches Konto des Notars, auf dem Ihre Zahlung des Kaufpreises sichergestellt wird. Der Notar gibt diese Gelder erst dann frei, wenn alle im Kaufvertrag genannten Bedingungen erfüllt sind.

✳ Wird der Festpreis reduziert bzw. erhöht, wenn nach der Vermessung oder Fertigstellung das Grundstück oder Haus kleiner bzw. größer ausfällt?

✳ Sind Baubeginn und Fertigstellung genau festgelegt?

✳ Ist die Zahlungsweise an den Baufortschritt gebunden? Die Raten sollten den üblichen Sätzen entsprechen, die in der Makler- und Bauträgerverordnung festgelegt sind. Wie schon erläutert, ermöglicht diese dem Bauträger seit dem 1.6.1997 eine flexiblere Gestaltung seiner Zahlungsmodi. Wie diese genau aussieht, lesen Sie bitte auf Seite 102 ff. nach.

✳ Liegt die erste Rate weit über dem Grundstückswert? In diesem Fall verlangen Sie eine Bankbürgschaft vom Bauträger oder verringern Sie die Rate.

Der Hintergrund für diesen Rat ist folgender: Nach der rechtlichen Bauträgerverordnung § 34 c GeWO beträgt die erste Rate für den Kaufpreis Ihres Hauses 30 Prozent. In dieser Rate sind lediglich der Grundstückspreis und der Beginn der Erdarbeiten enthalten.

■ *B e i s p i e l :*

Die Firma Schmitz hat den ersten Spatenstich gemacht. Wenn nun das Haus 600.000,– DM kostet, wäre die erste Rate in Höhe von 30 Prozent = 180.000,– DM fällig. Der tatsächliche Grundstückswert beträgt aber lediglich 100.000,– DM. Der erste Spatenstich der Firma würde also mit 80.000,– DM zu Buche schlagen. Sie werden keine Bank finden, die die fällige Rate ohne Sicherheiten akzeptiert. Und Sie selbst sollten sich auch hüten, ohne entsprechende Gegenleistung zu zahlen. Ratsam ist, dass Sie entweder die o. g. Bankbürgschaft von der Firma Schmitz verlangen oder aber die erste Rate entsprechend der erbrachten Leistung reduzieren.

* Ist die übliche Gewährleistungsfrist enthalten? 5 Jahre sind nach der allgemeinen Rechtsprechung für einen Bauträger zwingend.

* Hat der Bauträger seine Ansprüche an Handwerker im Vertrag hilfsweise auf Sie übertragen? Sie sollten versuchen, dies vertraglich zu vereinbaren. Bei Konkurs des Bauträgers können Sie nur so Ansprüche zur Mängelbeseitigung durchsetzen.

* Haben Sie eine Konventionalstrafe oder Verzugsschaden vereinbart? Mietausfälle oder Ähnliches müssen Sie sich in jedem Fall absichern lassen.

* Haben Sie sich vom Bauträger eine Finanzierungsbestätigung als Nachweis der gesicherten Finanzierung der gesamten Baumaßnahme vorlegen lassen?

Aufgaben des Notars

Der Erwerb von Immobilien muss grundsätzlich notariell beurkundet werden – gleichgültig, ob es sich um den Kauf eines Grundstückes, wie eben geschildert, um einen Vertrag mit einem Bauträger oder um den Erwerb eines bereits fertig gestellten Hauses handelt. Deshalb hier das Wichtigste zu den Aufgaben und Pflichten eines Notars.

Die Überprüfung des Vertragsentwurfs und eine mögliche Vorbesprechung gemeinsam mit dem Notar zu diesem Zweck sind in der Kaufvertragsgebühr des Notars enthalten. Der Notar hat die Pflicht, seine Mandanten auf Nachfrage intensiv schriftlich zu beraten. Scheuen Sie sich auch nicht, Ihren Notar im Bedarfsfall mehrfach um Erläuterungen zu bitten. Für den Fall, dass es sich um einen so genannten „Anwaltsnotar" handelt, also jemanden der sowohl Anwalt als auch Notar ist (in einigen Bundesländern möglich), darf dieser eine in Zusammenhang mit einer notariellen Tätigkeit anfallende bzw. von Mandantenseite verlangte Beratung auch nicht zusätzlich über die Gebührenordnung für Anwälte abrechnen.

Beratungspflicht des Notars

Laut Gesetz ist es so, dass der Notar als Träger eines öffentlichen Amtes unparteiischer Betreuer der Beteiligten sein sollte. Tatsächlich ist es menschlich, dass auch ein Notar einem Mandanten, der mit seiner Hilfe im Jahr 30 Verträge abschließt, unter Umständen ein wenig mehr zugetan ist als einem Mandanten, den er nur ein einziges Mal sieht. Daher gilt für Sie: Lassen Sie sich niemals zur Unterschrift drängen.

Pflicht zur Neutralität

Unser Tipp: Sie haben die Möglichkeit, einen gesonderten Beurkundungstermin einige Tage nach dem ersten Termin zu vereinbaren, um in der Zwischenzeit in aller Ruhe die zu unterzeichnende Urkunde zu prüfen. Dies ist gerade für Laien wichtig, denn im Vertrag steht in verschiedenen Formulierungen, dass Sie über alle Inhalte belehrt wurden und sich mit allen Formulierungen einverstanden erklären. Also lassen Sie sich nicht drängen!

Haftung

Für den Fall, dass ein Notar seine Amtspflichten verletzt, muss er Schadensersatz leisten. Der Notar haftet auch für seine nachweislichen Fehler und die daraus entstandenen Schäden. Grundsätzlich hat der Notar auf gegebene, *offensichtliche* Risiken eines Geschäftes hinzuweisen. Das bedeutet allerdings nicht, dass Ihr Notar Sie nunmehr auf alle *möglichen* Risiken hinweisen muss.

Die Notargebühren

Der Notar erhebt abhängig von der Auftragshöhe bestimmte Gebühren (in der Regel 0,8 bis 1,5 Prozent des Kaufpreises). Lassen Sie sich vorab vom Notar die voraussichtlichen Kosten seiner Tätigkeit nennen. Zwar ist es üblich, dass in der Regel der Käufer die Kosten einer notariellen Beurkundung trägt, dennoch kann es sein, dass der Verkäufer zusätzliche Kosten auf Sie abwälzen möchte.

■ *B e i s p i e l :*
Der Verkäufer fehlt beim Beurkundungstermin und lässt sich von einem so genannten „Vertreter ohne Vertretungsvollmacht" vertreten. Anschließend lässt er die Urkunde selbst bei einem Notar seiner Wahl nachgenehmigen. Werden in einem solchen Zusammenhang nachträgliche Gebühren fällig, achten Sie darauf, dass die verursachende Partei diese zusätzlichen Kosten trägt.

Die Eigenleistung

Grundsätzlich ist die Eigenleistung beim Hausbau ein wichtiger Faktor beim Kostensparen. Aber Sie sollten auch das Sprichwort beachten: „Schuster bleib bei deinen Leisten".

Normalerweise üben Sie als Bauherr noch einen Beruf aus, in dem Ihre Leistung gefordert wird. Ihr Arbeitgeber wird mit Sicherheit dafür Verständnis haben, wenn Sie Ihren Jahresurlaub dazu verwenden, um mögliche Ausbauarbeiten wie Anstreichen, Tapezieren, Verlegen von Bodenbelägen oder Anlage Ihres Gartens vorzunehmen. Er wird aber kein Verständnis haben, wenn Sie während der mehrmonatigen gesamten Bauzeit Ihren Feierabend dafür aufwenden, an Ihrem Haus zu werkeln und Ihre Arbeitszeit zum Ausruhen benutzen. Auch sollten Sie realistisch bleiben und Ihre handwerklichen Fähigkeiten nicht überschätzen.

Was kann man leisten?

Auf der anderen Seite nimmt die Eigenarbeit im Rahmen der Finanzierung einen hohen Stellenwert ein. Sie bietet eine Möglichkeit, auch mit weniger Eigenkapital das Ziel „Eigenheim" zu erreichen. Allerdings wäre es töricht, Ihre Arbeitskraft an Ihrer Baustelle mit Hilfsarbeiten im Werte von 25,– DM pro Stunde zu vergeuden, wenn Sie in Ihrem Beruf zur gleichen Zeit 60,– DM in der Stunde verdienen können. Außerdem sollten Sie sich in jedem Fall ärztlich untersuchen lassen, bevor Sie auf der Baustelle einsteigen, denn die Eigenleistung am Bau ist häufig schwere Arbeit, die einer Schinderei gleichkommt. Kreuzschmerzen, Bandscheibenvorfälle, Nervosität usw. sind häufig die Folge.

Wirtschaftlich denken

Wichtige Voraussetzungen

Grundsätzlich sollten Sie bei den Eigenleistungen an Ihrem Haus folgende Punkte berücksichtigen:

1. Fachgerechte Durchführung: Ihre Eigenleistung muss fachgerecht ausgeführt werden, da eine kurze Lebensdauer Ihrer Arbeiten oder der Ausschluss von Gewährleistungen für Folgegewerke (das sind die nächstfolgenden Gewerke) unwirtschaftlich ist und Ihnen eher Schaden zufügt.

2. Beratung: Die Planung und Kontrolle Ihrer Arbeiten muss in den Händen eines erfahrenen Architekten liegen. Erstellen Sie mit ihm einen realistischen Eigenleistungsplan. Insbesondere die Ausführungspläne müssen dem laienhaften Verständnis angepasst werden. Massen- und Kostenberechnungen sowie Materialauszüge, also sozusagen Ihre Einkaufsliste, muss auf die Eigenleistung zugeschnitten sein.

Abstimmung mit dem Architekten

3. Versicherungen: Sie sind bei Eigenleistungen unerlässlich. Machen Sie sich nicht wegen ein paar Mark eingesparter Versicherungsprämie unglücklich. Nach den gesetzlichen Bestimmungen über die Unfallversicherung sind auch Bauleistungen in Selbsthilfe bei der Berufsgenossenschaft versicherungspflichtig. Von der Versicherung ausgenommen sind nur Bauherrin und Bauherr – selbst Familienangehörige sind zu versichern, auch wenn sie ohne Vergütung mitarbeiten. Gehen Sie daher vor Beginn der Baumaßnahme zur Berufsgenossenschaft und melden die Maßnahme an. Die Berufsgenossenschaft veranlasst dann alles Notwendige.

Auch Familienangehörige versichern

4. Mögliche Kostenersparnis: Im Schnitt können durch Selbsthilfe ohne handwerkliche Schulung bei Kleinhäusern folgende Anteile der Gesamtkosten gespart werden:

Arbeitsleistung	Kostenersparnis
Ausführung der Erdarbeiten	2,8 %
Mithilfe beim Rohbau	10,0 %
Mithilfe bei Zimmererarbeiten	1,8 %
Ausführung der Malerarbeiten	2,8 %
Ausführung der Bodenbeläge	0,4 %
Ausführung der Außenanlagen	2,0 %
Summe (Gesamtersparnis)	**19,0 %**

Ersparnis durch Eigenleistung

Diese Ersparnis müssen Sie sich hart erarbeiten. Es geht aber auch anders. Wir möchten Ihnen im Folgenden eine weitere Selbsthilfe vorstellen, die eher Ihren Kopf und Ihr kaufmännisches Geschick erfordert.

Die Selbstvergabe von Bauleistungen

Prüfen Sie systematisch alle Kostenpositionen auf den Angeboten entsprechend der Ausschreibungsunterlagen Ihres Architekten. Vergeben Sie u. a. die Erdarbeiten direkt an einen Baggerunternehmer, kaufen Sie den Stahl direkt vom Hersteller, besorgen Sie die Dachziegel beim Hersteller „frei Baustelle", prüfen Sie die Haustechnik, kaufen Sie Ihr Bad im Baumarkt ein und lassen es vom Installateur nur montieren, oder kaufen Sie Ihre Fliesen direkt und beauftragen den Fliesenleger nur mit der Verlegung. Sie wissen ja, dass ein Handwerker nicht nur an seinen Handwerksleistungen verdient: Er steckt auch manche Mark aus den Verkaufserlösen in die Tasche. Das muss nicht sein. Sie sparen so recht schnell ca. 10 Prozent der Baukosten – einfach durch kostengünstiges Einkaufen, ohne Ihre Arbeitskraft massiv einsetzen zu müssen.

Mögliche Einsparung: 10 Prozent

Die Eigenleistung **319**

Rechnungslegung der Handwerker

Rechnungslegungen über die vereinbarten Abschlagszahlungen hinaus können sich schnell zum Horror für Sie als Bauherrn entwickeln, wenn Ihnen plötzlich die Kosten davonlaufen. Zahlen Sie daher grundsätzlich nur das, was im Zahlungsplan vereinbart wurde. Mehrleistungen durch den Handwerksbetrieb müssen Sie vorher nachweisbar schriftlich mit Preisfestlegung in Auftrag gegeben haben.

Fehl-kalkulationen vermeiden

Ihre schöne Kalkulation kann sich bei Addition der Bauendabrechnungen als falsch erweisen. Mit Schuldzuweisungen ist jeder schnell bei der Hand, aber bleiben Sie lieber fair und sorgen Sie im Vorfeld für Klarheit. So sparen Sie Geld und Zeit und vermeiden einen Nervenkrieg bzw. mögliche gerichtliche Auseinandersetzungen. Wie Sie das erreichen, erfahren Sie auf den folgenden Seiten.

Vorsorge des Bauherren für exakte Rechnungslegung

Die Grundlagen für eine exakte Rechnungslegung laut Angebot und Auftrag sind:

Exakte Verträge und Aufträge

* Exakte und vollständige Vergabeunterlagen (wie Leistungs- und Materialbeschreibungen, Statik und Ausführungspläne) bei der Auftragserteilung.
* Präzise Bauverträge gemäß VOB (ein Muster finden Sie im Anhang ab Seite 362).
* Nach Möglichkeit Pauschalverträge, die der Dienst- und Kostensicherheit dienen.

✱ Das grundsätzliche Festhalten am Auftragsumfang (bei Änderungen direkt den neuen Preis mit dem Handwerksbetrieb vereinbaren).

✱ Bei Vergabe nach Einheitspreisen rechtzeitige Kontrolle der in Rechnung gestellten Maße durch Ihren Bauleiter, denn Handwerksbetriebe haben öfter „kürzere Zollstöcke".

Kontrolle durch
den Bauleiter

Lassen Sie daher ausschließlich von Ihrem Bauleiter nachmessen, zum Beispiel die Anzahl der Quadratmeter (etwa für Rigipsplatten) usw. Ein „alter" Trick bei „schlitzohrigen" Handwerksbetrieben besteht darin, dass beim Aufmaß die letzten 20 cm des Zollstocks eingeklappt bleiben. Dies summiert sich ganz schön, wenn etwa bei vermeintlichen 6 Metern (2 m + 2 m + 2 m) dreimal 20 cm zu viel berechnet werden. Bei einem Haus mit 100 Meter Maßfläche können so schnell beträchtliche Mehrsummen zu Ihren Ungunsten herauskommen.

✱ Festhalten und Quittieren der Teilaufmaße – wenn die Arbeiten noch nicht vollständig fertiggestellt sind und der Handwerksbetrieb eine Zwischenrechnung wünscht – im Bautagebuch. In einem solchen Tagebuch werden die einzelnen Ereignisse und ausgeführten Arbeiten am Bau tageweise festgehalten.

Bautagebuch

✱ Keine Akzeptanz von unklaren Stundenrapporten, das sind die Stundennachweise der Arbeiter für die am Bau erbrachten Leistungen des Handwerksbetriebs.

Stunden-
rapporte

Grundsätzlich sind gemäß VOB in der Rechnungslegung der Handwerker alle Leistungen abgegolten, die nach der Beschreibung der Leistung, den besonderen Vertragsbedingungen, den zusätzlichen Vertragsbedingungen und der „gewerblichen Verkehrssitte" zur vertraglichen Leistung gehören. Weitergehende Mehrbelastungen sind nicht zulässig.

Grundsätze der Handwerksbetriebe bei der Rechnungslegung

Für die Rechnungslegung der Handwerksbetriebe gelten folgende Grundsätze:

* Bei der Abrechnung muss unterschieden werden zwischen *vertraglichen* und *zusätzlichen* Leistungen. Bei der Auftragserteilung müssen die einzelnen Kostenansätze im Vorfeld vereinbart werden. Es geht nicht an, dass der Handwerksbetrieb Zusatzleistungen ohne genaue Auftragserteilung ausführt.

Abrechnungspflicht des Bauunternehmers

* Der Bauunternehmer, der auch zu den Handwerkern gehört, hat die Abrechnung zu erstellen. Erfüllt er diese Grundbedingung nicht oder nicht nachvollziehbar, so ist der Bauherr trotz Ausführung der Leistungen nicht zur Zahlung verpflichtet. Sie als Bauherr sollten dann nach Setzen einer angemessenen Frist und Verstreichen derselben auf Kosten des Bauunternehmers selbst eine Abrechnung aufstellen und danach die Bezahlung vornehmen. Es versteht sich von selbst, dass Sie nicht mehr bezahlen, als im Auftrag vereinbart wurde, abzüglich des so genannten „Sicherheitseinbehaltes". Darunter versteht man, dass Sie bei einer Rechnung, die 50.000,– DM beträgt, bis zur förmlichen Bauabnahme zu Ihrer Sicherheit 5.000,– DM einbehalten.

* Die Rechnungslegungen müssen leicht und sicher anhand des Leistungsverzeichnisses im Auftrag nachvollziehbar sein.

* Später erteilte Aufträge sind gesondert abzurechnen.

* Enthält die Abrechnung Fehler, so können Sie als Bauherr die Korrektur verlangen.

„Feststellungen"

* Gemeinsam mit Ihrem Bauleiter hat der Handwerksbetrieb bei der Baubegehung oder Bauabnahme die notwendigen „Feststellungen" als Grundlage der späteren Abrechnung vorzunehmen. Dies ist zwar keine zwingende Verpflichtung,

aber sehr empfehlenswert. Sie als Bauherr sollten nur darauf verzichten, wenn dem triftige Gründe wie eine entlegene Baustelle oder die Verhinderung der Parteien entgegenstehen.

✱ Die Regel ist, dass Ihnen als Bauherr die Rapportzettel werktäglich oder wöchentlich einzureichen sind. Sie gelten dann als anerkannt, wenn Sie diese nach Ablauf von 6 Tagen nicht schriftlich zurückgewiesen haben.

Rapportzettel

✱ Wenn Stundenlohnarbeiten vereinbart waren, über deren Umfang aber wegen verspäteter Einreichung der Rapportzettel Zweifel bestehen, sind die nachgewiesenen Leistungen mit einem Einheitspreis zu versehen.

Stundenlöhne und Einheitspreise

■ *B e i s p i e l :*

Sie haben Stundenlohnzettel für den Innenputz in Ihrem Haus mit dem Handwerksbetrieb vereinbart. Der Handwerksbetrieb legt Ihnen die so zustande kommende Lohnsumme jedoch erst nach Monaten zur Rechnung vor, sodass Sie die aufgeführten Stunden nicht mehr nachvollziehen können. In diesem Fall sollten Sie die nachgewiesenen Leistungen nach Einheitspreis abrechnen. Das bedeutet: Es wird die verputzte Quadratmeter-Fläche ermittelt und ein üblicher Preis, sagen wir 35,– DM/m^2 zugrunde gelegt.

Abschlagszahlungen

Der Handwerksbetrieb darf entsprechend den gesetzlichen Bestimmungen keine Abschlagszahlungen verlangen. Für den Fall, dass Sie einen Bauvertrag gemäß VOB abschließen – dies ist die Regel –, kann der Handwerksbetrieb jedoch einzelne Abschlagszahlungen für bereits erbrachte Leistungen beantragen. Dies ist durchaus fair, denn es wäre unzumutbar, einen Handwerksbetrieb erst nach Monaten vollständig zu entlohnen.

Abschläge für erbrachte Leistungen

Der Nachweis über die erbrachten Leistungen hat in einer prüffähigen Aufstellung zu erfolgen, die auch Dritte (etwa Sie und Ihr Bauleiter) nachvollziehen können.

WICHTIG

Die Begleichung der Abschlagsrechnung gilt *nicht* als Abnahme der Leistungen: Nach wie vor steht Ihnen die volle Garantie zu; der Handwerksbetrieb haftet auch weiterhin. Warum betonen wir das? Es gibt halt manchmal „Schlitzohren" unter den Handwerksbetrieben, die sich bei der Auftretung von Mängeln vor der Garantie drücken wollen, indem sie behaupten, dass der Bauherr mit der geleisteten Abschlagszahlung auch die erbrachte Leistung mängelfrei anerkannt habe. Dem ist aber nicht so.

Die Schlusszahlung

Auch hier müssen Sie aufpassen und hart, aber fair bleiben. Nach der Verdingungsordnung für Bauleistungen (VOB) – auch „Bibel im Bauhandwerk" genannt – gelten für die Schlusszahlung folgende Grundsätze:

In Ruhe prüfen
1. Lassen Sie sich Zeit – die haben Sie, denn die Schlusszahlung ist ca. 60 Tage nach Erstellung der Schlussrechnung zu leisten, gemäß § 16 VOB spätestens innerhalb von 2 Monaten nach Einreichung. Verzögert sich die Prüfung, so ist der unbestrittene Rechnungsbetrag vorab zu zahlen.

Nachfrist
2. Zahlen Sie als Bauherr nicht innerhalb dieser Frist, so kann Ihnen der Handwerksbetrieb eine entsprechende Nachfrist setzen. Nach Ende der Nachfrist werden Verzugszinsen fällig, in der Regel etwa ein Prozent über dem Lombardsatz, wenn

der Handwerksbetrieb nicht einen höheren Verzugsschaden nachweist. Dies geschieht, indem er eine Bescheinigung seiner Hausbank vorweist, in der diese bestätigt, dass ein Kontokorrentkredit in Anspruch genommen wurde. Gegen den Inhalt dieser Bescheinigung sollten Sie in jedem Falle Widerspruch erheben. Der Handwerksbetrieb hat andererseits das Recht, die Arbeit an Ihrer Baustelle einzustellen, wenn Sie die Rechnungen nicht bezahlen. Dies gilt auch für fällige Abschlagszahlungen für bereits erbrachte Bauleistungen.

3. Wird die Zahlung auch innerhalb der Nachfrist nicht geleistet, so geraten Sie gemäß § 284 BGB als Bauherr in Zahlungsverzug.

Zahlungs-verzug

Sollten Sie dafür nachvollziehbare Gründe haben – wie vorliegende Mängel oder die Nichtanerkennung der Abrechnungshöhe –, melden Sie diese durch Ihren Bauleiter an. Sie sind laut Gesetz dazu berechtigt, den bis zu fünffachen Betrag für die festgestellten Mängel einzubehalten und zwar so lange, bis diese behoben sind. Wenn also beispielsweise offensichtliche Mängel vorliegen, die Ihr Bauleiter mit 5.000,– DM beziffert, können Sie getrost 25.000,– DM von der Rechnungssumme einhalten. Solche Mängel umgehend anzumelden ist wichtig, denn Handwerker sind oft schon bei minimalen Rechnungsrückbehalt nicht mehr gewillt, auf Ihrer Baustelle die ordnungsgemäßen Abschlußarbeiten durchzuführen.

Mängel umgehend anzeigen

Unser Tipp: Für den Fall, dass Ihre Finanzierung zur Zeit Lücken aufweist, sprechen Sie mit dem Inhaber eines Handwerksbetriebs, und vereinbaren Sie eine Ratenzahlung oder bieten Sie Zinszahlungen an.

Gewährleistungsansprüche

Ohne Mängel geht es auf einer Baustelle nur in den seltensten Fällen ab. Treten Baumängel auf, kommt es entscheidend darauf an, richtig und vor allem schnell zu reagieren. Sie laufen sonst Gefahr, alle Ansprüche gegenüber dem Handwerker zu verlieren. Rechnen Sie in diesem Geschäft auch nicht mit der Gutmütigkeit der Gegenseite. Jeder Handwerksbetrieb will in erster Linie überleben und wird daher, solange er nicht auf berechtigte Mängel hingewiesen wird, nur in den seltensten Fällen von sich aus auf Behebung drängen.

Rechtsgrundlage: VOB oder BGB

Die Grundlage für Art und Umfang der Rechtsbeziehung zwischen Auftraggeber und Auftragnehmer wird nachstehend recht nüchtern dargestellt werden. Auch wenn dieses Kapitel Ihnen sehr juristisch und trocken erscheint, sollten Sie sich zumindest einen groben Überblick über dieses komplexe Rechtsgeschäft verschaffen. Ihre Garantieansprüche können Sie entweder nach der VOB oder nach dem BGB vereinbaren. Für eine dieser beiden Regelungen müssen Sie sich entscheiden.

Wichtig ist in jedem Fall, dass Sie als Grundlage für eine ordnungsgemäße Auftragsabwicklung mit jedem Handwerksbetrieb eine vertragliche Vereinbarung treffen, in der auch festgehalten wird, ob die VOB-Bedingungen oder die BGB-Bedingungen gelten sollen, denn Sie als Bauherr sind der ausschließliche Vertragspartner des Handwerks.

Unser Tipp: Oft kommt es vor, dass ein Handwerksbetrieb erst nach Vertragsabschluss auf Lieferscheinen oder Rechnungen auf die angebliche Geltung der VOB hinweist. Lassen Sie sich hiervon nicht bluffen, denn im Nachhinein können die VOB-Bedingungen nicht mehr in den bereits geschlossenen Bauvertrag einbezogen werden.

VOB und BGB im Vergleich

Die VOB ist in ihrem Rechtscharakter weder Gesetz noch Rechtsverordnung, sondern eine von privater Seite geschaffene *Richtlinienfestlegung.* Wie sich aus dem AGB-Gesetz ergibt, handelt es sich nach Meinung des Gesetzgebers auch bei der VOB um *Allgemeine Geschäftsbedingungen.* Als Besonderheit gilt hier, dass eine isolierte Inhaltskontrolle einzelner VOB-Bestimmungen ausscheidet, wenn die VOB als Ganzes zum Vertragsbestandteil zwischen Ihnen als Auftraggeber und dem Handwerksbetrieb als Auftragnehmer geworden ist.

Die VOB wird Vertragsbestandteil *nur* kraft individueller Vereinbarung zwischen Ihnen und dem Handwerksbetrieb. Erfolgt eine solche Vereinbarung nicht, gilt ausschließlich das BGB.

VOB muss ausdrücklich vereinbart werden

Da die VOB erst bei der Realisierung richtig zum Tragen kommt, möchten wir sie hier genauer erklären. Sie ist in drei Teile gegliedert:

Teil A behandelt die allgemeinen Bestimmungen über die Vergabe von Bauleistungen. Er bezieht sich also auf das Ausschreibungsverfahren bis hin zum Abschluss des Bauvertrages.

Gliederung der VOB

Teil B betrifft die allgemeinen Vertragsbeziehungen für die Ausführung von Bauleistungen nach Vertragsschluss. Dieser Abschnitt bildet das Kernstück und schafft materielles Vertragsrecht, also die rechtliche Festlegung im Zusammenhang mit der Realisierung. Dort sind beispielsweise die Fragen der Vertragserfüllung und der Gewährleistung geregelt.

Teil C umfasst schließlich die allgemeinen technischen Vorschriften für Bauleistungen, das heißt die allgemein anerkannten Regeln der Baukunst.

Insgesamt geht man unter den Baubeteiligten davon aus, dass die VOB ausgewogen und interessensgerecht ist. Dies ist auch der Grund, warum sie so häufig Verwendung findet. Die für den

Bauherrn wohl wichtigste Abweichung der VOB vom BGB ist die abweichende Regelung der Gewährleistungsansprüche. In § 13 VOB wird deutlich zwischen Erfüllungs- und Gewährleistungsansprüchen unterschieden, je nachdem, ob die Abnahme bereits stattgefunden hat oder nicht. Im Einzelnen gilt nach VOB/B Folgendes:

Gewährleistung laut VOB

Nach der Grundsatzbestimmung des § 13 Nr. 1 VOB/B haftet der Handwerksbetrieb dafür, dass seine Leistungen zur Zeit der Abnahme die zugesicherten Eigenschaften haben, also Ihrem Auftrag und den anerkannten Regeln der Technik entsprechen bzw. nicht mit Fehlern behaftet sind, die den Wert oder die Tauglichkeit zu dem gewöhnlichen oder nach dem Vertrag vorausgesetzten Gebrauch aufheben oder mindern.

Eine Abweichung zum BGB besteht hier darin, dass nach der VOB-Regelung der Auftragnehmer auch dafür einzustehen hat, dass seine Leistungen *den anerkannten Regeln der Technik* entsprechen müssen. Während nach § 13 Nr. 1 VOB/B die Gewähr des Handwerkers für seine Leistung mit der Abnahme beginnt, stellt § 633 BGB nicht darauf ab.

Anders als § 633 BGB trifft die VOB eine deutliche Unterscheidung zwischen den Ansprüchen bei mangelhafter Bauleistung für die Zeit *vor* oder *nach der Abnahme.* Die VOB ordnet die während der Ausführung, aber *vor* der Abnahme aufgetretenen Mängel der Ausführungsphase zu. Ihre Beseitigung beruht auf dem Anspruch der Vertragserfüllung. Sie haben lediglich einen Anspruch auf Behebung solcher Mängel, die bei der Gesamtabnahme festgestellt werden. (Über die genaue Rolle der Bauabnahme können sie sich im nächsten Abschnitt, ab Seite 331, informieren.)

Ausführungsphase und Bauabnahme

Ihre Rechte unterscheiden sich, je nachdem, ob die Grundlage Ihres Vertrages das BGB oder die VOB ist, nicht unerheblich, wie auch die folgenden Punkte zeigen:

* Nach § 633 BGB ist das Selbstbeseitigungsrecht des Auftraggebers davon abhängig, dass der Auftragnehmer in Verzug ist, was grundsätzlich Mahnung und Verschulden voraussetzt. Die VOB lässt hier den einmaligen Ablauf einer gesetzten Frist genügen.

* Im Gegensatz zum Werkvertragsrecht des § 634 BGB versagt der VOB-Vertrag Ihnen als Auftraggeber das Recht zur Wandlung. Das heißt, Sie haben hier nicht das Recht, vom Vertrag zurückzutreten, Sie müssen vielmehr die Behebung der Mängel durch den Handwerksbetrieb akzeptieren.

* Die Gewährleistungsfrist nach § 638 BGB beträgt 5 Jahre bei Arbeiten für Bauwerke. Nach der VOB beträgt sie regelmäßig nur 2 Jahre.

Unterschiede VOB – BGB

Damit sind keineswegs alle Abweichungen der VOB vom BGB aufgezählt. Für Sie als Bauherr sollte jedoch klar sein, dass Sie einen kompetenten Berater (einen erfahrenen Architekten oder Baubetreuer bzw. einen Sachverständigen) benötigen, um bestehende Ansprüche gegen Handwerker durchzusetzen. Die Wahl zwischen BGB und VOB ist hierbei nur der Anfang.

So schützen Sie Ihre Gewährleistungsrechte als Bauherr

1. Vereinbaren Sie grundsätzlich alles schriftlich. Bei mündlichen Aufträgen bestätigen Sie diese im Nachhinein immer schriftlich.

2. Führen Sie im Bauvertrag detaillierte Regelungen über Art und Umfang der Bauausführung auf. Als Anlage legen Sie dem Vertrag die entsprechenden Ausführungspläne und die Baubeschreibung bei.

Schriftliche Vereinbarungen treffen

3. Legen Sie den genauen Termin des Baubeginns und des Bauendes fest. Bei Überschreitung vereinbaren Sie eine Vertragsstrafe für den Fall, dass der Handwerker die Frist nicht einhält.

4. Regeln Sie ausdrücklich, ob im Bauvertrag die Regelungen nach VOB oder BGB gelten und Anwendung finden sollen.

5. Wenn ein Mangel aufgetreten ist, setzen Sie dem Bauunternehmer oder dem Handwerksbetrieb eine angemessene Frist zur Beseitigung. Verbinden Sie diese Erklärung mit dem Hinweis, dass Sie nach Ablauf der Frist die Mängelbeseitigung durch ihn ablehnen werden.

6. Prüfen Sie, ob Sie die Mängel notfalls auch nachweisen können. Beauftragen Sie gegebenenfalls einen Sachverständigen mit der Erstellung eines Gutachtens. Die Kosten für ein Beweissicherungsgutachten betragen ca. 1.500,– DM, aber es ist absolut wirkungsvoll!

7. Vergewissern Sie sich, dass die Verjährungsfrist für Ihre Gewährleistungsansprüche noch nicht abgelaufen ist. Sie beträgt bei der Errichtung eines Hauses 5 Jahre, verkürzt sich aber auf 2 Jahre, wenn die Regelungen der VOB/B gelten.

8. Durch Klageerhebung können Sie die Verjährung unterbrechen. Findet die VOB/B Anwendung, genügt bereits die schriftliche Aufforderung an den Bauunternehmer zur Mängelbeseitigung.

Wenn Sie diese Vorsichtsmaßnahmen beachten, werden Sie im Ernstfall Ihre Interessen auch durchsetzen können.

Die Bauabnahme

Der Handwerksbetrieb hat für die ordnungsgemäße und insbesondere vertragsgemäße Erfüllung aus dem mit Ihnen geschlossenen Bauvertrag einzustehen. Bei der Geltendmachung Ihrer
Gewährleistungsansprüche spielt der Begriff „Abnahme" eine
wichtige Rolle. Dieser Begriff besagt, dass Sie die Leistung des
Handwerkers als vollständig und ordnungsgemäß erbracht
akzeptieren.

Ablauf der Abnahme

Die Abnahme läuft in der Regel so ab, dass Sie, Ihr Bauleiter und **Keine Abnahme**
der Handwerker gemeinsam das Haus besichtigen und hierüber **ohne Fachmann**
ein Protokoll erstellen. In diesem Protokoll werden alle Mängel
festgehalten.

> **WICHTIG**
>
> Hüten Sie sich davor, die Bauabnahme ohne einen Fach-
> mann vorzunehmen, denn Sie als Baulaie können nicht
> beurteilen, ob die Arbeiten tatsächlich so ausgeführt
> worden sind, wie es vertraglich vereinbart war. Ein Fach-
> mann erkennt oft auf den ersten Blick, dass mangelhaft
> gearbeitet wurde.

Stellen Sie bereits bei der Abnahme Mängel fest, ist es Ihre Auf- **Mängel im**
gabe, den Handwerksbetrieb auf diese Mängel hinzuweisen. **Protokoll**
Wenn Sie dies nicht tun, verlieren Sie Ihre Gewährleistungsan- **festhalten**
sprüche. Lassen sie sich auch nicht von dem Handwerker davon

abbringen, alle Mängel detailliert im Protokoll festzuhalten. Denken Sie daran: Vor Gericht sind *Sie* beweispflichtig! Achten Sie ferner darauf, dass der Handwerker das Protokoll nach erfolgter Abnahme unterschreibt.

Das Gesetz schreibt für die Abnahme keine besondere Form vor. Die Billigung der Bauarbeiten kann auch durch so genanntes *„schlüssiges Verhalten"* erfolgen. Dabei wird aus einem bestimmten Verhalten der Schluss gezogen, dass Sie als Auftraggeber mit der Leistung einverstanden sind. Wenn Sie beispielsweise in Ihr neues Eigenheim einziehen, ohne zuvor eine förmliche Abnahme durchzuführen, dann müssen Sie damit rechnen, dass dies als stillschweigende Abnahme gewertet wird. Auch die vorbehaltlose Zahlung der (Rest-)Vergütung wurde von Gerichten schon als solche eingestuft. Um zu verhindern, dass die Wirkungen einer stillschweigenden Abnahme eintreten, sollten Sie bereits im Vertrag eine förmliche Abnahme vereinbaren. Das zwingt beide Vertragsparteien, bei der Abnahme anwesend zu sein.

Vorsicht vor „stillschweigender" Abnahme

Rechtliche Folgen der Abnahme

Die Abnahme ist der Dreh- und Angelpunkt der Gewährleistung und Mängelhaftung. Das liegt daran, dass sich an die Abnahme verschiedene rechtliche Folgen knüpfen:

1. Bis zur Abnahme trägt der Handwerker das alleinige Risiko für Schäden an Ihrem Haus. Nach der Abnahme tragen Sie als Auftraggeber dieses Risiko. Verpflichten Sie den Handwerker im Vorfeld zum Abschluss entsprechender *Versicherungen,* sodass alle die Schäden abgesichert sind, die der Handwerksbetrieb bzw. dessen Mitarbeiter während der Tätigkeit beim Bau Ihres Hauses anrichten. Legen Sie die Kopie der Police sowie den Zahlungsbeleg zu Ihren Auftragsunterlagen.

Haftung für Schäden

2. Mit der Abnahme wird außerdem die *Vergütung* des Handwerkers fällig.

Bezahlung

3. Einige Handwerker versuchen, im Vertrag *Teilabnahmen* zu vereinbaren. Für den Handwerker hat dies den Vorteil, dass mit jeder Teilabnahme auch seine Vergütung für die entsprechende Teilleistung fällig wird. Außerdem erfolgt – wie unter Punkt 1 beschrieben – eine Risikoverschiebung auf Sie als Bauherr.

Teilabnahmen?

> **Unser Tipp:** Bieten Sie *Abschlagszahlungen* an, die je nach Baufortschritt fällig werden. Ihr Vorteil: Abschlagszahlungen haben keinen Einfluss auf die Haftung und die Gewährleistung des Handwerkers. Insbesondere gelten Abschlagszahlungen nicht als Abnahme von Teilen der Bauleistung.

4. Mit der Abnahme tritt die *umgekehrte Beweislast* ein. Das heißt im Klartext: Bis zur Abnahme muss der Handwerker beweisen, dass er seine Arbeiten vertragsgemäß ausgeführt hat, nach der Abnahme trifft Sie als Bauherr die Beweislast für Baumängel.

Beweislast

5. Mit der Abnahme beginnt zugleich auch die *Gewährleistungsfrist.* Beim BGB-Vertrag beträgt die Frist wie erwähnt 5 Jahre, nach VOB 2 Jahre. Zeigen sich nach der Abnahme Mängel, so müssen diese binnen 5 bzw. 2 Jahren notfalls gerichtlich geltend gemacht werden. Wird diese Frist versäumt, sind mögliche Gewährleistungsansprüche verjährt und Sie können Forderungen gegen Handwerker nicht mehr geltend machen. Dies gilt auch für die so genannten „verdeckten Mängel". Dies sind nicht auf den ersten Blick sichtbare Mängel, z.B. brüchiger Estrich unter dem bereits verlegten Teppichboden oder nicht DIN-gerecht verlegte Unterputzleitungen.

Stichtag für die Gewährleistung

Mängelhaftung

Der Handwerksbetrieb ist verpflichtet, alle während der Verjährungszeit auftretenden Mängel, die er seinem Vertrag mit dem Bauherrn gemäß zu vertreten hat, auf seine Kosten zu beseitigen, wenn der Bauherr es verlangt. Kommt der Handwerker dieser Aufforderung nicht nach, so können Sie als Bauherr die Mängel auf Kosten des Unternehmers beseitigen lassen. Ist die Beseitigung unmöglich, da sie einen unverhältnismäßig hohen Aufwand erfordern würde und wird aus diesem Grunde vom Unternehmer abgelehnt, so können Sie als Bauherr Minderung der Vergütung sowie Schadensersatz verlangen.

Mängelbeseitigung oder Schadenersatz

■ *B e i s p i e l :*

Die Deckenhöhe in Ihrem Schlafzimmer sollte nach Plan 2,50 m betragen. Nach Aufmaß stellt sich heraus, dass die Deckenhöhe 2,20 m beträgt. Eine Behebung der Mängel ist nur noch durch Teilabriss möglich und stellt von daher einen nicht vertretenen Aufwand dar.

Kann der Handwerker ablehnen?

In folgenden Fällen kann der Handwerker eine Mängelbeseitigung ablehnen:

✱ geringfügige Messdifferenzen an Bauteilen, die keinen technischen Nachteil bringen
✱ unerhebliche Farbabweichungen
✱ Schönheitsfehler, die nur das persönliche Empfinden beeinträchtigen, ohne den Wert Ihres Hauses herabzusetzen.

Der Unternehmer kann sich auch nicht damit herausreden, dass der Schaden nicht durch ihn, sondern durch seine Mitarbeiter verursacht worden sei. Nach BGB und VOB haftet Ihr Baupartner für das Verschulden seiner Vertreter und deren Erfüllungsgehilfen.

So machen Sie Schadensersatz geltend

Falls Sie bereits während der Ausführung der Arbeiten feststellen, dass die Leistungen nicht vertragsgemäß ausgeführt werden, sollten und können Sie die sofortige Beseitigung des Mangels verlangen. In einem solchen Fall hat der Handwerker auch die dadurch entstehenden Mehrkosten zu tragen.

Grundsätzlich sollen Sie die Mängelrüge schriftlich (per Einschreiben mit Rückschein) anzeigen. Wenn Sie innerhalb der Gewährleistungspflicht einen Anspruch auf Beseitigung eines Mangels geltend machen, bewirkt dies mit Eingang beim Unternehmer die erneute Ingangsetzung der zweijährigen bzw. fünfjährigen Frist. Eine Unterbrechung setzt die Gewährleistung also wieder in vollem Umfang in Gang.

Mängel schriftlich anzeigen

■ *B e i s p i e l :*

Sie ziehen am 1.1.1996 in Ihr Haus ein. Die Gewährleistungsfrist endet am 31.12.2000. Am 1.5.1997 monieren Sie ein undichtes Fenster. Die Gewährleistungsfrist für das neu einzusetzende Fenster verlängert sich dadurch bis zum 30.4.2002. Dabei sollten Sie jedoch beachten, dass eine weitere schriftliche Aufforderung an den Unternehmer in dieser Sache keine weiterreichende Fristverlängerung auslöst.

Der Text einer Mängelrüge – in diesem Fall wegen defekter Fensterscharniere – könnte beispielsweise lauten wie im Mustertext auf der folgenden Seite.

Fenster Marke … / Ihre Lieferung vom …

Sehr geehrte Damen und Herren,

am 12. Februar wurden uns die o. g. Fenster angeliefert und umgehend untersucht. Dabei wurden bei zwei von insgesamt 20 gelieferten Fenstern festgestellt, dass die Fensterscharniere beschädigt waren. Diese Beschädigung stellt einen Mangel dar, der die Verwendung der Fenster infrage stellt. Bitte setzen Sie sich bis zum … mit uns in Verbindung, damit wir die erforderlichen Maßnahmen miteinander absprechen können.

Mit freundlichen Grüßen

(Unterschrift)

Wichtig ist:

✴ Die Ware ist nach Eingang unverzüglich zu untersuchen.

✴ Zeigen sich Mängel, sind diese unverzüglich dem Verkäufer anzuzeigen. Wird nicht unverzüglich gerügt, verliert der Käufer in der Regel sämtliche Gewährleistungsansprüche.

✴ Die Mängelrüge muss so abgefasst sein, dass der Lieferant vollständige Kenntnis über Art und Umfang der Mängel erhält.

**Wenn der
Handwerker
nicht reagiert**

Haben Sie den Handwerker unter Fristsetzung vergeblich aufgefordert, den Mangel zu beseitigen, können Sie dies selbst tun und Ersatz für die hierbei entstandenen Aufwendungen vom Unternehmer verlangen. Die notwendigen Arbeiten können Sie von einem anderen Unternehmer ausführen lassen. Sie haben hierbei folgende Möglichkeiten, mit dem Handwerksbetrieb das Auftragsverhältnis zu behandeln:

* Sie verlangen die Stornierung des Vertrages.
* Sie verlangen eine Herabsetzung der Vergütung.
* Sie verlangen Schadensersatz wegen der Nichterfüllung des Vertrages.

Hierbei gibt es wiederum die Kündigungsmöglichkeiten nach VOB oder BGB.

Kündigung gemäß BGB und VOB

Gemäß § 649 BGB können Sie als Bauherr bis zur Vollendung des Hauses jederzeit den Vertrag mit dem Unternehmer kündigen, und zwar ohne Angabe von Gründen. Der Unternehmer hat dann Anspruch auf die volle Vergütung, muss sich aber anrechnen lassen, was er durch die Kündigung spart.

Regelung nach BGB

■ *B e i s p i e l :*

Der Vertragspreis zwischen Ihnen als Bauherr (Auftraggeber) und dem Auftragnehmer (Architekten, Fachingenieur, Statiker, Bauunternehmer, Handwerksbetrieb usw.) liegt bei 70.000,– DM. Der kalkulierte Gewinn beträgt nach Abzug aller Fremdkosten ca. 15.000,– DM. Der Auftragnehmer hat bislang 50 Prozent seiner Leistungen erbracht. Bei einer Kündigung gemäß § 649 BGB müssen Sie nunmehr mit einer Forderung des Unternehmers in nachstehender Höhe rechnen:

Auftragssumme	70.000,– DM
hiervon erbrachte Leistungen	35.000,– DM
Vergütung nach Abzug aller Fremdkosten 50%	
von 15.000,– DM (kalkulierter Gewinn)	7.500,– DM
Forderungsbetrag	**42.500,– DM**

Die Kündigung nach § 650 BGB findet dann Anwendung, wenn dem Vertrag ein Kostenangebot oder Kostenanschlag (ohne Gewähr) zugrunde liegt und sich zweifelsfrei ergibt, dass Ihr Haus ohne eine wesentliche Überschreitung des Kostenangebots nicht erstellt werden kann. Der Unternehmer kann nur einen Teil der Vergütung, der der geleisteten Arbeit entspricht, verlangen.

Regelung nach VOB

Für den Fall, dass Sie mit dem Handwerker einen Vertrag nach VOB geschlossen haben, können Sie die Kündigung gemäß §§ 8f. VOB aussprechen. Hier gelten die rechtlichen Folgen wie im vorgenannten § 649 BGB.

Weitere rechtliche Möglichkeiten:

1. Sie als Bauherr kündigen, wenn der Auftragnehmer seine Zahlungen einstellt, das Vergleichsverfahren beantragt oder in Konkurs gerät. Der ausgeführte Teil ist abzurechnen. Sie als Bauherr können Schadenersatz wegen Nichterfüllung verlangen.

2. Sie als Bauherr kündigen, wenn die laut VOB gesetzten Fristen fruchtlos abgelaufen sind. Als Bauherr setzen Sie zunächst dem Handwerker eine Frist zur Beseitigung der Mängel, die schon während der Bauausführung erkennbar geworden sind (§ 4 Nr. 7 VOB), oder eine Frist, bis wann spätestens mit der Ausführung der Bauarbeiten begonnen sein muss (§ 5 Nr. 4 VOB). Beide Fristsetzungen müssen jeweils mit der Androhung verbunden sein, dass der Auftrag entzogen wird, wenn der Beginn der Bauarbeiten bzw. die Mängelbeseitigung innerhalb der gesetzten Frist nicht erfolgt. Die Entziehung des Auftrages kann auf einen abgeschlossenen Teil der Leistung beschränkt sein.

■ *B e i s p i e l :*

Fensterbauer Müller hat Fenster teilweise mangelhaft eingebaut. Müller erhält eine Frist zur Mängelbeseitigung mit Entziehungsandrohung. Die gesetzte Frist verstreicht, ohne dass Müller den Mangel behoben hat. Nun können Sie als Bauherr den Auftrag bezüglich der bereits eingebauten Fenster kündigen und lassen die Mängel von einem anderen Fenstereinbauer beseitigen. Die Kosten für diese Mängelbeseitigung fallen Herrn Müller zur Last und werden von dessen Rechnung sofort abgezogen. Der Auftrag für die noch fehlenden Fenster kann weiter von Herrn Müller wahrgenommen werden.

3. Sie als Bauherr kündigen, wenn der Auftragnehmer aus Anlass der Ausschreibung eine Preisabrede getroffen hat.
4. Sie als Bauherr kündigen, wenn der Auftragnehmer eine Pflichtverletzung begeht.
5. Der Auftragnehmer kündigt, wenn Sie als Bauherr eine Handlung begehen, die den Auftragnehmer außerstande setzt, seine Leistungen auszuführen.
6. Der Auftragnehmer kündigt, wenn Sie als Bauherr Ihre Rechnungen nicht zahlen.

Nach Entziehung des Auftrages sind Sie als Bauherr berechtigt, den noch nicht vollendeten Teil zu Lasten des Auftragnehmers ausführen zu lassen. Die Kündigung ist schriftlich zu erklären. Sie ist erst zulässig, wenn jede Vertragspartei eine angemessene Zeit zur Nachbesserung der Leistung erhält.

Gelegenheit zur Nachbesserung

Zurückbehaltung und Sicherheitseinbehalt

Vergebliche Fristsetzung

Die Sicherung Ihrer finanziellen Belange hat selbstverständlich für Sie Priorität. Wenn die Fristsetzung in Ihrer Mängelrüge zu keinem Ergebnis geführt hat, sollten Sie die Vergütung des Auftragnehmers kürzen.

Dabei können Sie wie folgt vorgehen:

1. Sie leisten bis zur Klärung keine weiteren Zahlungen mehr an den Unternehmer.
2. Zur Klärung stellen Sie die Schadenhöhe fest
   a) über einen unabhängigen Gutachter (einen öffentlich bestellten und vereidigten Sachverständigen einer Industrie- und Handelskammer (IHK)) oder
   b) über ein detailliertes Angebot zur Schadensregulierung, erstellt von einem anderen Handwerksbetrieb.
3. Sie dürfen den vier- bis fünffachen DM-Betrag, wie auf Seite 325 erklärt, zur Sicherheit einbehalten.
4. Sie können die Durchsetzung der Mängelbehebung auf gerichtlichem Weg anstreben oder aber
5. Sie geben sich mit der Einbehaltung der restlichen Gelder zufrieden.

In jedem Fall müssen Sie Ihrem Handwerksbetrieb schriftlich anzeigen, dass Sie weitere Leistungen ablehnen.

Schlusswort

Immobilieneigentum ist eine wichtige Form der Vermögensbildung. Dies um so mehr, als in unsicheren wirtschaftlichen Zeiten stabile Sachwerte am ehesten Sicherheit bieten. Es lohnt sich daher, sich intensiv mit dem Thema Immobilien zu beschäftigen und nach sorgfältiger Vorplanung den Schritt zum eigenen Haus zu wagen. Nehmen Sie sich die Zeit und gehen Sie als Bauherr Ihr Vorhaben mit Bedacht an – schließlich bauen Sie (wahrscheinlich) nur einmal im Leben.

Wenn Sie mit Hilfe des vorliegenden Bauherrenratgebers gründlich planen, sorgfältig kalkulieren und dabei alle Finanzierungsmöglichkeiten (einschließlich der vom Staat gewährten Förderungen) nutzen, sollten Sie Ihren Traum vom eigenen Haus verwirklichen können. Die Fertigstellung innerhalb des von Ihnen gesetzten Rahmens und die Einhaltung Ihres persönlichen Finanzbudgets sichern Ihnen den Weg zu einer inflationsunabhängigen, Sachwert orientierten Geldanlage.

Wir würden uns freuen, Ihnen mit diesem Ratgeber viele nützliche Informationen an die Hand gegeben zu haben, sodass Sie schon bald in Ihr Traumhaus ziehen können.

Wolfgang Jung   *Bernd W. Klöckner*

Anhang

Musterbaubeschreibung

Familiengerechte Reihenhausanlage in …

Baubeschreibung
Die Reihenhausanlage … mit 12 Reihenhäusern bietet Ihnen

+ variable Ausstattungsgrößen der einzelnen Haustypen
+ umweltgerechte Architektur für familiengerechtes Wohnen
+ Wohnqualität auf hohem Niveau

Es handelt sich um voll unterkellerte Einfamilien-Reihenhäuser mit dazugehörigen Gärten in der bevorzugten Wohnlage von …
Der Leistungsumfang beinhaltet das erschlossene Grundstück einschließlich der Leerrohre für die bauseitigen Hausanschlüsse Gas/Wasser/Strom/Abwasserkanal von der Grundstücksgrenze bis zum Übergabepunkt im Hausanschlussraum.

Technische Bau- und Leistungsbeschreibungen der Reihenhäuser

1. Entwässerung
Die Entwässerungsleitungen erfolgen nach DIN und örtlichen Vorschriften. Die Abwasserleitungen werden über den innen liegenden Revisionsschacht im Hausanschlussraum an den Stadtkanal angeschlossen. Die Häuser erhalten eine Ringdrainage mittels gelochten Kunststoffrohren mit Kiesummantelung. Die Niederschlagsentwässerung wird in eine Regenwassersammelanlage (4.000 l) eingeleitet zwecks Nutzung als Gartenbewässerung, Überläufe werden, wie von der Verbandsgemeinde … vorgeschrieben, angeschlossen.

2. Keller
Die Kelleraußenwände werden nach Wahl des Bauträgers aus Lavastein-Mauerwerk, (36,5 cm, 17,5 cm, 24 cm Wanddicke) gemäß statischer Erfordernis, erstellt.
Die Raumhöhe des Kellers beträgt ca. 2,25 m im Rohbau. Die erdberührenden Flächen des Kelleraußenmauerwerkes erhalten an ihrer Außenseite eine bituminöse Dickbeschichtung gegen nicht drückendes Wasser. Zum Schutz der Isolierung und zur Ableitung der Feuchtigkeit werden Drainplatten vor die Isolierung gestellt.

3. Außenwände

Die Außenwände werden mit Hohlblockmauerwerk, HBL-24 cm stark, in der Mörtelgruppe 2a gemauert.

Die Haustrennwände werden aus 17,5 cm dicken Lavastein-Mauerwerk mit 3 cm Trennfuge und Dämmung hergestellt.

4. Innenwände

Tragende Innenwände gemäß Statik aus 17,5 cm, 24 cm bzw. 11,5 cm dicken Lavastein-Mauern nach Wahl des Bauträgers. Nicht tragende Innenwände werden aus Bimsmauerwerk hergestellt.

5. Decken

Die Bodenplatte besteht aus Beton. Die Geschossdecken bestehen aus bewehrten Stahlbeton-Filigrandecken mit Aufbeton. Unterseitig werden sie in den Wohngeschossen mit tapezierbarem Sichtbeton versehen und die Fugen werden großflächig gespachtelt.

6. Dach

Das Dach erfolgt gemäß der Planung als Satteldach mit ca. 30° Dachneigung entsprechend den statischen Erfordernissen. Das Bauholz wird entsprechend den Güteschutzbestimmungen und den DIN-Vorschriften imprägniert.

Die Dacheindeckung erfolgt mit Betondachsteinen, anthrazitfarben, einheitlich innerhalb der Wohnanlageparks. Verwendet wird das Fabrikat … oder ein gleichwertiges Fabrikat.

Unter den Betondachsteinen wird eine Unterspannbahn bestehend aus PVC-Gitterfolie angebracht, die den Dachraum vor Staub und Flugschnee schützt.

Die Vordächer sind als Glasdach mit Metallunterkonstruktion, nach Architektendetail, vorgesehen.

7. Klempnerarbeiten

Verwendet werden halbrunde Regenrinnen aus Titanzink und ebenso senkrechte Fallrohre und Anschlussbleche.

8. Innenputz

Sämtliche Mauerwerkswände im Inneren des Hauses, außer dem nicht ausgebauten Spitzboden, werden mit Gipsmaschinenputz verputzt. Die Badwände werden mit Kalkputz verputzt.

9. Außenfassade

Die Außenwände (mit Ausnahme der Anbaugiebel) werden mit Isolierputz, 6 cm stark, versehen. Im Sockelbereich wird der Außenputz glatt gerieben und gestrichen. Die Ausführung, Struktur und Farbe erfolgt gemäß dem Gestaltungskonzept des Architekten.

10. Fenster-Haustürelemente

Sämtliche Räume außer den Kellerräumen erhalten Holzfenster mit Isolierverglasung gemäß der neuen Wärmeschutzverordnung, Fabrikat … als Hartholz mit Wärmeschutzglas 1,1 W/m^2 K. Alle Fenster und Fenstertüren besitzen einen Dreh-Kipp-Beschlag.

Das Hauseingangselement wird je nach Plan aus Holz, mit anerkannter Dreifachverriegelung gemäß der Haustypenliste, ausgeführt. Die Aufteilung der Fenster und der Haustür ergibt sich aus den Ausführungsbezeichnungen.

Ein elektrischer Türöffner für die Haustüre wird eingebaut, desgleichen eine Gegensprechanlage mit Klingel.

11. Rollläden

Sämtliche Fenster, außer dem Abstellraumfenster und den Kellerfenstern, erhalten Kunststoff-rollläden in der Farbe Weiß oder Grau.

12. Außen- und Innenfensterbänke

Die Außenfensterbänke werden in Granit Serizzo, 3 cm dick, ausgeführt. Alle Wohnraumfenster mit gemauerten Brüstungen erhalten Innenfensterbänke aus Granit Sardo Bianco, 2 cm dick, mit ca. 2 cm Überstand über dem Innenputz.

13. Sanitär-Installation

Die Ausführung der Installation ab der Wasseruhr. Sämtliche Kalt- und Warmwasserleitungen zu den einzelnen Zapfstellen werden in Kupferrohr oder Kunststoffrohr ausgeführt. Die Wärmedämmung der Rohrleitungen erfolgt entsprechend den DIN-Vorschriften.

Alle Sanitäreinrichtungsgegenstände werden in Weiß oder farbig ausgeführt. Bei der farbigen Ausführung haben Sie die Wahl zwischen den Farben beige, capri, manhattan, pergamon, savanna und sunset. Eine Änderung der Modelle und Farben sind gegen Aufpreis möglich.

Gäste-WC

Das WC besteht aus Sanitärporzellan des Fabrikats … Es handelt sich hier um das wandhängende Modell … mit Unterputzspülkasten und Kunststoffsitz oder ein gleichwertiges Fabrikat.

Das Handwaschbecken besteht aus Sanitärporzellan des Fabrikats … Modell …, 50 cm breit, oder ein gleichwertiges Fabrikat, mit Einhebelmischbatterie des Fabrikats …

Bad

Das WC besteht aus Sanitärporzellan des Fabrikats … Ebenfalls das wandhängende Modell Basic mit Unterputzspülkasten und Kunststoffsitz oder ein gleichwertiges Fabrikat.

Das Waschbecken besteht aus Sanitärporzellan des Fabrikats …, Modell …, 65 cm breit mit Einhebelmischbatterie des Fabrikats …, Modell …, oder ein gleichwertiges Fabrikat.

Die Wanne ist eine Stahlwanne mit der Größe 0,75 x 1,70 m, Fabrikat …, mit Einhebelwannenbatterie in Aufputzausführung des Fabrikats …, Modell …, und Schlauchbrausegarnitur, oder ein gleichwertiges Fabrikat einschließlich Wannengriff.

Dusche

Die Dusche ist eine Stahlduschwanne mit der Größe 90 x 75 x 15 cm des Fabrikats …, Modell …, mit Einhebelmischer in Aufputzausführung des Fabrikats …, Modell … und Schlauchbrausegarnitur, oder ein gleichwertiges Fabrikat.

Badzubehörteile wie Spiegel, Handtuchhalter und dergleichen gehören nicht zu unserem Leistungsumfang.

Küche
Dort erfolgt die Warmwasserbereitung mittels eines Untertischgerätes.

Keller
Dort befindet sich ein Bodeneinlauf im Heizungsanschlussraum. Ein Waschmaschinenanschluss mit Zapfhahn, Ablauf und Syphon befindet sich im Heizraum oder sonstigem Kellerraum.

14. Heizung

Die Warmwasser-Zentralheizungsanlage wird entsprechend der Projektierung und Wärmebedarfsberechnung nach DIN ausgeführt.

Zum Einbau kommt ein … Gas-Spezialniedertemperaturkessel (oder gleichwertiges) mit einem Ecomatic-Regelgerät und einem tiefliegenden Wasserspeicher mit 120 l Inhalt, aufgestellt auf ein schalldämmendes Kesselpodest.

Rohrleitungen werden als Zweikreissystem aus geschweißtem Stahlrohr und Kupferrohr nach DIN ausgeführt mit der entsprechenden Isolierung.

Die Beheizung der einzelnen Räume erfolgt über endlackierte … Kompaktheizkörper mit absperrbaren Rücklaufverschraubungen und Thermostatventilen.

Im Bad (Dachgeschoss) ist ein formschöner … Badheizkörper (Handtuchhalter und Wärmer) vorgesehen.

Die Ausführung der Heizungsanlage ist komplett betriebsfertig installiert und wird vor der Übergabe auf ihre volle Funktionstüchtigkeit überprüft.

15. Elektroinstallation

Zentrale Einspeisung innerhalb des Hausanschlussraumes mit Installation des Panzerkastens, der Zählerhauptverteilung und der Sicherungselemente entsprechend den Vorschriften des RWE bzw. der Stadtwerke.

Die Leitungsverlegung erfolgt im Kellerraum auf Putz und in den einzelnen Wohnräumen unter Putz. Eingebaut wird das Schalterprogramm … Standard SI 2000.

Jedes Haus erhält eine Klingel und Telefonleerrohr für die Anschlüsse des Telefons im Erdgeschoss sowie Antennenleerdose mit Leerrohr im Erdgeschoss. Ebenso wird ein elektrischer Türöffner mit Gegensprechanlage für die Haustür eingebaut.

Spitzboden
1 Deckenbrennstelle mit Ausschaltung
Eltern
1 Wechselschaltung auf eine Deckenbrennstelle,
6 Steckdosen
Kind
1 Ausschaltung auf eine Deckenbrennstelle, 4 Steckdosen

Gast
1 Ausschaltung auf eine Deckenbrennstelle, 3 Steckdosen
Bad
1 Kontrollschalter auf eine Deckenbrennstelle, 1 Ausschalter auf eine Wandbrennstelle, 1 Steckdose
Flur und Treppe Dachgeschoss
1 Kreuzschaltung auf eine Deckenbrennstelle und eine Wandbrennstelle, 1 Steckdose. Eine Sprechstelle für die Tür
Diele und Garderobe
1 Wechselschaltung auf eine Deckenbrennstelle, 1 Ausschaltung auf eine Außenbrennstelle,
1 Steckdose, 1 Telefonleerdose, 1 Außensprechstelle
WC
1 Ausschaltung auf eine Wandbrennstelle, 1 Steckdose
Arbeiten
1 Ausschaltung auf eine Deckenbrennstelle, 3 Steckdosen
Küche
1 Ausschaltung auf eine Deckenbrennstelle, 3 Wandsteckdosen sowie nach Küchenplan 4 Steckdosen auf Wunsch
Wohn- und Esszimmer
1 Wechselschaltung auf eine Deckenbrennstelle, 1 Ausschaltung auf eine Deckenbrennstelle,
8 Steckdosen, 1 Antennenleerdose
Terrasse
1 Ausschaltung auf eine Außenbrennstelle, 1 Außensteckdose
Kellertreppe
1 Ausschaltung auf eine Deckenbrennstelle und 1 Wandbrennstelle, 1 Steckdose
Keller 1
1 Ausschaltung auf eine Deckenbrennstelle, 1 Steckdose, 1 CEE-Steckdose 16 A
Keller 2
1 Ausschaltung auf eine Deckenbrennstelle, 3 Steckdosen
Heizungsraum
1 Ausschaltung auf eine Deckenbrennstelle, 1 Steckdose, Anschluss Heizungsanlage mit Notschalter

16. Estrich
Keller: Nutzestrich auf einer Trennlage, 4 cm dick, glatt abgerieben.
Erdgeschoss und Dachgeschoss: Schwimmender Estrich auf Trittschalldämm-Matten nach den DIN-Vorschriften.

17. Fliesenarbeiten
Die Ausführung der gesamten Fliesenarbeiten erfolgt bis zu einer Materialpreisgruppe von
48,– DM/m² inkl. MwSt.
Bad
Die Wandfliesen werden raumhoch auf Kalkzementputz geklebt. Die Bodenfliesen werden auf schwimmenden Estrich geklebt.

Gäste-WC

Die Wandfliesen werden raumhoch auf Gipsputz geklebt. Die Bodenfliesen werden auf schwimmenden Estrich geklebt.

Diele/Garderobe/Essen/Wohnen/Küche

Die Terracottabodenfliesen werden auf schwimmenden Estrich geklebt.

Materialpreisgruppe 48,00 DM/m^2, oder ein Steinboden nach Bemusterung. Parkettboden kann wahlweise (gegen Aufpreis) für Ess- und Wohnzimmer gewählt werden.

Küche

Der Fliesenspiegel entlang der Küchenwand wird bis 4,0 m^2 auf Gipsputz geklebt. Die Bodenfliesen werden auf schwimmenden Estrich geklebt.

18. Bodenbelag

Folgende Räume werden mit Teppichboden ausgeführt:

Das Elternschlafzimmer, das Kinderzimmer, der Flur im Dachgeschoss einschließlich Teppich-Einlegeleisten

Die Materialpreisgruppe für den Teppichboden beläuft sich auf 42,00 DM/m^2 inkl. MwSt.

19. Innentüren

Im Erd- und Obergeschoss sind alle Zimmertürenelemente als Röhrenspantüren mit Futter und Bekleidung in Buche hell oder Esche weiß vorgesehen. Die Griffgarnitur ist mit Rundrosetten, Fabrikat …, in der Farbe Ihrer Wahl vorgesehen.

Die Kellertürenelemente sind genauso wie die anderen Türenelemente vorgesehen, jedoch als Repro-Türen.

Bei einer anderen Bemusterung werden als Türenverrechnungspreis DM 410,00 inkl. MwSt. – (EG & DG) inkl. Montage zugrunde gelegt.

Brandschutztüren

Gemäß den Auflagen der Genehmigungsbehörde Ausführung in Stahl

20. Decke Dachgeschoss

Perlstuckdecken mit Maschinengipsputz bzw. Rigips auf Unterkonstruktion

21. Malerarbeiten

Erdgeschoss, Dachgeschoss sowie Treppenhaus:

Sämtliche Wände und Decken werden mit Raufasertapete tapeziert und altweiß gestrichen.

22. Treppen

Vom Untergeschoss bis zum Dachgeschoss ist eine frei tragende Holztreppe mit Holzgeländer, offene Konstruktion, aus Buche massiv, vorgesehen.

23. Außenanlage

Terrassenbelag

Die Terrasse wird ca. 12 m^2 bzw. 15,0 m^2 groß mit gebranntem Ziegel oder Gleichwertigem verlegt.

Hauszuwegung
Vom öffentlichen Weg bis zum Haus ist wasserdurchlässige Pflasterung vorgesehen.
Entwässerung
Die Entwässerungsleitung ist als Mischsystem nach DIN und örtlichen Vorschriften vorgesehen
sowie nach Ausarbeitung durch den Fachingenieur.
Erdarbeiten/Gründung
Das Fundament und der Rohrgrabenaushub erfolgt nach den örtlichen Erfordernissen. Der seitlich
gelagerte Mutterboden wird maschinenmäßig grob verteilt.

24. Fertiggarage/Außenstellplatz
Wird aus Stahlbeton gefertigt, System …, oder gleichwertiges.
Länge: 6,00 m, Breite: 2,98 m, Höhe: 2,45 m, sowie ein Außenstellplatz.
Eine Dachbegrünung ist vorgesehen.
Bodenplatte: Stellplatz
Für die Stellplätze ist ein Beton-Sickerpflaster, im Sandbett oder Splittbett verlegt, vorgesehen.

25. Sonstiges
Zusatzvereinbarungen über die ausgeführte Ausstattung hinaus sind gegen Berechnung der Mehr-
kosten möglich und bedürfen der vorherigen schriftlichen Vereinbarung.
Die vorgenannte Ausstattung ist die Regelausstattung. Sie kann jeweils nach Wahl des Käufers auf
Wunsch gegen Preisanpassung geändert werden.
Änderung seitens des Bauträgers in Bezug auf Fabrikate und Materialien, die keine Qualitätsminde-
rung bewirken, insbesondere solche, die dem technischen Fortschritt dienen, sind dem Bauträger
vorbehalten.

Planänderungen
Änderungen in der Planung, den vorgesehenen Materialien und Einrichtungsgegenständen sind dem
Bauträger vorbehalten, soweit sie aus technischen Gründen der Materialbeschaffung zweckmäßig
sind und durch gleichwertige Leistungen ersetzt werden.

Änderungen aufgrund behördlicher Auflagen sind maßgebend und werden vom Käufer anerkannt.

Die Prospekthaftung wird ausgeschlossen.

Einheits-Architektenvertrag*)
für Gebäude

(● Fett gedruckte Punkte am Rande weisen darauf hin, dass eine zusätzliche Eintragung oder eine Streichung vorzunehmen ist.)

● Zwischen dem/den Bauherr(e)n, im Folgenden „Bauherr" genannt: ....

....

....

....

● vertreten durch: ....

....

....

● und dem/den Architekten, der Arbeitsgemeinschaft von Architekten, im Folgenden „Architekt"
genannt: ....

....

....

wird folgender Architektenvertrag geschlossen

§ 1 Gegenstand des Vertrages:

1.1 Gegenstand dieses Vertrages sind Architektenleistungen für folgende Bauaufgaben (§ 3 HOAI):

● ....

....

....

....

....

....

....

....

....

(genaue Bezeichnung der Baumaßnahme)

§ 2 Leistungsphasen und Honorar

2.1 Der Bauherr überträgt dem Architekten folgende für die Bearbeitung der in §1 bezeichneten Bauaufgabe erforderlichen Grundleistungen der folgenden Leistungsphasen (§ 15 Abs. 2 HOAI), die in v.H. des Honorars nach § 16 HOAI bewertet sind. — v.H. des Honorars nach § 16 HOAI

2.1.1 Grundlagenermittlung[3]

Klären der Aufgabenstellung und Feststellung der Planungsvoraussetzungen — 3 v.H.

*) Empfohlene Fassung der Bundesarchitektenkammer, veröffentlicht im Bundesanzeiger Nr. 67 vom 10.4.1985 unter Berücksichtigung der 4. Verordnung zur Änderung der HOAI vom 1.1.1991

Abdruck mit freundlicher Genehmigung des Werner-Verlages, Düsseldorf.

2.1.2 Vorplanung[3]

Erarbeiten der wesentlichen Teile der Lösung einer Planungsaufgabe als
Planungskonzept mit Kostenschätzung   7 v.H.

2.1.3 Entwurfsplanung

Erarbeiten der endgültigen Lösung der Planungsaufgabe als Entwurf mit
Berechnungen   11 v.H.

2.1.4 Genehmigungsplanung

Erarbeiten, Zusammenstellen und Einreichen der Vorlagen für die Baugenehmigung   6 v.H.

2.1.5 Ausführungsplanung

Erarbeiten der Ausführungs-, Detail- und Konstruktionszeichnungen   25 v.H.

2.1.6 Vorbereitung der Vergabe

Ermitteln der Mengen und Aufstellen von Leistungsverzeichnissen   10 v.H.

2.1.7 Mitwirkung bei der Vergabe

Einholen der Angebote und Mitwirkung bei der Auftragsvergabe   4 v.H.

2.1.8 Objektüberwachung (Bauüberwachung)[3]

Überwachen der Ausführung des Objektes auf Übereinstimmung mit der
Baugenehmigung und den Ausführungsplänen in künstlerischer, technischer
und wirtschaftlicher Hinsicht   31 v.H.

2.1.9 Objektbetreuung und Dokumentation

Überwachen der Beseitigung von Mängeln innerhalb der Gewährleistungsfristen
und Dokumentation des Gesamtergebnisses   3 v.H.

2.2   Baukünstlerische Überwachung

Wird dem Architekten die Leistungsphase 8 (2.1.8) nicht übertragen, vereinbaren die
Parteien für das Überwachen der Herstellung des Objektes hinsichtlich der Einzelheiten
der Gestaltung (§ 15 Abs. 3 HOAI) ein Honorar mit

●   .... v.H. des Honorars nach § 16 HOAI.

2.3   Die Grundlagen des Honorars werden wie folgt vereinbart:

●   Honorarzone   (§§ 11, 12 HOAI)   ....
●   Honorarsatz[1]   (§ 4 HOAI)   ....
●   Zuschlag für Umbau und Modernisierung[2][3]   (§ 24 HOAI)   ....
●   Zuschlag für die Bauüberwachung[4] bei Instandhaltung
     und Instandsetzung   (§ 27 HOAI)   ....
●   Vorplanung oder Entwurfsplanung[5] als Einzelleistung   (§ 19 HOAI)   ....

2.4   Die anrechenbaren Kosten richten sich nach § 10 HOAI. Soll vorhandene Bausubstanz
technisch oder gestalterisch mitverarbeitet werden, so ist § 10 Abs. 3a HOAI zu beachten.
Die anrechenbaren Kosten der technisch oder gestalterisch mitzuverarbeitenden vorhandenen Bausubstanz werden gem.

●   § 10 Abs. 3a HOAI mit folgendem Wert als angemessen vereinbart: DM ....
Ändert sich der Umfang dieser Bausubstanz während der Durchführung des Auftrages, so
ist der nach § 10 Abs. 3a HOAI angenommene Wert anzupassen. Wird der Wert der mitzuverarbeitenden vorhandenen Bausubstanz bei Vertragsabschluss nicht vereinbart, so holen
die Parteien eine schriftliche, ergänzende Vertragsvereinbarung nach.

2.5 Leistungen nach der Wärmeschutzverordnung (§ 78 HOAI)

Entwurf, Bemessung und Nachweis des Wärmeschutzes nach der Wärmeschutzverordnung und nach den bauordnungsrechtlichen Vorschriften.

Die Honorierung richtet sich nach § 78 HOAI.

§ 3 Besondere Leistungen und Honorar

3.1 Der Bauherr überträgt dem Architekten folgende Besondere Leistungen (§ 2 Abs. 3 HOAI), für die die nachstehend aufgeführten Honorare vereinbart werden (§ 5 Abs. 4 HOAI):

- ....
  ....
  ....
  ....

3.2 Für den Fall, dass Besondere Leistungen nach Vertragsabschluss übertragen werden, sind folgende Stundensätze vereinbart (§ 6 Abs. 2 HOAI):

- für den Architekten .... DM
- für den Mitarbeiter, der technische oder wirtschaftliche Aufgaben erfüllt .... DM
- für den Technischen Zeichner und sonstige Mitarbeiter mit vergleichbarer Qualifikation .... DM

§ 4 Verlängerung der Bauzeit, Unterbrechung des Vertrages

- 4.1 Dauert die Bauausführung länger als ...... Monate, so sind die Parteien verpflichtet, über eine angemessene Erhöhung des Honorars für die Bauüberwachung (§ 15 Abs. 2 HOAI, Leistungsphase 8) zu verhandeln.

  Die nachgewiesenen Mehrkosten sind dem Architekten in jedem Fall zu erstatten, es sei denn, dass der Architekt die Bauzeitüberschreitung zu vertreten hat.

- 4.2 Wird die Durchführung des Vertrages länger als ...... Monate unterbrochen, so hat der Architekt für die Dauer der Unterbrechung einen Anspruch auf eine angemessene Entschädigung, es sei denn, die Unterbrechung ist vom Bauherrn nicht zu vertreten. § 21 HOAI bleibt unberührt.

§ 5 Sonderfachleute

Folgende Leistungen werden von den nachstehend genannten Sonderfachleuten erbracht und sind vom Architekten zeitlich und fachlich zu koordinieren, mit seinen Leistungen abzustimmen und in diese einzuarbeiten:

- 1. Bodengutachten (Gründungsberatung)
- 2. Tragwerksplanung (Statik)
- 3. Technische Ausrüstung
- 4. ....
- 5. ....

Die Verträge mit den Sonderfachleuten werden vom Bauherrn abgeschlossen. Die Leistungen der Sonderfachleute werden vom Bauherrn unmittelbar vergütet.

§ 6 Nebenkosten

6.1 Die nach § 7 HOAI mögliche Berechnung der Nebenkosten erfolgt:[6]

- 6.1.1 ☐ Insgesamt mit einer Pauschale von .... v.H. des Nettohonorars.

- 6.1.2 ☐ Post- und Fernmeldegebühren werden pauschal mit .... DM, ... v.H. des Nettohonorars erstattet, die sonstigen Nebenkosten auf Nachweis.

- 6.1.3 ☐ insgesamt auf Nachweis

- 6.2 Bei Abrechnung auf Nachweis wird erstattet für:

  - – Fahrtkosten bei Benutzung des eigenen Pkw .... DM/km, sonst die nachgewiesenen Kosten öffentlicher Verkehrsmittel,
  - – eine Tagegeldpauschale von DM ....,
  - – Übernachtungskosten.

§ 7 Umsatzsteuer

Die Umsatzsteuer zu den Honoraren und Nebenkosten wird zusätzlich in Rechnung gestellt (§ 9 HOAI).

§ 8 Haftpflichtversicherung

Zur Sicherung etwaiger Ersatzansprüche des Bauherrn aus diesem Vertrag ist von dem Architekten eine Haftpflichtversicherung nachzuweisen. Die Deckungssummen dieser Versicherung betragen:

- a) für Personenschäden   DM ....

- b) für sonstige Schäden   DM ....

§ 9 Gewährleistungs- und Haftungsdauer [7]

....

....

....

....

(Bauherr)

§ 10 Zurückbehaltungsrecht[8]

Sofern der Architekt die Deckungszusage seiner Haftpflichtversicherung für mögliche Schadenersatzansprüche des Bauherrn nachweist oder der Architekt entsprechende Sicherheit – z.B. durch Bankbürgschaft – leistet, sieht der Bauherr von der Ausübung des Zurückbehaltungsrechts ab.

....

(Bauherr)

§ 11 Anzuwendende Vorschriften

Die beigefügten allgemeinen Vertragsbestimmungen zum Einheits-Architektenvertrag und ergänzend die Bestimmungen der HOAI sowie die Regeln über das Werkvertragsrecht gem. §§ 631 ff. BGB sind Bestandteil dieses Vertrages.

§ 12 Zusätzliche Vereinbarungen

● ....
....
....
....
....
....
....
....
....
....
....
....

....

(Ort, Datum)   (Ort, Datum)

....

(Bauherr)   (Architekt)

---

1) Werden Leistungen des raumbildenden Ausbaues in Gebäuden von einem Architekten erbracht, dem Grundleistungen nach § 15 HOAI übertragen werden, so sind diese Leistungen gem. § 25 Abs. 1 HOAI bei der Vereinbarung des Honorarsatzes im Rahmen der Mindest- und Höchstsätze zu berücksichtigen.
2) Nach § 24 HOAI kann bei durchschnittlicher Schwierigkeit ein Zuschlag von 20–33% des Honorars vereinbart werden. Bei überdurchschnittlichem Schwierigkeitsgrad kann ein Zuschlag über 33% vereinbart werden.
3) Anstelle des Zuschlags kann nach § 24 Abs. 2 HOAI für die Leistungsphase 1, 2 und 8 eine höhere Bewertung der Grundleistungen schriftlich vereinbart werden. In diesen Fällen entfällt der Umbauzuschlag.
4) Nach § 27 HOAI kann ein Zuschlag von bis zu 50% des Honorars vereinbart werden.
5) Die in § 19 As. 1 HOAI vorgesehenen v.H.-Sätze der Honorare sind einzusetzen.
6) Nichtzutreffendes streichen.
7) Soll abweichend von § 6 Abs. 1 AVA eine andere Gewährleistungsfrist vereinbart werden, so bedarf es hierzu einer individuell ausgehandelten Abrede.
8) Zur Wirksamkeit der Bestimmung bedarf es der individuell ausgehandelten Vereinbarung.

Allgemeine Vertragsbestimmungen zum Einheits-Architektenvertrag (AVA)

Die Erfüllung des Architektenvertrages setzt ein Vertrauensverhältnis zwischen dem Bauherrn und dem Architekten voraus und erfordert eine enge partnerschaftliche Zusammenarbeit, damit der Architekt als Sachverwalter des Bauherrn dessen Interessen wirksam wahrnehmen kann.

§ 1 Pflichten des Architekten
1.1 Der Architekt ist verpflichtet, seine vertraglichen Leistungen nach den allgemein anerkannten Regeln der Baukunst und der Bautechnik zu erbringen.
1.2 Im Rahmen der vereinbarten Leistungen hat der Architekt die Pflicht, den Bauherrn, soweit dies erforderlich ist, über alle bei der Durchführung seiner Aufgabe wesentlichen Angelegenheiten zu unterrichten. Wenn erkennbar wird, dass die erwarteten Baukosten überschritten werden, ist der Architekt verpflichtet, den Bauherrn unverzüglich zu benachrichtigen. Auf Verlangen hat der Architekt jederzeit über die entsprechenden und noch zu erwartenden Kosten Auskunft zu erteilen.
Nach Beendigung der Leistungen des Architekten und nach deren Honorierung kann der Bauherr verlangen, dass ihm die genehmigten Bauvorlagen, Pausen der Originalzeichnungen und sonstigen Unterlagen ausgehändigt werden. Der Architekt ist berechtigt, Zeichnungen und Akten jederzeit dem Bauherrn auszuhändigen. Vor der Vernichtung wird er sie dem Bauherrn anbieten. Er ist nicht verpflichtet, diese länger als fünf Jahre aufzubewahren.

§ 2 Vertretung des Bauherrn; Sonderfachleute und Unternehmer
2.1 Soweit es seine Aufgabe erfordert, ist der Architekt berechtigt und verpflichtet, die Rechte des Bauherrn zu wahren, insbesondere hat er den am Bau Beteiligten die notwendigen Weisungen zu erteilen. Finanzielle Verpflichtungen für den Bauherrn darf er nur eingehen, wenn Gefahr im Verzuge und das Einverständnis des Bauherrn nicht zu erlangen ist.
2.2 Der Architekt berät den Bauherrn über die Notwendigkeit des Einsatzes von Sonderfachleuten.
2.3 Der Bauherr wählt nach den Vorschlägen des Architekten die Unternehmer für die Ausführung und Leistungen aus und entscheidet über die Vergabe.

§ 3 Pflichten des Bauherrn
3.1 Der Bauherr ist verpflichtet, die Planung und Durchführung der Bauaufgabe zu fördern. Insbesondere soll er alle anstehenden Fragen unverzüglich entscheiden und erforderliche Genehmigungen so schnell wie möglich herbeiführen.
3.2 Weisungen an die am Bau Beteiligten erteilt der Bauherr nur im Einvernehmen mit dem Architekten.
3.3 Der Bauherr ist verpflichtet, dem Architekten sämtliche das Bauvorhaben betreffenden Rechnungen zu übergeben.
3.4 Der Bauherr nimmt nach der Fertigstellung des Bauvorhabens – auch einzelner Teile – die Leistungen der Ausführenden im Einvernehmen mit dem Architekten ab.
3.5 Der Bauherr darf die vom Architekten gefertigten Unterlagen nur für den vereinbarten Zweck verwenden.

§ 4 Zahlungen
4.1 Der Bauherr ist auf Anforderung des Architekten zu Abschlagszahlungen verpflichtet, die dem jeweiligen Stand der erbrachten Leistungen oder dem gesondert aufgestellten Zahlungsplan entsprechen.
4.2 Das Honorar für die Leistungen der Leistungsphasen 1–8, für die Besonderen Leistungen und für die zusätzlichen Leistungen wird fällig, wenn der Architekt die Leistungen vertragsgemäß erbracht und eine prüffähige Honorarteilschlußrechnung für diese Leistungen überreicht hat.
4.3 Das Honorar für die Leistungen der Leistungsphase 9 wird nach deren Erbringung fällig; Abs. 2 gilt entsprechend.
4.4 Leistungsphasen sind mit dem Eintritt des geschuldeten Erfolgs erfüllt.
4.5 Eine Aufrechnung gegen den Honoraranspruch ist nur mit einer unbestrittenen oder rechtskräftig festgestellten Forderung zulässig.

§ 5 Gewährleistung und Haftung des Architekten
5.1 Gewährleistungs- und Schadenersatzansprüche des Bauherrn richten sich nach den gesetzlichen Vorschriften, soweit nachfolgend nichts anderes vereinbart ist.
5.2 Haftet der Architekt wegen eines schuldhaften Verstoßes gegen die allgemeinen anerkannten Regeln der Baukunst oder sonstiger Verletzungen seiner Vertragspflichten, aus welchem Rechtsgrund auch immer, so hat er dem Bauherrn bei Vorsatz und grober Fahrlässigkeit sowie bei Fehlen zugesicherter Eigenschaften den verursachten Schaden in voller Höhe zu ersetzen.

5.3 In allen anderen Fällen (leichte Fahrlässigkeit) beschränkt sich die Haftung für versicherbare Schäden dem Grunde und der Höhe nach auf die Schäden, die der Architekt durch Versicherung seiner gesetzlichen Haftpflicht gem. § 8 des Vertrages zu decken hat.
Soweit das Bestehen einer Haftpflichtversicherung nach § 8 des Vertrages nicht vereinbart worden ist, beschränkt sich die Haftung der Höhe nach
a) bei honorarfähigen Herstellungskosten bis zu 1,5 Mio. DM, auf 1 Mio. DM für Personenschäden und auf 150.000 DM für
sonstige Schäden,
b) bei honorarfähigen Herstellungskosten über 1,5 Mio. DM, auf 1 Mio DM für Personenschäden, auf 300.000 DM für sonstige Schäden.
5.4 Für nicht versicherbare Schäden in Fällen leichter Fahrlässigkeit, die nicht Personenschäden sind, haftet der Architekt bis zur Höhe der Haftungssumme für sonstige Schäden gem. § 5.3 Abs. 2/AVA, jedoch nicht über das vertragliche Honorar hinaus.
5.5 Wird der Architekt wegen eines Schadens am Bauwerk auf Schadenersatz in Geld in Anspruch genommen, kann er vom Bauherrn verlangen, dass ihm die Beseitigung des Schadens übertragen wird.
5.6 Wird der Architekt wegen eines Schadens in Anspruch genommen, für den auch ein Dritter einzustehen hat, kann er verlangen, dass der Bauherr gemeinsam mit ihm sich außergerichtlich erst bei dem Dritten ernsthaft um die Durchsetzung seiner Ansprüche auf Nachbesserung und Gewährleistung bemüht.

§ 6 Gewährleistungs- und Haftungsdauer
6.1 Ansprüche des Bauherrn, gleich aus welchem Rechtsgrund, verjähren mit Ablauf von fünf Jahren, sofern gesetzlich keine kürzeren Verjährungsfristen vorgesehen sind oder die Parteien individuell keine abweichende Vertragsabrede getroffen haben.
Das gilt nicht, wenn der Architekt den Mangel arglistig verschwiegen hat.
6.2 Die Verjährung beginnt mit der Abnahme der letzten nach diesem Vertrag zu erbringenden Leistung, spätestens mit Abnahme der in Leistungsphase 8 (Objektüberwachung) zu erbringenden Leistung (Teilabnahme).
Für Leistungen, die danach noch zu erbringen sind, beginnt die Verjährung mit Abnahme der letzten Leistung.

§ 7 Urheberrecht
7.1 Dem Architekten verbleiben alle Rechte, die ihm nach dem Urheberrechtsgesetz zustehen.
7.2 Der Bauherr darf ohne den Architekten urheberrechtlich geschütztes geistiges Eigentum des Architekten nur verwerten, wenn ihm ein entsprechendes Nutzungsrecht übertragen ist.
7.3 Änderungen urheberrechtlich geschützter Bauwerke sind ohne Einwilligung des Architekten unzulässig, es sei denn, die Verweigerung der Einwilligung verstößt gegen Treu und Glauben.
7.4 Der Architekt ist berechtigt – auch nach Beendigung dieses Vertrages –, das Bauwerk oder die bauliche Anlage in Abstimmung mit dem Bauherrn zu betreten, um fotografische oder sonstige Aufnahmen zu fertigen.
7.5 Der Bauherr ist zur Veröffentlichung des vom Architekten geplanten Bauwerkes nur unter Namensangabe des Architekten berechtigt.

§ 8 Vorzeitige Aufösung des Vertrages
8.1 Der Vertrag kann von beiden Teilen nur aus wichtigem Grund gekündigt werden.
8.2 Wird aus einem Grund gekündigt, den der Architekt zu vertreten hat, so steht dem Architekten ein Honorar nur für die bis zur Kündigung erbrachten Leistungen zu.
8.3 In allen anderen Fällen behält der Architekt den Anspruch auf das vertragliche Honorar, jedoch unter Abzug ersparter Aufwendungen. Sofern der Bauherr im Einzelfall keinen höheren Anteil an ersparten Aufwendungen nachweist, wird dieser mit 40 v.H. des Honorars für die vom Architekten noch nicht erbrachten Leistungen vereinbart.

§ 9 Schlussbestimmungen
9.1 Änderungen, Ergänzungen und Nebenabreden sollen schriftlich erfolgen.
9.2 Wird während der Laufzeit des Vertrages die HOAI novelliert oder tritt an ihre Stelle eine neue gesetzliche Honorarordnung, so verpflichten sich die Parteien, über eine Anpassung des Vertrages an die neuen Bestimmungen zu verhandeln.
9.3 Falls Bestimmungen dieses Vertrages nichtig sind, wird davon die Gültigkeit der anderen Bestimmungen nicht berührt. Anstelle der nichtigen Bestimmungen soll gelten, was dem gewollten Zweck in gesetzlich erlaubtem Sinn am nächsten kommt.

Vollmacht

(● Fett gedruckte Punkte am Rande weisen darauf hin, dass eine zusätzliche Eintragung oder eine Streichung vorzunehmen ist.)

● Ich/wir bevollmächtige(n) den Architekten

● ....

....

....

● bezüglich meines/unseres Bauvorhabens

● Bezeichnung ....

....

....

● Ort, Straße ....

● Grundbuchbezeichnung ....

Eigentümer des Grundstücks

● ....

....

....

die erforderlichen Verhandlungen mit den zuständigen Behörden und Stellen sowie den Nachbarn zu führen und

● insbesondere auch Rückfragen im Baugenehmigungsverfahren für mich/uns zu erledigen.

● ....

(Ort, Datum)   (Unterschrift des/der Bauherr(e)n)

Notarvertrag/Immobilienerwerb (Muster)

URNr. ...... /199

Verhandelt in ...., am ....

....,

Vor mir
Notar in ....

erschienen:

1. ....
   – im Folgenden „Verkäufer" genannt –

2. ....
   – im Folgenden „Käufer" genannt –

dem Notar ausgewiesen durch Vorlage ihrer Lichtbildausweise.

Die Erschienenen ließen folgenden

Kaufvertrag

beurkunden und erklärten:

§ 1 Grundbuchstand

Im Grundbuch von .... Blatt ....

lfd. Nr. .... Flur .... Nr. .... Größe ....

sind als Eigentümer eingetragen:

....

Der Notar hat das Grundbuch eingesehen und folgenden Grundbuchstand festgestellt:

Abt. II: ....

Abt. III: ....

(Regelung wegen Ablösung eventueller Belastungen)

....

....

§ 2 Kauf

Der Verkäufer verkauft dem dies annehmenden Käufer ...... mehreren zu gleichen Anteilen den vorbezeichneten Grundbesitz samt allen aufstehenden Gebäuden und dem gesetzlichen Zubehör.

§ 3 Kaufpreis

Der Kaufpreis beträgt DM ....
– in Worten: Deutsche Mark ....
Der Kaufpreis ist zinslos fällig und zahlbar am .... nicht jedoch, bevor der amtierende
Notar den Beteiligten mitgeteilt hat, dass

- die nachbewilligte Vormerkung nach den vorgenannten Belastungen im Grundbuch eingetragen
  ist, sowie
- dem Notar die Löschungsunterlagen für die vorgenannten Belastungen in ...... Abteilung II/......
  Abteilung III auflagenfrei oder mit Auflagen vorliegen, die nicht über den Kaufpreis hinausgehen,
  sowie
- dem Notar die Erklärung der Gemeinde vorliegt, dass ein gesetzliches Vorkaufsrecht nicht besteht
  oder darauf verzichtet wird,
- alle zur Wirksamkeit dieses Vertrages erforderlichen Unterlagen vorliegen, insbesondere
  ....

Der Notar wird beauftragt, den Beteiligten die Fälligkeit des Kaufpreises mitzuteilen.
Im Säumnisfalle sind Zinsen in Höhe von ...... jährlich zu zahlen.

Der Käufer .... (mehrere als Gesamtschuldner) unterwirft sich wegen aller
aus dieser Urkunde hervorgehenden Zahlungsverpflichtungen der sofortigen Zwangsvollstreckung in
sein gesamtes Vermögen dem Verkäufer gegenüber. Dem Verkäufer ist auf Verlangen ohne Fällig-
keitsnachweis eine vollstreckbare Ausfertigung dieser Urkunde zu erteilen. Die Beweislast für die
Fälligkeit liegt weiterhin beim Verkäufer.

Auf dingliche Sicherstellung wird mit Rücksicht auf die folgende Vereinbarung verzichtet:
....
....
Der Notar wird angewiesen, die Umschreibung dieses Vertrages erst dann zu beantragen, wenn ihm
die Zahlung des Kaufpreises nachgewiesen ist.

§ 454 BGB wird ausgeschlossen.

Der Verkäufer weist den Käufer an, den Kaufpreis wie folgt zu begleichen:

a) die zur Ablösung der Forderungen der vorbezeichneten Gläubiger erforderlichen Beträge direkt
   an diese,
b) mit dem Restbetrag an den Verkäufer auf dessen Konto bei der ....
   Nr. .... (BLŻ ....).

§ 4 Sonstige Bedingungen

1. Die Veräußerung erstreckt sich auf Zubehör des Grundbesitzes.
2. Die Besitzübergabe erfolgt am ....
   Das Eigentum geht über mit der Eintragung ins Grundbuch. Gefahr und Nutzungen einschließlich der Streupflicht sowie aller Verpflichtungen aus den den Grundbesitz betreffenden Versicherungen gehen mit der Besitzübergabe über.
3. Der Grundbesitz mit Gebäuden und Zubehör wird verkauft ohne Gewähr für eine bestimmte Fläche, Größe oder Beschaffenheit in dem Zustand, wie er am Tage der Besichtigung vom Käufer angetroffen wurde, ohne Haftung für sichtbare und unsichtbare Sachmängel. Der Käufer ist darauf hingewiesen, dass er deshalb etwa auftretende Mängel auf eigene Kosten beseitigen muss. Der Käufer erklärt, dass bei dieser Besichtigung keine Mängel festgestellt worden sind, die den Wert oder die Gebrauchstauglichkeit aufheben oder mindern. Der Verkäufer erklärt, dass er weder Mängel verschwiegen hat noch Eigenschaften zugesichert sind.
4. Der Verkäufer leistet Gewähr, dass der verkaufte Grundbesitz frei ist oder frei wird von nicht übernommenen, im Grundbuch eingetragenen und nicht im Grundbuch eingetragenen Belastungen und Beschränkungen sowie rückständigen öffentlichen Steuern und Abgaben. Etwaige nicht im Grundbuch eingetragene altrechtliche Dienstbarkeiten und Baulasten werden übernommen. Der Verkäufer versichert, dass ihm solche nicht bekannt sind.
   Der Notar hat das Baulastenverzeichnis nicht eingesehen.
   Der Verkäufer versichert, dass auf dem verkauften Grundbesitz keine Beschränkungen nach dem Wohnungsbindungsgesetz ruhen.
5. Die auf dem Grundbesitz ruhenden wiederkehrenden öffentlichen Abgaben und Lasten gehen mit dem Übergabetage auf den Käufer über. Maßgebend dafür, ob die Abgaben und Lasten vom Verkäufer oder vom Käufer zu tragen sind, ist nicht der Fälligkeitstag, sondern der Zeitraum, für welchen die Abgaben und Lasten zu entrichten sind.
   Beiträge für Erschließung und Ausbau nebst Kostenersatz für Haus- und Grundstücksanschlüsse nach BauGB und KAG und aus darauf beruhenden Satzungen einschließlich etwaiger Vorausleistungen gehen im Innenverhältnis zwischen den Beteiligten zu Lasten des Käufers, soweit sie nach dem heutigen Tage etwa angefordert werden.
   Der Verkäufer versichert, dass alle Beiträge einschließlich Vorausleistungen, über die ihm etwa bis heute ein Heranziehungsbescheid zugegangen ist, bezahlt sind. Auf die Rechtsbeständigkeit des Bescheides kommt es nicht an.
6. Die Kosten des Vertrages und seiner Ausführung bei Notar, Gericht und Behörden einschließlich der Vorkaufsrechtsverzichtsgebühr sowie die Grunderwerbsteuer belasten den Käufer.
   Kosten von etwaigen Löschungen und Freigaben belasten den Verkäufer. Kosten für nachträgliche Genehmigungen belasten den jeweiligen Beteiligten.

§ 5 Erklärungen für das Grundbuchamt

1. Die Beteiligten sind darüber einig, dass das Eigentum an dem verkauften Grundbesitz diesem Vertrage entsprechend, wie vorstehend angegeben, auf den Käufer übergeht. Sie bewilligen die Eintragung des Eigentumswechsels in das Grundbuch.
2. Die Löschung der etwa zu Lasten des verkauften Grundbesitzes eingetragenen Belastungen samt Mitbelastungen wird beantragt nach Maßgabe der Bewilligungen der Berechtigten.
3. Zur Sicherung des Anspruchs auf Übertragung des Eigentums wird bewilligt, eine Vormerkung zugunsten des Käufers .... im vorstehenden Beteiligungsverhältnisse einzutragen. Die Löschung dieser Auflassungsvormerkung wird schon jetzt zu dem Zeitpunkt bewilligt und beantragt, in dem die Auflassung in das Grundbuch eingetragen wird, falls zwischenzeitlich keine Eintragungsanträge ohne Mitwirkung des Käufers gestellt oder im Grundbuch gewahrt worden sind.

§ 6 Schlussbestimmungen

Alle Beteiligten erklären, nicht über ihr wesentliches Vermögen zu verfügen.
Der Notar wird bevollmächtigt,

– alle Anträge aus dieser Urkunde einzeln oder eingeschränkt zu stellen, abzuändern und zurückzunehmen;
– Genehmigungen und sonstige Erklärungen einzuholen und entgegenzunehmen; die mit dem Eingang beim Notar als mitgeteilt gelten und rechtswirksam sein sollen;
– Löschungsbewilligungen und Freigabeerklärungen etwaig eingetragener Gläubiger unter Übersendung eines Entwurfs einzuholen;
– die Vorkaufsrechtsverzichtserklärung der Gemeinde nach BauGB und dem WohnungsbauerleichterungsG bzw. Negativbescheinigungen einzuholen;
– alle zum Vollzug des Vertrages im Grundbuch noch erforderlichen Erklärungen abzugeben und Anträge zu stellen.

Der Notar hat darüber belehrt, dass

– alle Vereinbarungen beurkundet sein müssen, nicht beurkundete Abreden nichtig sind und zur Unwirksamkeit des Vertrages führen können;
– das Eigentum erst mit Eintragung im Grundbuch übergeht und dies erst erfolgen kann, wenn Genehmigungen gemäß ... erteilt sind und auf jegliche Vorkaufsrechte verzichtet wurde, die Unbedenklichkeitsbescheinigung des Finanzamts erteilt ist und alle Kosten bezahlt sind;
– der im Grundbuch eingetragene Eigentümer für öffentliche Lasten und Abgaben und etwaige Erschließungsbeiträge haftet;
– beide Vertragsteile für Kosten und Grunderwerbsteuer haften;
– jede Vorleistung Vertrauenssache ist; Sicherungsmöglichkeiten wurden eingehend erörtert.

§ 7 Belastungsvollmacht

1. Der Verkäufer bevollmächtigt hiermit über seinen Tod hinaus den Käufer unter Befreiung von den Beschränkungen des § 181 BGB, und zwar nur vor dem amtstätigen Notar bzw. Verweser oder dessen Vertreter oder Amtsnachfolger, am Kaufobjekt Grundpfandrechte nebst Zinsen und Nebenleistungen jeweils in beliebiger Höhe, auch in vollstreckbarer Form gemäß § 800 ZPO, zu bestellen, deren Eintragung zu bewilligen, sowie Rangänderungen, Pfandfreigaben, Löschungen und Teillöschungen aller in Abteilung II und III des Grundbuchs eingetragenen Belastungen und Beschränkungen zu bewilligen und diesen zuzustimmen. Eine persönliche Haftung oder Kosten übernimmt der Verkäufer nicht. Der Käufer kann nicht Eintragungsanträge namens des Verkäufers stellen.

2. Der Notar wird hiermit angewiesen, ohne dass dies Inhalt der Vollmacht ist, die Eintragung solcher Grundpfandrechte gemäß § 15 GBO erst zu beantragen, wenn ihm der jeweilige Grundpfandrechtsgläubiger (bzw. im Falle der Zwischenfinanzierung der Zwischenkreditgeber) bestätigt hat, dass bis zur vollständigen Kaufpreiszahlung – ohne Zinsen –:

   a) die Auszahlung des hierdurch gesicherten Darlehens gemäß den Bestimmungen dieses Kaufvertrages zum Zeitpunkt der Fälligkeit des Kaufpreises unmittelbar entweder an den Verkäufer oder zwecks Lastenfreimachung des Kaufobjektes an die abzulösenden Gläubiger oder auf Notaranderkonto und eine weitere Valutierung erst danach erfolgt und

   b) das Grundpfandrecht nur zur Sicherung des finanzierten und tatsächlich an den Verkäufer ausgezahlten Kaufpreises dient.

Diese Niederschrift wurde von dem Notar den Erschienenen vorgelesen, von diesen genehmigt und von ihnen und dem Notar wie folgt eigenhändig unterschrieben:

....
(Unterschrift Verkäufer)

....
(Unterschrift Käufer)

....
(Unterschrift Notar)

Bau-Werkvertrag (Muster)

Im Folgenden finden Sie ein Muster für einen Bau-Werkvertrag. Grundsätzlich werden Sie Ihren Architekten damit beauftragen, in Ihrem Namen die einzelnen Handwerksbetriebe zu den entsprechenden Leistungen zu verpflichten. Sie sollten darauf achten, dass Ihr Architekt die entsprechenden schriftlichen Verträge abschließt und auch selbst einen Vertrag wie den folgenden schließen, wenn Sie Handwerksbetriebe beauftragen.

Zwischen dem Bauherrn

....

– nachfolgend Auftraggeber –

und dem Unternehmer

Fa. ....

in ....

– nachfolgend Auftragnehmer –

wird folgender Bau-Werkvertrag geschlossen:

Der Auftraggeber erteilt dem Auftragnehmer aufgrund seines Angebotes vom ....
sowie der Verhandlung vom .... den Auftrag zur Ausführung

....

beim Bauvorhaben in ....

Die Abrechnung erfolgt als
Pauschalauftrag .... für ...... Haus – Häuser DM ....
(i.W. ....)

Mit der Ausführung der übernommenen Leistungen auf der Baustelle ist – auf Abruf durch die Bauleitung – spätestens am ....*) zu beginnen.
Für die Fertigstellung werden die Fristen durch die Bauleitung festgelegt bzw. folgende Fristen vereinbart:*)

1. ....   bis zum ....
2. ....   bis zum ....
3. ....   bis zum ....
4. Gesamtfertigstellungszeit   bis zum ....

Die Vertragsstrafe bei Verzug mit der Fertigstellung beträgt DM .... für jeden Werktag des Verzuges, maximal 10% der Auftragssumme. Die Geltendmachung eines weitergehenden Verzugsschadens bleibt unberührt. Eines Vorbehalts der Vertragsstrafe bei der Abnahme bedarf es nicht. Die Vertragsstrafe kann noch bis zur Schlusszahlung geltend gemacht werden.

Es werden – Abschlagszahlungen für die nachgewiesenen, erbrachten Leistungen, jedoch nicht unter DM ...., gewährt – folgende Zahlungsbedingungen vereinbart:*)

1. Die Summe der Abschlagszahlungen darf
   90% des Auftragswertes nicht überschreiten   DM ....
2. ....   DM ....
3. ....   DM ....

Schlusszahlungen nach Abnahme der Leistung
sowie Anerkennung der geprüften Schlussrechnung DM .... 95% ......
Sicherheitsbetrag (5% der Gesamt-
abrechnungssumme)   DM ....   5% ......

Rechnungen sind, unter gesonderter Ausweisung der MwSt., in dreifacher Ausfertigung – einzureichen.
Der Sicherheitsbetrag wird einbehalten – durch .... sichergestellt.*)
Er kann durch eine unbedingte, unbefristete, auf 1. Anfordern fällige Bankbürgschaft eines inländischen Kreditinstituts abgelöst werden.
Der Auftragnehmer leistet Gewähr nach §§ 634, 638 BGB auf die Dauer von 5 Jahren nach Abnahme. Die förmliche Abnahme wird vereinbart.

Erfüllungsort ist ....
Gerichtsstand ist der Sitz des Auftraggebers.
Zusätzliche Vereinbarungen:
(wird nichts Weiteres festgelegt, ist „entfällt" einzusetzen).
....
....

Auftraggeber: Auftragnehmer:
....
....
....

...................., den ....

*) Nichtzutreffendes ist zu streichen

Weiterführende Literatur

Klein, Rolf: Richtige Baufinanzierung,
Econ Verlag, Düsseldorf 1997

König, Rainer: Die optimale Baufinanzierung,
Haufe Verlag, Freiburg i. Br. 1999

Pachowsky, Reinhold: Immobilien-Handbuch für Profis,
Walhalla Verlag, Regensburg 1997

Siepe, Werner: Geld verdienen auf Kredit,
Econ Verlag, Düsseldorf 1997

Vogel, Heinz Wilhelm: Immobilien von A–Z,
Verlag Norman Rentrop, Bonn 1995

Abkürzungsverzeichnis

AGB	Allgemeine Geschäftsbedingungen
BauGB	Baugesetzbuch
BGB	Bürgerliches Gesetzbuch
BDSG	Bundesdatenschutzgesetz
GewO	Gewerbeordnung
HOAI	Honorarordnung für Architekten und Ingenieure
IHK	Industrie- und Handelskammer
MaBV	Makler- und Bauträgerverordnung
PAngV	Preisangabenverordnung
VOB	Verdingungsordnung für Bauleistungen
WBauG	Wohnungsbaugesetz
WEG	Wohnungseigentumsgesetz
Schufa	Schutzgemeinschaft für allgemeine Kreditauskunft
II. WBauG	II. Wohnungsbauförderungsgesetz

Register

Zum gleichen Themenbereich sind im FALKEN Verlag u. a. bereits erschienen:
Herbert E. Große, Hauskauf (1892)
Herbert E. Große, Wohnungskauf (2172)
Christian Wiechel-Kramüller, Baufinanzierung perfekt geplant (2170)
Antje Noah, Immobilienerwerb im Ausland (2070)
Klaus Ulbrich, 111 Fallstricke beim Hausbau (60553)

Sie finden uns im Internet: **www.falken.de**

Dieses Buch wurde auf chlorfrei gebleichtem
und säurefreiem Papier gedruckt.

Der Text dieses Buches entspricht den Regeln
der neuen deutschen Rechtschreibung.

ISBN 3 8068 2694 3

© 2001 by FALKEN Verlag, 65527 Niedernhausen/Ts.

Umschlaggestaltung: Eisele Grafik-Design, München
Gestaltung: Horst Bachmann
Redaktion: Simone Harland, Pegestorf
Koordination: Dr. Werner Brand
Herstellung: Horst Bachmann
Zeichnungen: Nicole Geraldine Schmitt-Bertrams, Trier
Icons: Lohse Design, Büttelborn

Satz: Raasch & Partner GmbH, Neu-Isenburg
Druck: Ludwig Auer GmbH, Donauwörth

817 2635 4453 6271